15C
2
REISEHANDBUCH
Bodensee
2A

UNTERSEE
BODENSEE

VOM UNTERWEGS VERLAG

Verlag
Unterwegs

IMPRESSUM

Dies ist eine Originalausgabe der
Unterwegs Verlag GmbH
Auf der Höhe 6, D-78224 Singen,
Tel. +49 (0) 7731 838-0,
Fax +49 (0) 7731 838-19,
info@unterwegs.de,
www.unterwegs.de

Autorin: Ariane Martin
Fotos: Zur Verfügung gestellt von den aufgeführten Betrieben und Einrichtungen, Achim Mende, Stadt Singen Büro-Klare, Nico-Gabriel Klemann, Domenico Colucci, www.shutterstock.com, www.pixabay.com, www.unsplash.com, www.wikipedia.de
Karten: www.mapbox.com
Herstellung/Layout: Cedric Gruber
Lektorat & Redaktion: Nico Klemann, Sibylle Kappel
Titelbild: Das Titelbild zeigt die Rheinbrücke in Konstanz

ISBN 978-3-86112-360-6

Haftungsausschluss

Alle in diesem Buch enthaltenen Angaben, Daten usw. wurden von den Autoren und dem Verlag nach bestem Willen erstellt und mit größter Sorgfalt überprüft. Gleichwohl sind inhaltliche Fehler nicht vollständig auszuschließen. Daher erfolgen die Angaben usw. ohne jegliche Verpflichtung oder Garantie des Verlages oder der Autoren. Beide übernehmen keinerlei Verantwortung und Haftung für etwaige inhaltliche Unrichtigkeiten.

Bibliografische Information der Deutschen Nationalbibliothek

Die Deutsche Nationalbibliothek verzeichnet diese Publikation in der Deutschen Nationalbibliografie; detaillierte bibliografische Daten sind im Internet über *www.dnb.d-nb.de abrufbar.*

INHALT

UNTERSEE
BODENSEE

Foto: Achim Mende

VORWORT

Willkommen am Bodensee!

Spieglein, Spieglein an der Wand, wer hat den schönsten im ganzen Land? Erst kürzlich wurde der Bodensee auf der CMT-Messe zum favorisierten See der deutschen Urlauber gekürt. Wir können es nicht verdenken! Es ist schwer, sich in das blau glitzernde Wasser, die Schiffe an den verträumten Häfen, die vielen romantischen Uferpromenaden oder lauschigen, kleinen Seestädtchen nicht hoffnungslos zu verlieben. Doch mit Prahlerei können wir nicht viel anfangen. Dafür sind wir alle doch selbst zu gerne Abenteurer in fernen Welten und wissen, dass es unzählige schöne Ecken auf dieser Erde gibt!

Trotzdem ist jeder glücklich, der am Bodensee oder in seiner Nähe wohnt, hier studiert oder arbeitet. Denn so stressig der Arbeitstag oder die Prüfungsvorbereitung auch sein mögen: Sobald man an den Ufern des Sees sein Feierabendbier genießt, im Sommer mit dem Boot oder Kanu dem Sonnenuntergang entgegen paddelt, ist aller Ärger vergessen. Der Naherholungs-Effekt ist unbezahlbar! Das wissen auch die vielen Tagestouristen, die im Sommer an den See kommen und es sich in den vielen kostenlosen Strandbädern gut gehen lassen. Die Tatsache, dass diese öffentlichen Bäder noch immer kostenfrei sind, lassen Rückschlüsse darauf zu, dass der Bodensee-Urlauber im Allgemeinen ein Naturfreund und Umweltschützer ist, dem man nicht hinterherräumen muss. Und genau das lieben wir an den Bodensee-Touristen: Dass ihnen daran gelegen ist, unsere Natur zu schützen.

Der Bodensee ist Vorbild in Sachen Klima- und Umweltschutz

Die Stadtväter am Bodensee machen einen guten Job, denn Tradition und das historische Erbe unserer Vorfahren werden erhalten, gepflegt und klug vermarktet. Im Sinne unserer Nachfahren haben Natur- und Klimaschutz oberste Priorität. Kein Wunder, dass die Vierländer-Region gerade bei Öko-Touristen immer beliebter wird. Umwelt- und Klimaschutz haben hier eine lange Tradition, zu Lande und auf dem Wasser. Der See ist eben nicht nur Naherholungsgebiet oder Urlaubsort, sondern auch Trinkwasserspeicher für mehr als vier Millionen Menschen und Heimat zahlreicher Wasservögel, Fische und Pflanzen. Weite Teile des Bodensees werden daher als Schutzgebiete ausgewiesen. Auch für die Bodensee-Schifffahrt hat der Klimaschutz oberste Priorität. Jüngster Shooting-Star des Unternehmens ist ein eleganter, vollelektrischer Katamaran mit Solardach, der die Passagiere zwischen Uhldingen und der Insel Mainau fast lautlos übers Wasser schippert. Nach und nach sollen auch die denkmalgeschützten Schiffe auf alternative Antriebswege umgestellt werden.

Es gibt unzählige Beispiele für die großen Anstrengungen, die hier in allen vier Ländern hinsichtlich des Umweltschutzes unternommen werden. Das beginnt bei perfekt ausgebauten Wander- und Radwegen rund um den See, klimaneutralen Neubauten, Biohotels, einer saisonalen und regionalen Küche und endet bei Solarfähren, Carsharing und einem regulierten Fischfang.

Als wir angefangen haben, ein Buch über den Bodensee zusammenzustellen, ist uns schnell klar geworden, dass es beinahe unmöglich ist, alle besuchenwerten Orte und touristischen Highlights

in ein einziges Buch zu packen. Deshalb haben wir uns dazu entschieden, den Bodensee in „sinnvoll genießbare Häppchen" aufzuteilen, so dass Sie in diesem Buch eine ausführliche Beschreibung der Stadt Konstanz und des Untersees finden. Jeder im Verlag war dazu aufgefordert, seine Lieblingsplätze auszuplaudern, so dass wir eine stattliche Anzahl von Geheimtipps vorweisen können, die so umfangreich sind, dass wir uns sogar gegenseitig ein paar Überraschungen bereiten konnten.

Eine Überraschung ist zum Beispiel der Hegau, der – für uns alle unbegreiflich – in weiten Teilen komplett vom Massentourismus verschont geblieben ist. Viele durchqueren diese traumhafte Landschaft auf der A81, um schnell an den Bodensee zu kommen, und lassen dieses Urlaubsgebiet einfach links liegen. Dabei ist diese Vulkanlandschaft mit ihren hoch aufragenden Hügeln wirklich einzigartig, und dies nicht nur in Deutschland, sondern vermutlich auf der ganzen Welt. Selbst weit gereiste Weltenbummler kommen aus dem Staunen nicht mehr heraus, so verschwenderisch schön präsentiert sich diese Welt dem Naturliebhaber, der abseits der ausgetrampelten Pfade nach dem Besonderen sucht. Aber lassen Sie sich nicht weiter auf die Folter spannen, sehen Sie selbst, was dieser Reiseführer für Sie an Geheimnissen und Unentdecktem bereithält. Selbst in der Metropole Konstanz gibt es auch für Kenner der Stadt noch so einiges Neues zu entdecken. Eltern mit kleineren Kindern dürfen sich auf familienfreundliche Ziele freuen. Mit dabei sind ebenso Geldspartipps, denn eines ist uns natürlich auch aufgefallen: Ein preisgünstiges Urlaubsziel ist der Bodensee nicht.

Doch es lohnt sich! Es erwarten Sie geheimnisvolle Burgen, viel Kunst und Kultur, prächtige Schlösser, mächtige Klöster als Wiege unserer Kultur, Kulinarik vom Feinsten, beste Weine und jede Menge Spaß am und auf dem Wasser. Leinen los... Die Reise kann beginnen!

WISSENSWERTES & PRAKTISCHE TIPPS VON A-Z

Anreise

Mit dem Auto an den Bodensee zu kommen, ist überhaupt kein Problem, aus allen Richtungen führen Autobahnen an den See. Mit der Bahn ist die Anreise etwas komplizierter, weil keine Stadt am See über einen ICE-Halt verfügt. Was eigentlich nicht schlimm ist, so können Sie schon auf der Hinfahrt entschleunigen. Geld sparen kann man mit der Bodensee-Card, die gleichzeitig Fahrkarte für den öffentlichen Nahverkehr am See ist.

Immer beliebter werden auch die knallgrünen und preiswerten Flixbusse, mit denen man von jeder Ecke Deutschlands aus an den See gelangt. Sobald Sie dann in Konstanz aus dem Bus aussteigen, erreichen Sie alle relevanten Ausflugsziele bequem mit dem Schiff. Wer mit dem Flugzeug an den Bodensee reist, fliegt meistens via Frankfurt nach Friedrichshafen, von dort aus kommen Sie mit dem Schiff nach Konstanz. Der nächste internationale Flughafen befindet sich in Zürich.

Mehr **erleben** auf **Instagram**

Website mit Infos zum **Bodensee**

Auskunft & Informationen

Internationale Bodensee Tourismus GmbH: Hafenstr. 6, 78462 Konstanz, www.bodensee.eu, Tel. 07531-909430

Informationen zu den einzelnen Gemeinden bieten auch ***www.bodenseewest.eu***

Letztere bietet einen 360-Grad-Panoramablick auf die Gegend. Eine Seite, die mit allen relevanten Info-Lieferanten am Bodensee verlinkt ist, finden Sie bei ***www.bodensee-top-sites.de***

Aktuelle Veranstaltungstipps und eine Übersicht der Attraktionen gibt es hier: ***www.mehrerlebenambodensee.de***

Ausweis

Am westlichen Bodensee überschreitet man mitunter unbewusst die Landesgrenze – auf dem Lande genauso wie zu Wasser. Tragen Sie am besten immer einen Ausweis bei sich und denken Sie auch an die Kinderpässe!

Autofähren

Die **Bodensee-Schiffsbetriebe** (**www.bsb.de**) befahren die Linie Friedrichshafen-Romanshorn. Das sind etwa 12,5 Km, die Fahrt dauert etwa 45 Minuten. Die Fährlinie Konstanz-Meersburg wird von den **Konstanzer Stadtwerken** betrieben (**www.stadtwerke-konstanz.de**). Für die gerade mal 4,5 Kilometer lange Strecke braucht man nur 15 Minuten!

Bodenseecard

Ein dringender Tipp für jeden Urlauber ist die **BodenseeCard**! Neben der kostenlosen Nutzung des öffentlichen Nachverkehrs beinhaltet die Karte sowohl freie als auch ermäßigte Eintritte in Schwimmbäder und Museen und Ersparnisse bei den Leihgebühren für Fahrräder, außerdem vergünstigte Fahrten mit den Schiffen der Untersee-Schifffahrt. Im Grunde können Sie während Ihrer kompletten Reise auf das Auto verzichten, denn mit der Bahn oder – noch schöner – per Schiff kommen Sie an alle besuchenswerte Orte und das Fahrrad darf sogar kostenlos mit. Für Sie ist vermutlich die BODENSEECARD WEST am sinnvollsten, sie richtet sich vor allem an Übernachtungsgäste in den Gemeinden Allensbach, Bodman-Ludwigshafen, Gaienhofen, Gailingen, Moos, Öhningen, Reichenau, Steißlingen, Sipplingen und Rielasingen-Worblingen, Radolfzell, Singen und Stockach. Die BODENSEECARD WEST kriegen Sie u.a. bei Ihrer Ankunft von Ihrem Gastgeber, und natürlich lässt sie sich bequem online bestellen. Weitere Infos hier:

www.bodensee.eu/de/bcp.

Bodenseefestival

Die Veranstaltung ist ein Kulturfestival über die Ländergrenzen hinweg, das seit vielen Jahren von Mai bis Pfingsten an etlichen Veranstaltungsstätten um den Bodensee herum (Deutschland, Österreich, Schweiz, Liechtenstein) die Kunst und das Beisammensein feiert.
Das Festival widmet sich jährlich einem neuen Themenschwerpunkt. Namenhafte Akteure aus Musik, Theater, Tanz und Literatur werden dazu in den Bodenseeraum eingeladen. Weitere Infos bei ***www.bodenseefestival.de***

Gepäcktransport am westlichen Bodensee

Besonders für Radfahrer sinnvoll! Ein Gepäcktransport rund um den See wird von der Tourismus-Service GmbH organisiert, allerdings nur unter der Hauptsaison (Mitte April bis Oktober). Das Gepäck wird an jeder individuellen Unterkunft abgeholt und weitertransportiert, abgesehen von Campingplätzen und Privatunterkünften. Am besten buchen Sie den Service bis 7 Tage vor dem ersten Transport und hinterlegen das Gepäck an der Rezeption Ihrer Unterkunft mit der Zieladresse Ihrer nächsten Etappe. Wichtig ist hier zu wissen, dass der praktische Gepäcktransport rund um den Bodensee nur im Uhrzeigersinn funktioniert, und keine Orte innerhalb der Schweiz miteinschließt. Planen Sie dies unbedingt schon bei der Organisation Ihrer Tour mit ein.

Details unter: ***www.bodensee-radweg.com/gepaecktransport***

Handy/ Smartphone-Nutzung

Beim Telefonieren können zusätzliche Roaminggebühren anfallen, und zwar überall in Grenznähe! Vorsichtshalber sollte man die „Automatische Netzwahl" bzw. das Datenroaming ausschalten.

Literaturtipps

Einen ersten literarischen Überblick über den See mit diversen Bodensee-Autoren wie etwa Hermann Hesse, Martin Walser und Annette von Droste-Hülshoff liefert das Buch „Geschichten vom Bodensee" von Johannes Winter (ISBN 978-3458358404). Das „Fliehende Pferd" von Martin Walser ist natürlich ein Klassiker (Suhrkamp Taschenbuch: ISBN 978-3518371008). Wer noch nicht mit Walsers Literatur vertraut ist, kann hier schnell herausfinden, warum dieser einst in Überlingen behei-

matete und kürzlich erst verstorbene Erzähler zu den größten unserer Zeit gehörte.
Für Geschichtsinteressierte und Hegaubesucher empfehlen wir den Historienroman „Rosenegg" von P.B.W. Klemann (ISBN 978-3907301166), der während des Dreißigjährigen Krieges spielt. Auch Grusel- und Spukgeschichten gibt es jede Menge. Wir empfehlen das Buch: „Lost and Dark Places" am Bodensee, 33 vergessene, verlassene und unheimliche Orte am Bodensee von Benedikt Grimmler (ISBN 978-3734321528)!

Mobilität

Wer nicht mit dem Auto verreist, kann relativ sorgenlos auf den Öffentlichen Nahverkehr rund um den See zurückgreifen. Fraglos zählt die Schifffahrt zu den schönsten Fortbewegungsarten am Bodensee. Radfahrer und Wanderer sind, wie unter den entsprechenden Punkten erwähnt, ebenfalls gut bedient. Auch auf Schienen kann man um den See reisen. Das Gebiet von Konstanz über Allensbach, Radolfzell, Singen bis hin nach Engen wird durch den **Seehas** der Schweizer Bahngesellschaft SBB abgedeckt. Der Zug fährt in Halbstunden-Takt von Konstanz nach Engen, über seine Zuverlässigkeit scheiden sich die Geister.

In Konstanz kann man jeden Ort, ob Universität, Insel Mainau, Wallhausen oder Dettingen, mit den Linienbussen der Konstanzer Stadtwerke erreichen. Sie sind, wie auch der Seehas, im **Deutschlandticket** inbegriffen. Falls man keines hat, kann man Tickets auch im Bus oder online erwerben.

Infos, Verbindungsauskunft oder Ticketkauf: ***www.stadtwerke-konstanz.de/bus/fahrplan***

Fahrpläne mobil unter der App „Mein Konstanz".

Stadtwerke Konstanz: **Busfahrplan**

Hier App: **Mein Konstanz** downloaden

Notrufe

Deutschland: Polizei 110, Feuerwehr 112
Österreich: Polizei 133, Feuerwehr 122, Rettung 144
Schweiz: Polizei 117, Feuerwehr 118, Rettung 144

Ökotourismus am Bodensee

Sobald ein Wort von den Medien inflationär benutzt wird, lohnt sich ein prüfender Blick. Nehmen wir den Ausdruck „Nachhaltigkeit". In der Tourismus-Branche kann sich in Grunde jeder das Prädikat der Nachhaltigkeit auf die Fahne schreiben. Reisen und Speisen ohne Reue ist im immer dichter werdenden Dschungel aus Öko-Labeln und Bio-Zertifikaten nicht gerade leicht. Damit Sie den Baum vor lauter Bäumen noch erkennen, hier einige Siegel, die sich an den Kriterien einer vertrauenswürdigen und regierungsunabhängigen Organisation orientieren, dem Globalen Rat für nachhaltigen Tourismus, besser bekannt unter dem Namen „Global Sustainable Tourism Council":

GreenSign, Blaue Flagge, Travelife Gold, European Ecolabel, Viabono, Green Key, EMAS

GREENSIGN

Travelife Gold Certified for Accommodation Sustainability

EU Ecolabel www.ecolabel.eu

EMAS Geprüftes Umweltmanagement

Viabono® Auszeichnung umwelt- und klimafreundlich Reisen

Green Key

Radfahren

Einer der schönsten Radwege Deutschlands führt rund um den Bodensee. Abgesehen von der Strecke zwischen Konstanz und Überlingen bedarf es keiner besonderen Kraftanstrengungen. Wer eine Pause machen möchte und die Landschaft von der Seeseite aus genießen möchte, kann seine Tour perfekt mit dem Kursverkehr der Bodensee-Schifffahrt verbinden. Hier lohnt sich die Fahrrad-Tageskarte, die einen Tag lang auf allen fahrplanmäßigen Kursschiffen gültig ist.

Alle Infos zum **Bodensee-Radweg** finden Sie auf der Seite ***www.bodensee-radweg.com***

Alle Infos zum **Bodensee-Radweg**

Immer beliebter wird das Elektrobike. Viele Unterkünfte bieten Ladestationen oder sogar selbst Leihfahhräder. Ansonsten empfehlen wir in Konstanz:

Rocco der Fahrradladen:
Von Emmich-Str. 3, 78467 Konstanz,
www.roccoderfahrradladen.com,
Tel. 07531-3697630,
rocco.derfahrradladen

Hierhin können Sie sich auch wenden, falls Ihr Drahtesel lahmt oder Sie sonst irgendeine Frage zum Thema haben. Das Geschäft hat jede Menge Spitzen-Marken im Angebot, die Leute sind extrem sympathisch!
Unser Tipp: Reservieren Sie beizeiten, die Miet-Räder sind heiß begehrt! Ebenfalls empfehlenswert:

Kultur-Rädle Konstanz:
Bahnhofplatz 29, 78462 Konstanz,
www.kultur-raedle.de, Tel. 07531-27310

Hier werden auch Wanderungen und Fahrradtouren angeboten.
Im Übrigen können Sie am Bodensee Fahhradfahren und Wasserspaß auch kombinieren, mit dem so genannten Waterbike!

Schifffahrt

Für eine schöne Zeit auch auf dem Wasser sorgt das Programm an Kurs- und Ausflugsfahrten der Weißen Flotte, das Besucher zu den schönsten Winkeln des Bodensees führt. Mit Ihrer Flotte bringen die **Vereinigten Schifffahrtsunternehmen für den Bodensee und Rhein (VSU),** ein Zusammenschluss Schweizer, österreichischer und deutscher Schifffahrtsgesellschaften, ihre Fahrgäste zu den beliebtesten Ausflugszielen und Attraktionen der Region.

Infos: ***www.schiffe-am-bodensee.eu***
So steigen Besucher etwa beim Zeppelin-Museum, den Bregenzer Festspielen oder der Blumeninsel Mainau quasi vor der Haustüre aus. Viele Wanderungen und Radtouren lassen sich ideal mit dem Kursverkehr ergänzen. Von Ostern bis in den Herbst hinein stehen an Bord Genuss und Erlebnis im Mittelpunkt: zum Beispiel bei einer der vielen kulinarischen Fahrten, die von Fondue- und Raclette-Fahrten bis hin zu Weinproben reichen. Es gibt viele Gelegenheiten, den Moment zu genießen. Und das auch im Winter: In der Vorweihnachtszeit etwa stimmen Adventfahrten auf das Fest ein.

Bodensee-Schiffsbetriebe GmbH,
Hafenstraße 6, 78462 Konstanz,
www.bsb.de, Tel. 07531-36400,
diebodenseeschifffahrt

Schweiz und Österreich:

Vorarlberg Lines: Seestraße 4, 6900 Bregenz, www.vorarlberg-lines.at, Tel. +43 5574-42868

SBS Schifffahrt AG: Friedrichshafnerstrasse 55, 8590 Romanshorn, www.sbsag.ch, Tel.+41 714667888

Schweizerische Schifffahrtsgesellschaft Untersee und Rhein: Freier Platz 8, 8200 Schaffhausen, www.urh.ch

Schiffs- und Fährfahrten sind am Bodensee in den alltäglichen Nahverkehr integriert. So geht es in Konstanz mit der Autofähre nach Meersburg oder mit dem Katamaran nach Friedrichshafen.

Katamaran-Reederei Bodensee: Hafenstraße 6, 78462 Konstanz, www.der-katamaran.de, Tel. 07531-363932-0

Für alle, die selbst mit dem Boot auf den See hinauswollen, gilt: Sie benötigen das **Bodenseeschifferpatent** (bei mehr als 6 PS bzw. Segelfläche über 12 m^2) oder ein befristetes Ferienpatent, das einen Bootsführerschein aus den Anrainerstaaten des Sees voraussetzt. Grund für diese spezielle Anforderung sind die klimatischen Besonderheiten sowie die Größe – und Tücke! – des Bodensees.

Sicherheit auf See

Egal, ob Sie gerne weit auf den See hinausschwimmen, ihn per Boot oder auf dem Board erkunden: Unterschätzen Sie nicht die Gefahren, die auf dem Bodensee lauern. Jedes Jahr gibt es trotz der Warnungen etliche Tote am Bodensee zu beklagen, die sich selbst über- und den See unterschätzen. Selbst bei schönem, glasklarem Himmel ist Vorsicht geboten, denn das Wetter kann hier schnell umschlagen. Der Bodensee gilt insbesondere durch die Gefahr plötzlich auftretender Sturm- oder Orkanböen als gefährliches Binnenrevier. Besonders der Föhn, ein warmer Fallwind aus den Alpen, sorgt auf dem See für Gefahren, indem er sich durch das Rheintal über den Bodensee ausbreitet und gerne mal meterhohe Wellen vor sich herschiebt. Auch Sommergewitter bringen Wassersportler oft in Bedrängnis, achten Sie deshalb unbedingt auf das Warnsystem, das die 3 Anrainerstaaten gemeinsam entwickelt haben. Gewarnt wird mittels orangefarbener Blinkscheinwerfer, die entlang des Ufers aufgestellt wurden. Die Schifffahrt Bodensee signalisiert die Gefahr durch einen am Mast hochgezogenen „Sturmballon“.

In lebensbedrohlichen Situationen

gilt auch hier der Notruf **112**, zuständig ist die **DLRG** des Bezirks.

Surfen, Kiten & Wassersport

Die wenigsten wissen, dass der Bodensee gerade im Ostteil mit oft sehr böigen Winden und am Nordufer mit erstaunlichen Wellen ein wahres Paradies für Surfer ist. Rund um den Bodensee gibt es verschiedene Surfschulen und etliche Stationen, an denen Sie sich SUPs, Kanus und Kajaks ausleihen können, die Adressen haben wir jeweils in den Kapiteln aufgeführt. Wichtig zu wissen: **Kitesurfen im Bodensee ist grundsätzlich verboten**, aber wie immer gibt es auch hier Ausnahmen von der Regel. Sondergenehmigungen werden vom Schifffahrtsamt des Landkreises Konstanz gegen Gebühr für ein Jahr ausgestellt, weitere Infos hier z.B. hier: ***www.kiteloop.de***

Telefon (Vorwahlen)

Deutschland +49, Schweiz: +41, Österreich +43. Achtung: In der Schweiz gibt es keine Ortsvorwahlen, d.h. es muss immer die ganze Nummer gewählt werden!

Wandern

Der Bodensee ist ideal für Wanderfreunde. Ein gut ausgebautes Streckennetz führt Sie in jeden Winkel der Bodensee-Region. Alle Infos zu den Pilger- und Premiumwanderungen finden Sie unter ***www.echt-bodensee.de/erleben/wandern/premiumwandern***
Besonders empfehlenswert ist der Premiumwanderweg „SeeGang“, der auf insgesamt 53 Kilometern atemberaubende Panoramen und kulturelle Höhepunkte bereithält. Er verbindet als einzigartiger Streckenwanderweg auf mehreren Etappen Konstanz und Überlingen miteinander.

Foto: Achim Mende

Alle Infos hier: ***www.premiumwanderweg-seegang.de***

Alle Infos zum **Wanderweg: SeeGang**

Bei Pilgern steht momentan der neu ins Leben gerufene „Ulrikaweg" hoch im Kurs. Er verläuft über insgesamt 124 Kilometer in sechs Etappen von Unterstadion über Salem, Überlingen, mit dem Schiff über den See bis hin zum Bodanrück, wo als Ziel das Kloster Hegne (Allensbach) angesteuert wird. Alles Infos hierzu auf der Seite:

www.theodosius-akademie.de

Alle Infos zum **Ulrikaweg**

Weinanbau

Der Bodensee mit seinem milden Klima und vielen sonnenverwöhnten Hanglagen bietet gute Voraussetzungen für Weinanbau. Die Winzer produzieren hier erstklassige Weine, die immer wieder Auszeichnungen und Preise abräumen. Von klitzekleinen Winzerbetrieben bis hin zu hochmodernen Großbetrieben ist am Bodensee alles vertreten. In den einzelnen Kapiteln erfahren Sie von Orten, an denen Sie die Weine verkosten können. Ebenso sind Weinmuseen oder Wein-Genussfahrten fester Bestandteil des Bodensee-Angebots. Auch die alljährlichen Weinfeste rund um den Bodensee sind außerordentlich beliebt, prüfen Sie doch die Termine auf den Webseiten Ihrer Zielorte!

Termine:

Konstanzer Weinfest: 24.-27. Juli 2024,
konstanzerweinfest.de,
konstanzer_weinfest

Meersburger Weinfest: 06.-08.09.2024

Weinerlebnistage Staatsweingut
Meersburg: 31.05. & 01.06.2024

Adressen:

Staatsweingut Meersburg:
Seminarstraße 6, 88709 Meersburg,
www.staatsweingut-meersburg.de,
Tel. 07532-446744

Spitalkellerei Konstanz:
Brückengasse 16, 78462 Konstanz,
www.spitalkellerei-konstanz.de,
spitalkellerei_konstanz

Weinmuseum Vinorama:
Hauptstraße 62, 8272 Ermatingen,
www.vinorama-ermatingen.ch,
Tel. +41 71 6600101,
vinorama_ermatingen

Erlebnismuseum Vineum:
Vorburggasse 11, 88709 Meersburg,
www.vineum-bodensee.de,
Tel. 07532-440260

Yachtcharter

Warum nicht eine Yacht chartern und alle Ausflugsziele von der Seeseite her ansteuern? Am besten schauen Sie sich bei Yachtcharter in Konstanz um, dort warten neun Segelyachten von 28-39 Fuß und eine geräumige Motoryacht. Die Segelyachten bieten je nach Größe Platz für vier bis acht Personen, die Motoryacht kann mit bis zu acht Personen belegt werden. Selbstverständlich können Sie auch einen Skipper dazu buchen.

Yachtcharter Konstanz:
Hafenstr. 7 b, 78462 Konstanz,
www.yachtcharter-konstanz.de

Zoll

Seinen Ausweis sollte man beim Grenzübergang generell immer dabei haben, auch wenn Personenkontrollen mittlerweile eine Seltenheit sind. Der Warenverkehr wird allerdings weiterhin vom Zoll beobachtet. Innerhalb der EU muss die eingeführte Warenmenge dem Eigenbedarf entsprechen, der Warenwert darf nicht höher als 300 Franken sein. Von der Schweiz nach Deutschland dürfen 5 Liter Wein oder 1 Liter Spirituosen und 250 Zigaretten zollfrei eingeführt werden.

Foto: Achim Mende

STECKBRIEF BODENSEE

Foto: Achim Mende

Der Bodensee besteht aus dem Obersee, dem Überlinger See und dem Untersee, auch westlicher Bodensee genannt. Der Seeteil im Untersee zwischen Allensbach und der Insel Reichenau heißt „Gnadensee".

Gesamte Uferlänge: 273 km
Gesamtoberfläche: 572 km^2
Längste Ausdehnung: 63 km (zwischen Bregenz und Ludwigshafen)
Größte Breite: 14 km (zwischen Friedrichshafen und Arbon)
Tiefste Stelle: 254 m
Höhe: 395,23 m über dem Meeresspiegel
Name: Geht auf den kleinen Ort Bodman am Nordwestzipfel des Bodensees zurück. Der Frankenkönig Pippin errichtete dort im 8. Jahrhundert die Pfalz Bodomo. Die Römer nannten den See "lacus Brigantinus" nach ihrer Gründung Brigantiums, dem heutigen Bregenz. In manchen Teilen Europas wird der See auch Lac de Constance, Lake Constance oder Lago di Costanza genannt, zurückgehend auf die größte und damit wohl populärste Stadt am See: Konstanz.

Kurios ist die Tatsache, dass die Grenze zwischen den Staaten – abgesehen von Seerhein und Untersee – niemals genau definiert wurde. Der Obersee wird ab 25 Metern Wassertiefe als gemeinschaftliches Herrschaftsgebiet von allen drei Staaten verwaltet, was bedeutet, dass alle drei auf dem See Hoheitsrecht besitzen.

History – Eine lange Geschichte in Kürze

50.000-30.000 v. Chr.

Älteste Spuren einer Besiedelung.

5000-800 v. Chr.

Nomadenvölker werden sesshaft. Am Bodensee entstehen erste Pfahlbauten, im Umland wird Ackerbau betrieben.

1. Jahrhundert v. Chr.

Das Gebiet ist überwiegend von Kelten besiedelt. Lediglich in der Bregenzer Bucht und im Oberen Rheintal siedeln rätische Volksgruppen.

15. v. Chr.

Kaiser Tiberius besiegt die rätischen Völker, der Bodensee gehört nun komplett zum Römischen Reich.

50 n. Chr.

Brigantium (Bregenz) erhält das römische Stadtrecht.

1. Jh. n. Chr.

Die Römer errichten auf dem heutigen Münsterhügel eine befestigte Anlage.

3. Jh. n. Chr.

Einwanderung und Ansiedlung von Alemannen, Anlage eines spätantiken römischen Kastells.

350 n. Chr.

Das Kastell erhält zu Ehren des römischen Kaisers Constantius II. den Namen Constantia.

6.-9. Jh.

Ausbreitung des Christentums, auf der Reichenau und in St. Gallen werden Klöster gegründet, Gründung des Bistums Konstanz durch die alemannischen Herzöge. Die Insel Mainu geht in den Besitz des Klosters Reichenau über. In St. Gallen entsteht der berühmte St. Galler Klosterplan.

900 n. Chr.

Konstanz erhält das Marktrecht.

917 – 1268

Der Bodensee gehört zum Herzogtum Schwaben.

10.-13. Jh.

Zuwanderer aus dem Wallis roden und besiedeln den Bregenzer Wald und die Hochtäler Liechtensteins. Beginn der Konstanzer Blütezeit, die Stadt ist Schnittpunkt der Handelsstraßen nach Oberitalien, Frankreich und Osteuropa.

13. Jh.

Die Staufer werden von den Habsburgern abgelöst. Teile des Bodensees geraten unter die Herrschaft Vorderösterreichs. Die restliche Seeregion unterliegt einer zersplitterten Verwaltung durch den Klerus und verschiedene Adelsvertreter des Heiligen Römischen Reiches. Das Kloster Reichenau verliert an Bedeutung, die Mainau geht in den Besitz des Deutschen Ordens über.

1312
Konstanz, St. Gallen, Zürich, Lindau, Überlingen und Schaffhausen gründen den Bund der Bodenseestädte.

1414-1418
Höhepunkt der Blütezeit der Stadt Konstanz, die Austragungsort des berühmten Konzils wird. 1417 wird Martin V. zum neuen Papst gewählt. Verurteilung und Verbrennung der böhmischen Reformatoren Johannes Hus und Hieronymus von Prag. Belehnung des Burggrafen Friedrich von Hohenzollern mit der Mark Brandenburg (Geburtsstunde Preußens).

1499
Der bisher so bedeutende Warenhandel nach Italien geht zurück.

1507
Kaiser Maximilian hält in Konstanz einen Reichstag ab.

1548
Nach der Niederlage in den Reformationskriegen ergebnislose Verhandlungen um eine Aussöhnung mit dem siegreichen Kaiser. Konstanz verliert die Reichsfreiheit und kommt unter die Herrschaft Oberösterreichs.

1697
Ein Großbrand zerstört das Kloster Salem bis auf das Münster.

1618-1648
Dreißigjähriger Krieg, die Region wird von den Schweden besetzt (Die Stadt Konstanz wird 1633 vergeblich belagert).

1649
Westfälischer Friede, die Schweden ziehen ab.

1732-39
Johann Caspar Bagnato baut die barocke Schlosskirche auf der Mainau.

1796/99
Die Franzosen besetzen Konstanz.

1803-1810
Territoriale Neugliederung durch Napoleon, Konstanz kommt durch den Frieden von Preßburg zu Baden, der Kirchenbesitz wird säkularisiert.

1920
Prinz Max von Baden gründet mit dem Reformpädagogen Kurt Hahn die renommierte Schule Schloss Salem.

1824
Das erste Dampfschiff fährt über den See.

1827
Aufhebung der Diözese Konstanz durch Dekret des Papstes Leo XII. Ludwig von Baden verkauft die Mainau an den ungarischen Fürsten von Esterhazý.

1848
Die Ausrufung der ersten deutschen Republik durch Friedrich Hecker in Konstanz scheitert. Gründung der Zeppelin-Werke, Ansiedelung von Rüstungsindustrie.

1853

Großherzog Friedrich I. von Baden – der Urgroßvater von Lennart Bernadotte – kauft die Insel Mainau der Gräfin Langenstein ab.

1863

Eröffnung der Eisenbahnlinie Konstanz-Schaffhausen.

19./20. Jh

Zeit der Industrialisierung und Blüte der Textilindustrie.

1900

Flug des ersten Zeppelins „LZ1".

1928

Konstanz gründet die Autofähre Staad-Meersburg.

1935

Konstanz soll zur „Ehrenpforte des Reiches" ausgebaut werden. Um dieses „Bollwerk des Deutschtums" zu erreichen, werden das Strandbad Jakob und die Bodensee-Kampfbahn (das heutige Bodenseestadion) gebaut.

1938-1945

Aufgrund der Rüstungsindustrie wird Friedrichshafen schwer bombardiert.

1942

Schließung der Schweizer Grenze für Juden durch den Schweizer Bundesrat. Einzelne Kantone (z.B. Schaffhausen, Sankt Gallen und Basel-Stadt) nehmen dennoch weiter jüdische Flüchtlinge auf.

Nach 1945

Das deutsche und österreichische Bodenseegebiet ist französische Besatzungszone. Mitte Mai werden die Inseln Mainau und Reichenau geräumt. Auf der Mainau werden von französischen Ärzten die schwerkranken und geschwächten KZ-Häftlinge gepflegt.
1946 installiert Lennart Bernadotte ein Erholungsheim für kriegsgeschädigte Jugendliche auf der Mainau und beginnt mit der Neugestaltung des Parkes.

1955

Papst Pius XII. erhebt das Konstanzer Münster zur Basilika, genauer gesagt zur „Basilika minor".

1963

Seegfrörne: Der komplette Bodensee ist zugefroren. Die Anreiner fahren mit Rädern und Kinderwägen über den See.

1966

Gründung der Universität Konstanz.

1982

Die historische Altstadt Konstanz wird unter Denkmalschutz gestellt.

1983

UNESCO Weltkulturerbe Status für das Kloster St. Gallen.

1992

In Konstanz eröffnet das Archäologische Landesmuseum Baden-Württemberg seine Pforten.

1994

Start für die Bodensee-S-Bahn »Seehas« mit Eröffnung des Bahnhofes Wollmatingen.

2000

UNESCO-Weltkulturerbe Status für die Klosterinsel Reichenau. In Konstanz wird der Zollhof eröffnet – Grenzübergang Konstanz-Autobahn.

2002

Im Luftraum über Überlingen stoßen ein Frachtflugzeug und eine russische Passagiermaschine zusammen. 71 Menschen sterben bei dem Unglück.

2005

Eröffnung der Katamaran-Verbindung Konstanz-Friedrichshafen.

2006

Abbau des Grenzzaunes zwischen Konstanz und Kreuzlingen.

2007

Die Universität Konstanz erhält erstmalig den Titel „Exzellenz-Universität" und ist damit offiziell Elite-Uni.

2010

Kurz vor Heiligabend gerät die Konstanzer Altstadt in Brand. Drei Menschen werden verletzt, insgesamt 54 Menschen verlieren ihr Hab und Gut.

2014

Große 600-Jahr-Feier des Konstanzer Konzils.

2015

Ein schwerer Brand zerstört das Schwaketenbad, die Feuerwehr kämpft drei Tage gegen die Flammen.

2020

Archäologischer Sensationsfund in Allensbach – Galgen und Skelette von hingerichteten Delinquenten aus dem Mittelalter.

2023

Tod von Max Markgraf von Baden, Tod von Martin Walser.

2024-2027

Fangverbot für Felchen am Bodensee bis 2027 nach einem massiven Einbruch bei den Fangzahlen.

Schule Schloss Salem

KONSTANZ

Wichtige Adressen & Kontakte in Konstanz

Krankenhaus:

Klinikum Konstanz: Luisenstraße 7, 78464 Konstanz, www.glkn.de, Tel. 07531-8010

Apotheken (Auswahl):

Lago Apotheke: Bodanstr. 1, 78462 Konstanz, Tel. 07531-282107

Hirsch-Apotheke: Bodanstr. 40, 78462 Konstanz, www.hirsch-apotheke-konstanz.de, Tel. 07531-23611

Seeapotheke Marktstätte: Marktstätte 19, 78462 Konstanz, www.seeapotheke-konstanz.de, Tel. 07531-22023

Petershauser Apotheke: Zähringerpl. 16, 78464 Konstanz, www.petershauser-apotheke.de, Tel. 07531-361060

Polizei

Polizeipräsidium Konstanz: Benediktinerpl. 3, 78467 Konstanz, www.ppkonstanz.polizei-bw.de

Touri-Info

Tourist-Information Konstanz: Bahnhofsplatz 13, 78467 Konstanz, Tel. 07531-133030, www.konstanz-tourismus.de

Rathaus

Rathaus Konstanz: Kanzleistraße 13/15, 78462 Konstanz, www.konstanz.de, Tel. 07531-9000

Taxi

z.B Seetaxi Konstanz, Tel. 07531-51000

Foto: Achim Mende

Zahlen & Daten

Bundesland: Baden-Württemberg
Landkreis: Konstanz
Fläche: 54,12 km²
Einwohner: Ca. 87.000
Bevölkerungsdichte:
1586 Einwohner/km2
Postleitzahlen:
78462, 78464, 78465, 78467
KFZ Kennung: KN
Stadtbezirke: 15
Stadtrecht:
Marktrecht ca. 900 n. Chr.
Bürgermeister: Ulrich Burchardt
Uferlinie des Stadtgebiets: 34 km
Größter Stadtteil (Fläche):
Dettingen
Bewohntester Stadtteil:
Petershausen-West
Studierende: Ca. 16.000
Touristen jährlich: Rund 100.000
Reisemonat mit den meisten Sonnenstunden: Juli

Willkommen in Konstanz, liebe Genießer und Flaneure, Dichter und Denker, Kritiker und Lenker – Sie dürfen sich freuen! Das Angebot an Schönheit, Natur, Kunst und Kultur ist übergroß in Konstanz (gesprochen Konschdanz), der größten Stadt am Bodensee. Mit ihrer gut erhaltenen, historischen Altstadt, die direkt an die Schweiz grenzt, und ihrer traumhaften Lage am See mit Blick auf die Alpen zählt sie zu den beliebtesten Touristenzielen Deutschlands. Die lebendige Studentenstadt ist das pulsierende Herz der Vierländerregion und bietet im Grunde alles, was Touristen begehren: Eine Fülle an hochspannenden Sehenswürdigkeiten, schöne Hotels, exzellente Restaurants und ein Postkarten-Panorama par excellence. Man erkennt es am besonderen Licht, am milden Klima und an den unzähligen Segelbooten auf dem glitzernden Wasser. Hier tickt die Uhr ein bisschen anders – HIER beginnt der Süden.

Touristeninformation Konstanz:
Bahnhofsplatz 13, 78467 Konstanz,
Tel. 07531-133030,
www.konstanz-tourismus.de

Konstanz – Bedeutung als Konzilstadt

Besonders stolz sind die Konstanzer auf ihre Bedeutung als Konzilstadt in der Zeit zwischen 1414 bis 1418. Nach jahrelangen internen Konflikten konnte hier das so genannte abendländische Schisma – die Spaltung der Kirche – überwunden werden. Ohne Frage war der Erfolg des Konzils ein Ereignis von epochaler Bedeutung, denn im Mittelalter spielte der Glaube eine so große Rolle, dass ein funktionierender Staat ohne eine stabile Kirche undenkbar gewesen wäre. Schon seit 1378 hatte eine Rangelei zwischen konkurrierenden Päpsten in Frankreich und Italien die Kirche geschwächt und ein vorangegangenes Konzil in Pisa hatte nicht zur erwünschten Einigung geführt, sondern sogar einen dritten Anwärter auf den Plan gerufen. Ab 1409 gab es tatsächlich DREI konkurrierende Päpste: Benedikt XIII., Gregor XII. und Alexander V. Mit dem erklärten Ziel, der Uneinigkeit ein Ende zu bereiten, wurde das Konstanzer Konzil vom römisch-deutschen König Sigismund einberufen. Sigismund hatte es schon länger auf den Kaiserthron in Rom abgesehen, wofür er aber einen singulären Kirchenvorstand brauchte, weil nur ein solcher den Kaiser krönen durfte. Im Konstanzer Kaufhaus erfüllten sich schließlich seine ehrgeizigen Träume. Dort trat das Konklave zusammen und einigte sich, obgleich das Konzil insgesamt ganze vier Jahre dauerte, in einer nur viertägigen Wahl auf Martin V., der Sigismund ein Jahr später in Rom zum Kaiser krönte. Es blieb die erste und einzige Papstwahl auf deutschem Boden.

(Spannend: König Sigismund – unter anderem Kurfürst von Brandenburg – hatte während des Konzils Friedrich von Hohenzollern mit der Mark Brandenburg belehnt. Auch die erbliche Kurwürde ging damit an Friedrich, was wesentlich zum steilen Aufstieg des Hauses Hohenzollern beitrug. Für andere Konzilteilnehmer nahm die Konferenz einen weitaus schlechteren Verlauf. So wurde der Reformator und Theologe Jan Hus in einem Schauprozess zum Tode verurteilt und vor den Toren der Stadt als Ketzer verbrannt. Und dies, obwohl man ihn ausdrücklich zum Konzil eingeladen und ihm freie An- und Abreise durch einen königlichen Geleitbrief zugesichert hatte.

Wer mehr zum Thema Konstanzer Konzil erfahren möchte, wird hier fündig: ***www.konstanzer-konzil.de***.

Alle Infos zum
Konstanzer Konzil

Konzil in Konstanz

Bahnhof

Das hübsche Gebäude wurde zwischen 1860 und 1863 parallel zum Seeufer von der Großherzoglichen Badischen Staatseisenbahn errichtet und gehört zu den wenigen Bahnhofsgebäuden, die in Deutschland im neogotischen Stil errichtet wurden. Bemerkenswert an diesem Gebäude – dem letzten, noch erhaltenen Bahnhofsbau der Badischen Bahn übrigens – ist das spitzbogenförmige Hauptportal mit seinem wehrhaften Aufbau mit Eckzinnen und umlaufender Brüstung sowie der Uhr- und Glockenturm nach norditalienischem Vorbild. Der „Fürstenpavillon" nördlich des Empfangsgebäudes war bis 1914 nur dem Adel und besonders wohlhabenden Bürgern als Wartesaal vorbehalten. Heute befindet sich dort eine Bäckerei.

Bahnhof Konstanz:
Bahnhofplatz 43, 78462 Konstanz

Dreifaltigkeitskirche

Von dem ehemaligen Augustinerkloster, das sich von 1268 bis 1802 direkt am Seeufer befand, existiert heute nur noch die Kirche, gekrönt mit einem winzigen Dachreiter statt eines imposanten Glockenturmes – wie es in jener Zeit für eine Bettelkirche üblich war. Die im 13. Jahrhundert errichtete dreischiffige Kirche war erst Klosterkirche, später Garnisons- und Spitalkirche, dann römisch-katholische Pfarrkirche und dient heute als ökumenische Stadt-Kirche, in der diverse Veranstaltungen stattfinden.

Während des Konstanzer Konzils übernachtete König Sigismund einige Zeit bei den Augustinern. Um sich zu bedanken, ließ er den Innenraum ihrer Kirche von den Konstanzer Malern Heinrich Grübel, Kaspar Sünder und Johann Lederhoser mit einem umlaufenden Fries schmücken, der 18 Szenen aus dem Leben der Augustinermönche abbildet. Ob er, wie versprochen, für die Malereien aufgekommen ist, ist ungewiss und wird stark in Zweifel gezogen.

Lange Zeit schlummerte dieser Kunstschatz im Verborgenen, weil die Kirche um 1740 aufwändig umgestaltet und die Fresken dabei

einfach übermalt wurden. Sie kamen erst 1907 wieder zum Vorschein, als die Malereien freigelegt und restauriert wurden. Ein paar Jahre später fand man hinter der pneumatischen Orgel weitere Fresken aus der Konzilzeit. Seitdem gilt die Dreifaltigkeitskirche als einer der touristischen Hotspots in Konstanz, denn die Konzilfresken gehören zu den bedeutendsten spätgotischen Wandmalereien in ganz Süddeutschland.
Sehr sehenswert sind auch die Deckenfresken aus dem Jahre 1740 von Franz Joseph Spiegler. In der Mitte sieht man den Heiligen Augustinus, der nach oben zum Jesuskind blickt, um von diesem einen schwarzen Mönchs-Gürtel zu empfangen, symbolisch für die Gürtelbrüderschaft.

Dreifaltigkeitskirche

Am linken Seitenaltar finden Sie das Gemälde „Jesus als Kinderfreund", ein Werk der Konstanzer Künstlerin Marie Ellenrieder (1791-1863). Ja, Sie lesen richtig. Tatsächlich durfte hier ausnahmsweise eine Frau ihr Können unter Beweis stellen, ein absolutes Novum zu jener Zeit. Weitere Gemälde dieser Ausnahmekünstlerin können im Rosgartenmuseum bestaunt werden.

Dreifaltigkeitskirche:
Rosgartenstraße 25, 78462 Konstanz,
www.kath-konstanz.de,
Tel. 07531-90620

Rosgartenmuseum:
Rosgartenstraße 3-5, 78462 Konstanz,
www.rosgartenmuseum.de,
Tel. 07531-9002245,
rosgartenmuseum

Haus zur Katz

Wäre da nicht das viel zu steile Dach, könnte man das im Jahre 1424 erbaute Haus für einen italienischen Palazzo aus der Frührenaissance halten. Bei dem prächtigen Gebäude handelt es sich um das ehemalige Gesellschaftshaus der Patrizierzunft „Zur Katz", das um 1429 Mittelpunkt des gesellschaftlichen Lebens der Patrizier war. Während das sechs Meter hohe Erdgeschoss weitgehend ungenutzt blieb, wurde im Tanzhaus in der Trinkstube im Obergeschoss ausgiebig gefeiert. Als 1600 das Geld knapp wurde, diente das Haus vor allem als Lagerhaus, unter anderem für Getreide. Erst im Jahre 1821 wurde es zum Wohn- und Geschäftshaus umgewandelt und 1869 bekam es zwei weitere Stockwerke. Heute dient das Gebäude vor allem für Veranstaltungen des Konstanzer Kulturzentrums.

Haus zur Katz:
Katzgasse 1, 78462 Konstanz

Imperia

Eines der weithin sichtbarsten und ohne Zweifel imposantesten Wahrzeichen der Stadt ist die Imperia, die sich am Konstanzer Hafen um die eigene Achse dreht und sich den Wind um ihre üppigen Brüste und Hüften wehen lässt. Die von dem Künstler Peter Lenk im April 1993 aufgestellte Statue soll an das Konstanzer Konzil erinnern und zeigt eine Konkubine des Mittelalters, die auf dem Haupt eine Narrenkappe trägt. Auf ihren Handflächen präsentiert sie zwei – gemessen an ihrer Größe – recht mickrig wirkende Männer, die zwar nackt sind, aber mit den Insignien ihrer Macht unmissverständlich als Papst und König zu erkennen.

In ihrer Funktion als Hafeneinfahrts-Figur orientierte man sich wohl an der New Yorker Freiheitsstatue, die ja an ebenso exponierter Stelle zu finden ist. Inhaltlich aber diente dem Künstler die Hauptprotagonistin einer Erzählung von Honoré de Balzac als Vorbild: „La belle Impéria“, eine mittelalterliche Edelhure, die mit ihrer Schönheit und Raffinesse mächtige Staatsmänner und Kleriker gleichermaßen um den Finger gewickelt haben soll. Vom Kardinal bis zum Markgrafen sollen sie ihr zu Füßen gelegen haben, so dass sie in viele politischen Entscheidungen Einfluss nahm und zu einer der mächtigsten Mätressen ihrer Zeit avancierte. Man kann sich vorstellen, dass die Aufstellung der Imperia einen ungeheuren Medienrummel nach sich gezogen hat, zumal weder die Stadt noch der Klerus ihren Segen zur Imperia gegeben hatten. Von Schandmal und Hurendenkbar war damals die Rede und das

Bischöfliche Ordinariat Freiburg fürchtete sogar, die Imperia könne den religiösen Frieden ins Wanken bringen. Das Gelände, auf dem das 18 Tonnen schwere Prachtweib aufgestellt worden war, war jedoch Privatbesitz der Deutschen Bahn und so konnten weder Staat noch Klerus sie vom Sockel stoßen. Ihre Macht über weltliche und kirchliche Würdenträger scheint bis heute ungebrochen. Mittlerweile haben die Konstanzer ihre Imperia ins Herz geschlossen, sie gehört zu den beliebtesten Fotomotiven der Stadt.

Sollten Sie noch länger am Bodensee unterwegs sein, werden Sie noch öfters auf die Kunstwerke von Peter Lenk stoßen, der hier überall seine Spuren hinterlassen hat.

Imperia Konstanz:
Hafenstraße, 78462 Konstanz

Konzil-Gebäude

Zu den wichtigsten Sehenswürdigkeiten der Stadt zählt das Konzilgebäude, in dem 1417 das Konklave zur Wahl von Papst Martin V. stattfand. Neben seiner Bedeutung als Austragungsort der einzigen Papstwahl Deutschlands ist es innerhalb von Süddeutschland der wohl größte Profanbau des Mittelalters, der bis heute erhalten ist.

Erbaut wurde das imposante Gebäude im Jahre 1388 als Warenlager und Kaufhaus für Händler und bald stieg es zu einem der wichtigsten Umschlagplätze aus dem gesamten Mittelmeerraum auf. Man kann sich vorstellen, welch Trubel hier geherrscht haben musste, als das beschauliche Örtchen im Jahre 1414 Konzilstadt und praktisch über Nacht zum populärsten Reiseziel des Mittelalters wurde. Früh übt sich, was ein Touristenmagnet werden möchte! Tausende von Delegierten samt Gefolge mussten mit Verpflegung, Kleidung und Luxusgütern versorgt werden, ganz abgesehen von den vielen Pilgern, Schaulustigen, Chronisten, Handwerkern, Dirnen und Glücksrittern, die in die Stadt strömten. Bald drohte die Stadt aus allen Nähten zu platzen, jeder wollte teilhaben am wirtschaftlichen Aufschwung der Stadt. Das Be- und Entladen der auf zahlreichen Pfählen erbauten Markthalle konnte nicht schnell genug gehen, so dass ein Platz zum Anlanden der Handelsboote aufgeschüttet werden musste. Die Waren konnten dann mithilfe von Kränen direkt von den Schiffen in die Lagerräume gehievt werden. Aufgrund seiner imposanten Größe und aus Gründen der Sicherheit der Kardinäle wurde das Handelshaus auch zu dem

Ort erkoren, an dem das Konklave stattfinden sollte. Für die Tage der Papstwahl, die nur vier Tage dauerte – nämlich vom 8. bis 11. November 1417 – wurde die Markthalle in einen streng bewachten Hochsicherheitsbereich verwandelt. Vier Jahre lang war Konstanz der Dreh- und Angelpunkt von Politik, Wissen und Diplomatie, dieser Ort war einst der Mittelpunkt der Welt und mit Sicherheit auch der aufregendste.

Heute finden im altehrwürdigen Saal des Konklave Tagungen und Veranstaltungen statt. Ein Blick rein lohnt sich immer.

Konstanzer Konzil:
Hafenstraße 2, 78462 Konstanz,
www.konzil-konstanz.de,
Tel. 07531-21221,
konzilkonstanz

Unter uns: Gönnen Sie sich am besten gleich eine Flasche „Konstanzer Brut" aus der Spitalkellerei. Je mehr Sie trinken, desto mehr helfen Sie den Armen und Bedürftigen, die bei der Spitalstiftung Unterstützung bekommen. Schon im Mittelalter war es die Aufgabe der Stiftung, Wein zum Zwecke der Kräftigung an Kranke zu verteilen. Gibt es einen schöneren Grund, um zu trinken?

Wer mehr über das Konstanzer Konzil erfahren möchte, sollte unbedingt das Rosgartenmuseum besuchen. Hier kann man eine Chronik von Ulrich Richental bewundern, der das Konzil in mehr als 100 Farbzeichnungen festgehalten hat. Ein grandioses Werk lebendiger Geschichte!

Rosgartenmuseum:
Rosgartenstraße 3-5, 78462 Konstanz,
www.rosgartenmuseum.de,
Tel. 07531-9002245,
rosgartenmuseum

Kunstgrenze

Die Grenze zum schweizerischen Kreuzlingen ist fließend und die Grenzmarkierung weltweit einzigartig. Statt eines Grenzzauns markieren hier seit dem Jahre 2007 22 Tarot-Skulpturen des Künstlers Johannes Dörflinger den Verlauf der Landesgrenzen. Die beiden Länder sind sozusagen durch Kunst miteinander verbunden, denn die bis zu acht Meter hohen Werke aus Edelstahl befinden sich jeweils zur Hälfte auf Schweizer und auf deutschem Boden. Man kann sich den bürokratischen Aufwand vorstellen, den die beiden Städte hüben wie drüben bewältigen mussten, um dieses Projekt zu stemmen. Initiator war der Künstler selbst, dessen Stiftung sich mit 1 Mio. Schweizer Franken an dieser Aktion beteiligte. (Zu finden im Stadtteil Paradies gleich neben dem Sealife!).

Ein Blick in die Vergangenheit der Grenzziehung

Die ersten Abschnitte eines Grenzzaunes wurden 1939 während der NS-Zeit installiert, um Juden und Regimegegner daran zu hindern, in die Schweiz zu fliehen. Mit seiner Stacheldrahtkrone wurde die Grenze für die Verfolgten des Hitler-Regimes praktisch über Nacht zum unüberwindbaren Hindernis.

Am 8. November 1939 wurde der Zaun auch dem Hitler-Attentäter Georg Elser zum Verhängnis, der in München ein Attentat auf Adolf Hitler geplant hatte und über Konstanz in die Schweiz fliehen wollte. Ausgerechnet er, der in Konstanz gewohnt hatte und die Stadt kannte wie seine Westentasche und lange Zeit jeden Tag mit dem Fahrrad in das schweizerische Bottighofen gefahren war, hatte keine Ahnung von diesem jüngst erbauten Zaun. Was nicht wundert, schließlich hatte Elser monatelang mit den Vorbereitungen des Attentats zugebracht. Genauer gesagt war er wochenlang während der Schließungszeiten des Münchner Bürgerbräukellers auf den Knien herumgerutscht, um in einer Säule nahe dem Rednerpult, an dem Hitler traditionsgemäß jedes Jahr eine Rede hielt, eine Zeitbombe zu installieren. Das Ziel Elsers war es, den kurz zuvor in Polen begonnenen Krieg des Führers zu stoppen und Hitler sowie optimalerweise die Führungspersonen des NS-Staates auszuschalten. Als Elser am Tag des Attentates um 20.45 Uhr aufgrund einer abgelaufenen Grenzkarte im Konstanzer Wessenberggarten festgenommen wurde, bestand für ihn immerhin noch die Hoffnung, dass sein Plan aufgehen würde. Die Bombe detonierte planmäßig um 21.20, doch Hitler hatte seinen Vortrag kurzfristig vorverlegt und den Bierkeller dreizehn Minuten vor der Explosion verlassen.

Nach fünf Jahren Haft wurde Elser ohne Gerichtsurteil von den Nazis durch einen Genickschuss getötet. Heute erinnert an der Stelle seiner Verhaftung – im Wessenberggarten in der Schwedenschanze 10 – das Georg-Elser-Denkmal an den mutigen Mann, dem es beinahe gelungen wäre, den katastrophalen Verlauf der Geschichte aufzuhalten.

Georg-Elser-Denkmal:
Schwedenschanze 10, 78462 Konstanz

Der Grenzzaun war den Anwohnern von Konstanz und Kreuzlingen von Anfang an ein Dorn im Auge. Über Jahrhunderte hinweg war die Grenze zwischen den Nachbarn praktisch unbefestigt gewesen, Ausweis-Kontrollen hatte es nur an den Straßenübergängen gegeben. Der Zaun wurde von den Bewohnern beider Seiten abfällig als „Judenzaun" oder „Asylantenzaun" betitelt und spätestens in den 80er Jahren wurde der Ruf der Bevölkerung immer lauter, dieses „Schandmal" endlich niederzureißen. Viele Jahrzehnte später, am 16. August 2006, war es dann endlich soweit: Der Konstanzer Oberbürgermeister Horst Frank und sein Schweizer Amtskollege Josef Bieri traten während einer feierlichen Zeremonie mit zwei großen Zangen an den Zaun heran und unter dem Jubel tausender Konstanzer und Kreuzlinger Bürger schnitten sie das erste Stück aus dem Maschendrahtzaun heraus.
Man kann sich die Empörung der Menschen vorstellen, als im März 2020 aufgrund der Corona-Pandemie entlang der Grenzlinie plötzlich wieder Zäune aufgestellt wurden. Weder die Kreuzlinger noch die Konstanzer wollten diese Grenze akzeptieren und bekundeten lauthals ihren Unmut. Sie kamen in Scharen an den Zaun, um durch den Zaun hindurch weiter in Kontakt zu bleiben, miteinander zu reden und Händchen zu halten. Etliche Verstöße wurden geahndet, ein Glück, dass diese schreckliche Zeit wieder vorbei ist.

Lutherkirche

Aufgrund ihrer Schmucklosigkeit wird die Lutherkirche in Konstanz in den Medien gerne stiefmütterlich behandelt, obwohl es kaum ein Gotteshaus geben dürfte, das repräsentativer ist für die Reformation und schon deshalb sehenswert. Vorher wurden die Gottesdienste der relativ kleinen protestantischen Gemeinde in der ehemaligen Kapuzinerkirche und später in der Jesuitenkirche abgehalten. Im Jahre 1873 erhielt sie nach ei-

ner achtjährigen Bauzeit erstmals ihr eigenes Gotteshaus. Die neoromanischen Stilelemente hat der Architekt bewusst so gewählt, weil dieser reformationstypische Baustil die Rückbesinnung auf das Beständige und Funktionale spiegelt und daran erinnert, was das Haus Gottes sein sollte, ein Ort der Ewigkeit, in dem das Wort Gottes im Mittelpunkt steht – deshalb auch die Bibelzitate über den Seiteneingängen. Figürliche Elemente gibt es hier nicht zu finden, es ist der perfekte Ort für innere Einkehr!
Achten Sie auf das schlichte Holzkreuz im Chorraum. Je nach Lichteinfall erkennen Sie die Schatten zweier weiterer Kreuze. Die Kreuze aller drei auf Golgatha Gekreuzigten wirken verlassen, denn die Toten sind schon lange an einem besseren Ort. Nämlich dort oben, wohin die Spitze des mittleren Kreuzes zeigt. Irgendwie magisch – oder nicht?
Großherzog Friedrich I. von Baden (1826–1907) stiftete der Kirche drei Glocken, von denen sich eine – die so genannte Freiheitsglocke mit dem badischen Wappen – heute vor der Kirche befindet und zu einem beliebten Fotomotiv geworden ist.

Die Lutherkirche befindet sich zwischen dem Münster, wo der Reformator Jan Hus verurteilt wurde, und seinem Scheiterhaufen. Gegenüber von ihr steht sein Denkmal, enthüllt an seinem 600. Todestag.

Unser Tipp für Freunde der Kirchenmusik:
Kirchenmusik spielt in der Lutherkirche eine besondere Rolle, auch der bekannte Konstanzer Bach-Chor hat hier seine Heimat. Das ganze Jahr über gibt es jede Menge Konzerte zum Mitsingen und anspruchsvolle Gesangs-Darbietungen. Jeden Samstag um 17.00 Uhr findet ein kleines Konzert statt, der Eintritt ist frei, Veranstaltungen sind auf der Website zu finden.

Lutherkirche:
Lutherpl. 1, 78462 Konstanz,
www.lutherpfarrei-konstanz.de,
Tel. 07531-25217

Marktstätte

Bei schönem Wetter ist die lang gezogene Marktstätte heute DIE Flanier- und Bummelmeile in Konstanz. Im Sommer tummeln sich hier Touristen und Einheimische, genießen Eis und leckere Kuchen und wie schon seit Jahrhunderten geben sich hier Straßenkünstler und Musiker die Ehre. Ein beliebter Treffpunkt ist der Kaiserbrunnen von 1897, der in den 1990er Jahren von Gernot und Barbara Rumpf umgestaltet wurde. Auch hier wurde auf das Schisma und das Konzstanzer Konzil Bezug genommen. So bevölkern ein Pfau mit drei Köpfen und Papstkronen sowie anderes absonderliches Figurenvolk wie wasserspeiende Seehasen den Brunnen. Unter den schönen Häusern an der Marktstätte fällt die verspielte Fassade des „Haus zum Wolf" ins Auge. Das um das 14. Jahrhundert datierte Gebäude wurde von den wohlhabenden Familien Beuttner und Miller im Jahre 1774 in Stile des Rokoko verschönert.

Haus zum Wolf:
Südwestliche Ecke der Marktstätte,
78462 Konstanz

Wie man durch Ausgrabungen herausfand, war dieser Ort im Mittelalter der Hauptumschlagplatz von Lebensmitteln. Die ausgegrabenen Latrinen- und Abfallschichten gaben Aufschluss darüber, dass hier nicht nur einheimisches Gemüse, Getreide und Obst feilgeboten wurde, sondern auch exotische Früchte wie Feigen, Melonen, Granatäpfel und Pfirsiche. Sogar Salz und Pfeffer haben die Archäologen hier zutage gefördert, ein Zeichen von erheblichem Wohlstand! Von der Marktstätte zweigt die einstige Bäckers-Gasse ab, die sich „Brotlaube" nennt, zudem gab es den Rindermarkt am Bodanplatz und den Fischmarkt, der sich direkt am See befand.

Tipp für Graffiti-Freunde: In der Unterführung der Marktstätte gibt es einige Kunstwerke des berühmten Graffiti-Künstlers Emin Hasirci zu bewundern!

Münster „Unserer Lieben Frau"

Wer sich bei seiner Ankunft in Konstanz einen ersten Überblick verschaffen möchte, steuert am besten gleich das Münster an und klettert auf die Aussichtsplattform des Turmes. Der Aufstieg ist nicht ganz ohne und je nach Kondition können die letzten der 193 Stufen durchaus qualvoll sein. Doch der Herrgott belohnt die Tüchtigen und so genießt man in 78 Metern Höhe einen grandiosen Rundum-Blick über die schöne Altstadt und den Bodensee.

Zu den bemerkenswertesten Kunstschätzen des im 9. Jahrhundert gebauten Münsters „Unserer Lieben Frau" gehören neben der prächtigen Orgel vor allem die imposanten Goldscheiben in der Krypta sowie die Mauritius-Rotunde, in deren Innerem sich eine frühgotische Nachbildung des Heiligen Grabes befindet. Das kunsthistorisch bedeutsame Bauwerk wurde von dem Welfen Konrad von Konstanz in Auftrag gegeben, der von 934 bis 975 Konstanzer Bischof war und seit 1123 als Heiliger verehrt wird.

Man kann sich gut vorstellen, dass sich dieses kunstvolle Bauwerk schnell zu einem überregionalen Pilgerziel entwickelt hat. Besonders schön sind die gotischen Figuren, die im 13. Jahrhundert hinzugefügt wurden. In warmen Pastelltönen wurden hier kunstvoll diverse Szenen aus dem Leben Jesu sowie der Apostel abgebildet.

Vom Stadtgarten aus haben Sie übrigens einen guten Blick auf die vier goldenen Scheiben, die am Ostgiebel des Münsters angebracht sind. Sie sind Duplikate jener berühmten Scheiben, die sich in der Krypta befinden, und zeigen in der Mitte den von zwei Engeln flankierten Christus und auf den kleineren Scheiben noch einmal die Schutzpatrone Pelagius und Konrad. Über allem wacht der Adler, das Symbol des Evangelisten Johannes.

Münster unserer Lieben Frau:
Münsterpl. 1, 78462 Konstanz,
www.kath-konstanz.de,
Tel. 07531-90620

KONSTANZ

Niederburg-Viertel

Ein Spaziergang durch den ältesten Konstanzer Stadtteil sollte ganz oben auf der Sightseeing-Liste stehen. Hier kann man einen ganzen Nachmittag gemütlich durch die engen Gassen schlendern, vorbei an historischen Gebäuden mit ihren einzigartigen Haustüren, urigen Weinstuben, traditionsreichen Restaurants und hübschen, kleinen Läden. Hier herrscht eine ganz besondere Atmosphäre, die noch von den Anfangszeiten der Stadt kündet, als sie hauptsächlich von Fischern, Domherren, Handwerkern und Kaufleuten bevölkert wurde.

Die geschichtsträchtigsten Bauten befinden sich in der Brückengasse, so die ehemalige Kirche St. Johann, die um 1266 errichtet wurde und 1807 zu einem Ort der „weltlichen Nutzung" geworden ist. Heute befinden sich zwei Restaurants und eine Ballettschule in den historischen Mauern.

Ebenfalls in der Brückengasse ist die Spitalkellerei aus dem 13. Jahrhundert zu finden, die zur Spitalstiftung Konstanz gehört. Sie ist die älteste Spitalkellerei Deutschlands und war ursprünglich ein Ort, an dem die Armen und Kranken zur Stärkung mit Wein versorgt wurden. Heute läuft das natürlich anders, denn man stelle sich die endlos lange Schlange von Menschen vor, die sich mit ihren Bechern vor dem Gebäude bilden würde. Man selbst könnte kaum der Versuchung widerstehen, sich da einzureihen, denn die Weine stammen aus den besten Lagen – Sonnenhalde und Meersburg-Haltnau – und sind heute auf vielen Weinkarten der guten Lokale zu finden. Das Geld für die Stiftung, die noch heute mehrere Alten- und Pflegeheime sowie ein Krankenhaus unterhält, wird mittlerweile aus der Verpachtung der Kellerei generiert. Das Kellergewölbe kann in Gruppen besichtigt werden, außerdem finden regelmäßig Weinproben statt. In einer lauen Sommernacht empfiehlt es sich, den einen oder anderen prämierten Tropfen in der Weinboutique zu erwerben und sich damit ans Wasser zu setzen.

Spitalkellerei Konstanz:
Brückengasse 16, 78462 Konstanz,
www.spitalkellerei-konstanz.de,
spitalkellerei_konstanz

Rathaus

Wie es sich für eine so geschichtsträchtige Stadt gehört, besitzt Konstanz ein sehr repräsentatives Rathaus, in diesem Falle sogar mit einem besonders hübschen Innenhof. Das imposante, zwischen

1592 und 1600 errichtete Gebäude hebt sich schon mit seiner farbigen Bemalung von den angrenzenden Häusern ab. Insgesamt 12 Fresken zieren die im venezianischen Renaissance-Stil gestaltete Fassade, zu sehen sind bedeutende Persönlichkeiten wie etwa Ambrosius Blarer, Ignaz Heinrich von Wessenberg und Marie Ellenrieder. Auch wichtige Szenen aus der spannenden Stadtgeschichte sind hier verewigt, wie etwa der „Frieden von Konstanz von 1183“ (Friedensschluss Friedrich Barbarossas mit den Städten der Lombardei), der Besuch Friedrich II. im Jahre 1212, die Belehnung des Hohenzollern Friedrich mit der Mark Brandenburg von 1417 sowie der Kampf der protestantischen Bürger gegen die Truppen des katholischen Kaisers Karl V. (1548).

Das Gebäude dient übrigens erst seit 1847 als Rathaus, das seinen Platz bis dato am Fischmarkt hatte. Vorher war es Zunfthaus der Weber und Krämer, später beherbergte es eine Lateinschule und ab 1552 die Stadtkanzlei und Teile des Stadtarchivs.

Durch das linke der beiden hölzernen Portale gelangt man zur Rathausvorhalle, die zum Innenhof führt. Im Sommer finden hier stimmungsvolle Opernaufführungen statt.

Rathaus Konstanz:
Kanzleistr. 13 bis 15, 78462 Konstanz
www.konstanz.de,
Tel. 07531-9000

Rheintorturm

Ist es nicht großartig, vor einem Tor zu stehen, durch das schon jede Menge bedeutender Persönlich-

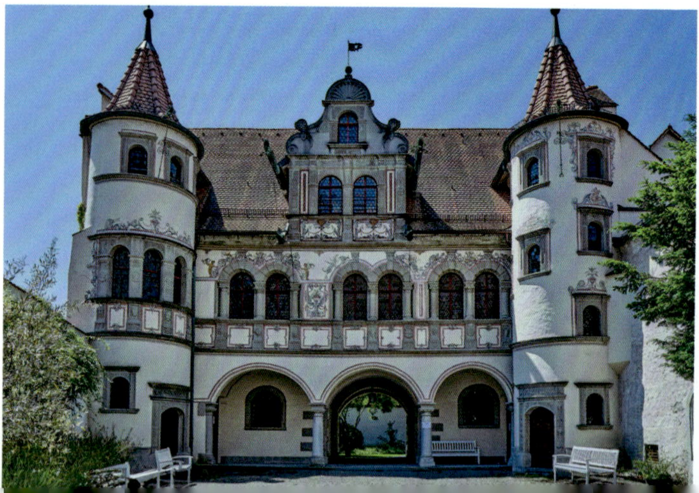

keiten geschritten sind, wie etwa der Stauferkönig Friedrich II.? Nicht zu fassen, dass die Stadtväter dieses wertvolle Zeugnis der Geschichte im Jahre 1861 einfach niederreißen wollten, weil der Turm ihrer Stadtplanung im Wege gestanden hat. Der weitsichtige Stadtrat Ludwig Leiner, der sich auch als Gründer des Rosgartenmuseums einen Namen gemacht hat, wusste diese Barbarei zum Glück zu verhindern. Wenn es um das Datum seiner Erbauung geht, scheiden sich die Geister. Mittels einer dendrochronologischen Untersuchung, mit der man das Alter des Holzes bestimmen kann, kamen die Historiker auf das Jahr 1358.

Genau wie das Schnetztor wurde der 35 Meter über dem Wasser liegende und 2500 Tonnen schwere, auf Pfählen erbaute Turm mit offener Rückseite erbaut, denn sollten Feinde die Stadt einnehmen, wollte man ihnen keine Gelegenheit geben, sich im Turm zu verbarrikadieren. Die dahinterliegende Rheingasse macht einen Knick, auf diese Weise konnten Eindringlinge die hinter der Biegung lauernden Konstanzer nicht entdecken und liefen ihnen in die Falle. Einst führte vor dem Tor noch eine hölzerne Brücke über den Rhein und bis zum 16. August 1900 musste man für Mensch und Tier bezahlen, wenn man sie passieren wollte. Die Brücke hat mehrmals gebrannt, zuletzt 1856, worauf deren Reste abgerissen wurden und 60 Meter weiter eine neue Brücke errichtet wurde.

Noch eine schöne Geschichte zu der einstigen Holzbrücke: Am 6. August 1548 wollten spanische Söldner unter Kaiser Karl V. im Zuge der Reformationskriege die Stadt überfallen und sie wieder der katholischen Kirche einverleiben. Ein denkbar schlechtes Datum für die Konstanzer, deren Soldaten sich ausgerechnet an diesem Tage auf einer Truppenübung aufhielten und die Stadt praktisch schutzlos zurückgelassen hatten (was wirklich unverständlich war, denn die Soldaten lagerten zu dieser Zeit schon eine ganze Weile in Petershausen, und im Grunde war jederzeit mit einem Überfall zu rechnen!). Den Konstanzern blieb also nichts anderes übrig, als selbst zu Schwertern, Äxten und Knüppeln zu greifen, wollten sie ihre Stadt den Angreifern nicht kampflos überlassen. Auf der Brücke vor dem Rheintor entbrannte ein erbitterter und blutiger Nahkampf, und wie sollte es anders sein: Für die Konstanzer sah es übel aus, denn was sollten die kampfunerprobten

Kaufleute, Scholaren, Krämer und Handwerker auch gegen eine trainierte Söldnertruppe ausrichten? Der Verlauf des ungleichen Kampfes nahm eine positive Wendung, als ein als Einzelgänger bekannter Mann namens Plimplamp die Idee hatte, gemeinschaftlich die Zugbrücke hochzuziehen. Die Verteidigung forderte zahlreiche Leben, doch die Stadt war vorerst gerettet. In dem Turm haben verdienterweise die „Initiative Rheintorturm e.V." und das Fasnachtsmuseum Platz gefunden. Gezeigt werden etliche, die fünfte Jahreszeit betreffende Kostüme, Urkunden, Bilder und viel Närrisches mehr! (Die fünfte Jahreszeit gilt gemeinhin als Fastnachts-Zeit, sie beginnt offiziell am 11.11 um 11.11 Uhr und endet am Aschermittwoch).

Rheintorturm Konstanz:
Rheinsteg 4, 78462 Konstanz,
www.rheintorturm.de,
www.fasnachtsmuseum-konstanz.de,
Tel. 07531-52602,
Museum geöffnet: April-Okt.
Fr. 18-22 Uhr, Sa. und So. 14-17 Uhr

Schnetztor

Fällt Ihnen am Schnetztor irgendetwas Besonderes auf? Davon abgesehen, dass es sich um ein besonderes schmuckes Stadteingangs-Tor handelt? Wir stehen hier vor einem architektonischen Kuriosum, weil der etwa um 1281 errichtete Wehrturm nur an der Vorderseite eine schöne Fachwerk-Fassade besitzt, während er an den anderen drei Seiten nur mit schnödem Mauerwerk versehen ist. Von wegen, ein schöner Rücken könne auch entzücken. Aber den braucht es auch gar nicht: Der Turm ist gleichzeitig mit der Ummauerung der Stadt entstanden, und weil er ja nur dazu benötigt wurde, die Stadt vor Eindringlingen zu schützen, bedurfte es gar keiner Rückseite. Außerdem hätten sich die Feinde in dem Turm verschanzen können. Der Turm wurde also rückenfrei gebaut und die hintere Fassade erst im 16. oder 17. Jahrhundert hinzugefügt, als man eine Wohnung für den Türmer erbauen ließ, der übrigens noch um 1900 hier wohnte und die Aufgabe des Feuerwächters innehatte. Dass sich dieses Tor in so gutem Zustand befindet, haben die Konstanzer ebenfalls der Blätzlebuebe-Zunft zu verdanken, die das Tor nach jahrzehntelangem Leerstand vor dem Verfall bewahrt und wieder in Schuss gebracht hat. Heute befindet sich in seinen Mauern eine kleine Ausstellung zum mittelalterlichen Konstanz und der Fastnachtsgeschichte.

Schnetztor:
Hussenstr. 68, 78462 Konstanz,
Tel. 07531-25234

Exkurs: Hemdglonkerumzug

Den eigentlichen Beginn der Fasnachtszeit markiert in der schwäbisch-alemannischen Fasnacht der so genannte Schmotzige Donnerstag. Die Konstanzer Altstadt befindet sich jedes Jahr am Donnerstag vor dem Aschermittwoch kurz vor Sonnenuntergang im Ausnahmezustand, denn dann gehört die Stadt ganz den zahllosen, gespenstischen Hemdglonkern, die mit weißen Nachthemden, weißen Handschuhen, weißen Zipfelmützen und weiß bemalten Gesichtern wild lärmend durch die Niederburg ziehen. Ganz vorne marschieren der Fanfarenzug und die Schüler der Stadt, um mit riesigen Transparenten ihre Lehrer auf die Schippe zu nehmen. Und gleich nach den Schülern kommen die Hemdglonker, zu denen sich jeder gesellen kann, der entsprechend verkleidet ist. Auf verschiedenen Veranstaltungen wird dann noch bis zum Morgengrauen ordentlich gefeiert, getanzt und getrunken.

Seestraße

Wollte man in Konstanz ein Haus erben, dann am liebsten eines in der mondänen Seestraße mit ihren prachtvollen Jugendstilhäusern und den herrlichen Palmen. Alles duftet hier nach „altem Geld", nach Lebensart, Bildung und Kultur. Die Aussicht aus den verspielten Türmchen dürfte eine der schönsten der Stadt sein, denn von hier aus genießt man einen fantastischen Blick auf den See und das gegenüberliegende Schweizer Ufer mit dem schneebedeckten Säntis.

In diese Ecke von Konstanz hat sich übrigens auch Regisseur David Cronenberg verliebt, der hier seinen Film „Eine dunkle Begierde“ mit Keira Knightley, Michael Fassbender und Viggo Mortensen drehte. Erkennen Sie das Eckhaus wieder, in dem C.G. Jungs Patientin Sabrina Spielrein residierte?

In einer kurzen Episode der Geschichte der Seestraße war hier das braune Grauen zuhause. Zwar hatte die Kreisleitung der NSDAP ihren Sitz in der Bahnhofstraße, doch der damalige Kreisleiter Eugen Speer mit dem Spitznamen „Feldmarschall vom Bodensee“ lebte auf großem Fuße, trat in der Öffentlichkeit gerne glamourös wie ein Fürst auf und hatte schon länger ein Auge auf die prestigeträchtige Seestraße geworfen. Als es ihm endlich gelang, für die NSDAP in Konstanz eine Statuserhöhung und damit mehr Geld rauszuschlagen, konnte die Kreisleitung im Frühjahr 1933 in die Seestr. 4 (heute 3 a) umziehen. Neben der im ersten Stock residierenden Kreisleitung war hier auch die Deutsche Arbeitsfront, der NS-Einheitsverband von Arbeitnehmern und Arbeitgebern, untergebracht. In dieser Zeit erhielt die von unten bis oben mit Hakenkreuz-Fahnen beflaggte Straße den unwürdigen Namen „Adolf-Hitler-Straße“, später „Adolf-Hitler-Ufer“.

Stephanskirche

Der Turm der Stephanskirche liegt ein wenig schief. Erst kürzlich hat man herausgefunden, dass die einseitig starke Sonneneinstrahlung an der Veränderung schuld ist. Aber keine Bange, eine Gefahr ergibt sich daraus nicht, denn die Statik wird in regelmäßigen Abständen kontrolliert!

Das Gebiet um die Stephanskirche ist für Archäologen hoch interessant. Zwar weiß man durch Aufzeichnungen (Gallus-Vita) schon länger, dass hier schon zu Zeiten des Heiligen Gallus (550 bis etwa 640) ein kleines Gotteshaus existiert hat, doch erst in den 50er Jahren haben archäologische Grabungen unter dem Stephansplatz ein spätrömisches Gräberfeld entdeckt. Seitdem ist es ziemlich sicher, dass an dieser Stelle bereits

im vierten Jahrhundert eine Friedhofskirche stand, in der die Römer ihre Toten beklagten.
Wie die meisten Kirchen hat auch die Stephanskirche als stumme Zeugin grauenhafte Zeiten überstanden. So wurde sie während des „Ungarnsturms" im Jahre 926 weitgehend zerstört, danach wieder aufgebaut und während des Bildersturms in der Reformationszeit erneut ihrer Schönheit beraubt. Im 15. Jahrhundert wurde sie in spätgotischem Stil zur Stiftskirche umgebaut, ihr jetziges, farbenfrohes Inneres entstand erst im 19. Jahrhundert und zeigt Szenen aus dem Leben Jesu. Die Heiligendarstellungen an den Pfeilern stammen noch aus dem Jahre 1570. Ein besonderer Schatz ist das Sakramentshäuschen, das im Jahre 1594 von Hans Morinck geschaffen wurde.

Stephanskirche:
Sankt-Stephans-Platz 12,
78462 Konstanz

Turm zur Katz

Eines der ältesten Gebäude der Stadt ist der um 1200 erbaute, vierstöckige Wohnturm „zur Katz", dessen zwei untere Etagen noch im Originalzustand erhalten sind. Äußerer Hingucker im Wackenmauerwerk ist ein rundbogiges Zwillingsfenster, der Innenraum wird für wechselnde Ausstellungen rund um Grafik, Fotografie, Plakat- und Plastikkunst genutzt. Wer auf der Suche nach neuen Künstlern ist und sich deren frische Konzepte und Experimente anschauen möchte, kann hier die eine oder andere überraschende Entdeckung machen!

Turm zur Katz:
Wessenbergstr. 43, 78462 Konstanz,
www.turmzurkatz.de,
Tel. 07531-9002900,
geöffnet: Di.-Fr. 10-18 Uhr,
Sa.-So. 10-17 Uhr, freien Eintritt gibt es am ersten Sonntag des Monats!

Universität Konstanz

Die Konstanzer Universität ist eine von elf Exzellenz-Universitäten in Deutschland und gilt als Eliteschmiede. Dezeit gibt sie sich kämpferisch, denn der fragile Status ist im Rennen um neue Exzellenz-Cluster für 2025 in akute Gefahr geraten. Die Hanglage des Geländes inspirierte die Architekten, eine Art Bergdorf für die Studierenden zu schaffen, das sich um eine zentrale Agora herum aufbaut. Entsprechend durchläuft es sich auch bei der Raumsuche, die schon einmal einen gewissen akademischen Grad und sportliche Ausdauer voraussetzen kann. Eine Besonderheit stellt das Glasdach der Agora dar, das aus 227 bunten Pyramiden besteht und einzigartige Lichteffekte schafft. Sehenswert ist auch die moderne, lichtdurchflutete Bibliothek mit ihren komfortablen und stylischen Sitzgelegenheiten. Unnötig zu erwähnen, dass die Studierenden hier den besten Ausblick haben, den man sich wünschen kann. Der Blick schweift weit über den Bodensee und die Insel Mainau bis hin zu den Alpen.

Von einem beschaulichen Studentenleben kann allerdings momentan nicht die Rede sein, denn auf dem Gelände wird fleißig gehämmert und gebohrt und dies wahrscheinlich noch über mehrere Studenten-Generationen hinweg. Der Campus – ursprünglich für 3000 Studenten angelegt, platzt aus allen Nähten und soll in den nächsten Jahrzehnten um 55.000 Quadratmeter erweitert werden. Schon jetzt ist die Uni mit 2300 Beschäftigten der größte Arbeitgeber der Stadt, an der Uni und an der Hochschule für Technik, Wirtschaft und Gestaltung (HTWG) sind insgesamt 15.500 Studenten eingeschrieben, was bedeutet, dass die Studenten schon jetzt 17 Prozent der gesamten Einwohnerzahl von Konstanz ausmachen. Während in der Bevölkerung Bedenken laut werden, der Wohnungsmarkt verkrafte schon jetzt keine weiteren Studentenzahlen, schaut das Bürgermeisteramt mit Freude auf die riesige Baustelle auf dem Gießberg. Die Uni können Sie jederzeit besichtigen, Infos zu den offiziellen Führungen und Veranstaltungen finden Sie auf der Webseite. Wie heißt es so schön: Man lernt nie aus!

Universität Konstanz:
Universitätsstraße 10, 78464 Konstanz,
www.uni-konstanz.de,
Tel. 07531-880,
unikonstanz

Archäologisches Landesmuseum Baden-Württemberg (ALM)

Auf einer Ausstellungsfläche von 3000 m2 präsentiert das ALM Funde aus Baden-Württembergs Vergangenheit und lässt seine Besucher bis zurück in die Steinzeit reisen. Besonders die große Mittel-

alterausstellung, die sich dem Konstanzer Stadtleben widmet, dürfte Geschichtsinteressierte begeistern. Zu den Highlights der Ausstellung zählen ein Lastschiff aus dem 14. Jahrhundert oder „Die Welt der Pfahlbauten" mit Funden aus dem UNESCO-Welterbe und eine komplett erhaltene Leier aus dem Grab eines alamannischen Kriegers aus dem 6. Jahrhundert. Informieren Sie sich über die aktuellen Sonderausstellungen!

ALM Baden-Württemberg:
Benediktinerplatz 5, 78467 Konstanz,
www.alm-konstanz,
Tel. 07531-98040,
alm_badenwuerttemberg,
geöffnet: Di.-So. und feiertags
von 10-17 Uhr

Bodensee-Naturmuseum

Das Museum zeigt als „Fenster zum See" dessen einzigartige Landschaft und ihre Bewohner. Die Ausstellung fokussiert sich auf die Entstehung und die Lebensräume des Bodensees. Vieles darf angefasst und ausprobiert werden: Streicheltiere, das Quakaphon mit den Rufen der einheimischen Froscharten, die Tastlöcher mit den Fundstücken aus Wald und Flur sowie ein Krabbeltunnel. Die haptischen und interaktiven Inhalte eignen sich gut für einen Familienbesuch mit den Kindern, für die es auch einen Kiesbagger-Spielplatz gibt. Blinde und Sehbehinderte werden durch ein spezielles Angebot bedient.

Bodensee-Naturmuseum:
Hafenstr. 9, 78462 Konstanz,
www.konstanz.de,
Tel. 07531-9002915

Hus Haus

Die Geschichte der Stadt kreist immer wieder um das Konstanzer Konzil und auch um das tragische Ende des böhmischen Reformators Jan Hus (1370-1415), der zum Konzil gereist war und schlussendlich auf dem Scheiterhaufen landete. Und dies, obwohl ihm von König Sigismund freies Geleit zugesichert worden war.

Er war zum Widersacher der katholischen Kirche geworden, nachdem er unter anderem den Besitzreichtum der Kirche, die Habsucht des Klerus und den Ablasshandel an-

geprangert hatte (Man beachte die Zeit! Martin Luther, 1483-1546, wurde erst 68 Jahre nach Hus' Hinrichtung geboren!). Noch heute verehren die Tschechen ihren mutigen Landsmann als Nationalheiligen.
In einem Abschiedsbrief hat Hus Folgendes an seine Freunde geschrieben: „Das aber erfüllt mich mit Freude, daß sie meine Bücher doch haben lesen müssen, worin ihre Bosheit geoffenbart wird. Ich weiß auch, daß sie meine Schriften fleißiger gelesen haben als die Heilige Schrift, weil sie in ihnen Irrlehren zu finden wünschten".
– Jan Hus
Lange Zeit galt das Fachwerkhaus am Schnetztor, in dem sich heute das Hus-Museum befindet, als letzte Herberge des Reformers vor seiner Verhaftung. Diese Annahme wurde allerdings weitgehend widerlegt, das heutige Museum ist also lediglich in einem Haus aus der damaligen Zeit untergebracht. In ihm wurde eine Dauerausstellung installiert, die sich mit den Lehren und der Geschichte von Jan Hus auseinandersetzt.

Hus-Haus:
Hussenstr. 64, 78462 Konstanz,
www.hus-museum.de,
Tel. 07531-29042,
geöffnet: 01.04-30.09.: Di.-So. 11-17 Uhr,
01.10.-31.03.: Di.-So. 11-16 Uhr

Kulturzentrum am Münster

Für Kunst- und Geschichtsinteressierte ist der Besuch des Kulturzentrums am Münster ein Muss! Der hervorstechende, tiefrote Neubau sowie einige angeschlossene Gebäude beherbergen mehrere Kultureinrichtungen. Das Kulturzentrum ist nicht nur Sitz des Kunstvereins der Stadtbibliothek und der Volkshochschule, sondern beherbergt auch verschiedene Räume für Veranstaltungen, unter anderem einen beeindruckenden Gewölbekeller, in welchem wechselnde Foto- oder Gemäldeausstellungen gezeigt werden. Zum Kulturzentrum gehören u.a. der Turm zur Katz, das Haus zur Katz und der BildungsTurm. Mit seiner Datierung auf 1200 zählt der Turm zu den stadtältesten Gebäuden und dient als Ausstellungsraum.

Kulturzentrum am Münster:
Wessenbergstr. 41 und 43,
78462 Konstanz, Tel. 07531-900900

Besondere Erwähnung verdient die **Wessenberg Galerie**, die im ehemaligen Stadtpalais des Ignaz Heinrich von Wessenberg (1774-1860) – letzter Bistumsverweser und leidenschaftlicher Kunstsammler – untergebracht ist. Die Sammlung bestand ursprünglich nur aus Kupferstichen und Litho-

Wessenberg-Galerie Konstanz

graphien, wuchs aber im Laufe der Jahrhunderte durch Ankäufe der Stadt, Schenkungen und mehrere Stiftungen auf eine stattliche Sammlung von rund 7000 Gemälden, Zeichnungen, Graphiken und Plastiken an. Im zweiten Stock des Kulturzentrums erinnert das Wessenberg-Gedächtniszimmer an den Namensgeber, dem die Stadt diese Sammlung (und übrigens erstes Museum von Konstanz) zu verdanken hat.

Wessenberg-Galerie:
Wessenbergstr. 43, 78462 Konstanz,
Tel. 07531-9002921,
geöffnet: Di.-Fr.: 10-18 Uhr,
Sa. und So.: 10-17 Uhr.

Kunstverein Konstanz

Mitten im Stadtzentrum befindet sich einer der ältesten Kunstvereine Deutschlands. Gegründet im Jahre 1858 und mit wunderbaren Oberlichtsälen ausgestattet, ist der Kunstverein Konstanz ein Forum für zeitgenössische Kunst. Sein Programm wird durch die Grenzlage bereichert: Hier stellen häufig auch Kunstschaffende aus der Schweiz, Österreich und Liechtenstein ihre Werke aus – künstlerischer Nachwuchs, der bereits eine eigene Note entwickelt hat.

Kunstverein Konstanz: Untergebracht im Kulturzentrum am Münster,
Wessenbergstr. 39/41, 78462 Konstanz,
www.kunstverein-konstanz.de,
Tel. 07531-22341

Rosgartenmuseum

Das mitten in der Stadt gelegene Haus „Zum Rosgarten" war im Mittelalter das Zunfthaus der Metzger, Hafner, Krämer, Apotheker und Seiler. Es wurde durch den Stadtrat und Apotheker Ludwig Leiner gegründet (1870). Der Leinersaal im Erdgeschoss befindet sich unter Denkmalschutz! Zum Museumsfundus zählen Objekte der Stadtgeschichte und ihrer Landschaft. Neben seinen Themenausstellungen besitzt das Rosgartenmuseum eine Dauerausstellung zur Stadt- und Regionalgeschichte. Das Museumscafé liegt hübsch im historischen Anbau mit Innenhof.

Rosgartenmuseum:
Rosgartenstraße 3-5, 78462 Konstanz,
www.rosgartenmuseum.de,
Tel. 07531-9002245,
rosgartenmuseum,
geöffnet: Di.-Fr. 10-18 Uhr,
Sa., So./Feiertag: 10-17 Uhr

Polizeimuseum

Freiwillig auf die Wache? Wenn's denn der Bildung dienlich ist!

In Konstanz gibt es ein kleines, geheimes Polizeimuseum, das in mühevoller Sammelarbeit und mit großem privatem Zeitaufwand von dem Hauptkommissar im Ruhestand, Karl-Heinz Berger, aufgebaut wurde. Der Polizist wollte einen Ort der Rückbesinnung für ältere Kollegen schaffen und gleichzeitig der Öffentlichkeit die Entwicklung der Polizeiarbeit im Raum Konstanz zugänglich machen. Herausgekommen ist ein buntes Sammelsurium von Bildern, Dokumenten, Polizeiuniformen, historischen Handschellen, Modellautos und vielem mehr. Neuerdings kümmert sich sein Nachfolger Jürgen Kaiser um das Museum, man darf gespannt sein, was er der Sammlung hinzufügen wird. Polizei mal anders, ganz so wie früher: volksnah und weltoffen. Keine regelmäßigen Öffnungszeiten!

Anmeldung über: Pressestelle Polizeipräsidium Konstanz am Benediktinerplatz 3, 78467 Konstanz,
konstanz.pp.sts.oe@polizei.bwl.de,
Tel. 07531-9951011

Rosgartenmuseum Konstanz

Die schönsten Hotels

Hotel Halm Konstanz

In dem altehrwürdigen Traditionshaus haben Gäste die Wahl zwischen klassisch eingerichteten Standard-Zimmern mit Altstadt-Blick oder elegant-modernen Superior Zimmern zur Seeseite hin. Beide Varianten haben ihren Reiz und lassen weder Komfort noch moderne Technik vermissen. Das Highlight der edlen Herberge mit ihrem typischen Grandhotel-Ambiente ist der glamouröse Speisesaal, der zu den Beispielen eleganter Architekturgeschichte des 19. Jahrhunderts zählt. In dem maurischen Saal mit seinen prächtigen Ornamenten und gigantischen Spiegeln fühlt man sich wahrlich königlich und wird ebenso bedient. Der Name des Restaurants Le Marrakech ist Programm, geboten werden orientalische Speisen aus dem Dampfgarer, köstliches Couscous, Schmorgemüse und feines Fleisch von Lamm, Kalb und Hähnchen. Für den letzten Drink des Tages empfiehlt sich die gemütliche Bar samt kleiner Bibliothek.

Hotel Halm:
Bahnhofplatz. 6, 78462 Konstanz,
Tel. 07531-1210,
www.hotel-halm.com,
hotelhalm_konstanz

Hotel RIVA

Für Genussmenschen ist der Aufenthalt im 5-Sterne-Hotel RIVA sehr empfehlenswert. Selbst wer kein Zimmer mit Seeblick in der vornehmen Jugendstilvilla oder im hellen Neubau bezieht, dürfte ob seines Komforts, der stilvollen und kunstsinnigen Einrichtung und nicht zuletzt dank des hochprofessionellen Personals ins Schwärmen geraten. Neben modernen Zimmern mit deckenhohen Fenstern, von denen die meisten eine Terrasse oder einen Balkon besitzen, steht den Gästen ein Wellnessbereich samt Fitness-Studio, finnischer Sauna und tollem Behandlungs-Programm zur Verfügung. Und egal zu welcher Jahreszeit: Ein Bad im beheizten Pool auf der Dachterrasse sollte man sich unbedingt gönnen, denn von hier aus genießt man einen herrlichen Blick auf den Bodensee. Das Angebot des Frühstücksbüffets ist großartig und sein Mittag- oder Abendessen genießt man entweder im Seerestaurant oder in dem mit zwei Michelin-Sternen ausgezeichneten OPHELIA.

Hotel Riva:
Seestrasse 25, 78464 Konstanz,
www.hotel-riva.de, Tel. 07531-363090,
riva_hotel

Tipp für Jogger – vom RIVA zum Hörnle:
An der Seestraße startet eine sehr schöne, rund 2,5 Kilometer lange Joggingstrecke bis zum Strandbad-Hörnle. Genießen Sie auf einer malerischen Strecke Wald- und Seeluft gleichermaßen! Wer einen Triathlon draus machen möchte, springt im Strandbad ins kühle Nass oder gönnt sich einen Besuch in der Bodensee-Therme. Als dritte Disziplin empfehlen wir einen gesunden Drink an der Hotelbar!

Hotel 47°

Angeblich richtet sich die puristische Eleganz dieser modernen Edelherberge an junge, anspruchsvolle Gäste, was wir hier ausdrücklich NICHT bestätigen können. Auch Genießer und Flaneure gereifteren Semesters wissen die geradlinige Schönheit dieses Bau- und Einrichtungsstils durchaus zu schätzen. Besonders, wenn dieser mit so viel Lässigkeit und Lebensfreude gefüllt ist wie in diesem familiengeführten Boutique-Hotel. Das in einem relativ neuen Viertel gelegene Haus bietet gleich DREI Highlights, nämlich einen der besten Köche der Stadt, den besten Cocktailmixer am Bodensee und einen außergewöhnlichen Wellness-Bereich im obersten Stockwerk mit Blick auf den Rhein. Ein gemütlicher Spaziergang in die Konstanzer Altstadt dauert etwa 20 Minuten und führt am Wasser entlang.

Hotel 47°:
Reichenaustraße 17, 78467 Konstanz,
www.47grad.de, Tel. 07531-12749777,
47_grad

Steigenberger Inselhotel

Manche Menschen haben immer etwas zu meckern. Lassen Sie sich bloß nicht beirren, wenn Sie hören, dieses Luxushotel sei „etwas in die Jahre gekommen". Denn wie auch nicht, schließlich wurden die Grundmauern des Hotels bereits 1235 von Dominikaner-Mönchen errichtet... Mit seinem Wandelgang, den Wandmalereien und einem Seeblick an exponierter Stelle, nämlich auf einer der Konstanzer Altstadt vorgelagerten Privatinsel, verzaubert dieses Hotel nicht nur Geschichtsinteressierte. Die Melange aus modernem Luxus und historischem Ambiente ist als gelungen zu bezeichnen und dazu lassen Ausstattung, Küche und Service keine Wünsche offen. Kein Wunder, dass diese Edelherberge zu einem Hotspot für Traumhochzeiten der Schönen und Reichen geworden ist. Unser Tipp: Verbringen Sie getrost auch als externer Gast ein paar schöne Stunden in diesem Ausnahme-Hotel, im Grunde dürfte dieser Ort ebenso in der Kategorie „Sehenswürdigkeiten" einen Platz einnehmen!

Wer auch seinen geliebten Vierbeiner im Urlaub nicht missen möchte, darf sich über ein ausgesprochen hundefreundliches Personal freuen und der Hund sich über so manches Extra-Leckerli.

Hotel Steigenberger:
Auf der Insel 1, 78462 Konstanz,
www.steigenberger.com,
Tel. 0753-1250,
steigenbergerhotels

Preiswerte Unterkünfte

Eine Sache gleich vorneweg: Auf der Suche nach einer Unterkunft unter 50 Euro kann man sich im Internet zu Tode recherchieren. Vor der Pandemie hatte man da eher noch Glück, aber heute verlangen selbst einfache Backpacker-Hotels mindestens 60 Euro. Wer kaum Geld für die Übernachtung ausgeben möchte, muss auf Airbnb ausweichen, campen oder in der Jugendherberge übernachten. Falls

Sie wider Erwarten ein besonders günstiges Angebot entdecken: Immer her mit den Informationen! Wir freuen uns, wenn wir Tipps für Sparsame und Low-Budget-Traveller erhalten.

B&B HOTEL Konstanz

Das preisgünstigste Hotel in Konstanz. Hell und freundlich gestaltet, gemütliche Betten, nette Leute und gut zu erreichen.

B&B Hotel Konstanz:
Line-Eid-Str. 2,78467 Konstanz,
ww.hotelbb.com/de/hotel/konstanz,
Tel. 07531-3644, bbhotels_de

Team des Restaurants Anglerstuben

Gerry's Backpacker Guesthouse

Lassen Sie sich nicht davon abschrecken, dass dieses Hostel im Industriegebiet zu finden ist. Geboten werden hübsche Themenzimmer, ein kleiner Garten, überdachte Stellplätze für Fahrrad und Motorrad, eine Kletterwand und besonders nettes Personal. Besonders bei Bikern sehr beliebt!

Gerry's Backpacker:
Byk-Gulden-Str. 33, 78467 Konstanz,
www.gerry.as/backpacker,
Tel. 07531-67676

Campingplatz Klausenhorn

Ein Traum von einem Campingplatz! Direkt in einem schönen Naturstrandbad gelegen, bietet er nicht nur ein Ferienprogramm für Kinder samt riesigem Spielplatz, einzigartige Unterkünfte wie Bau-Wägen, Hütten und Schlaffässer, sondern obendrein ein umfangreiches Freizeitangebot für Erwachsene. Wer würde nicht gerne nach dem Aufstehen sein Yogaprogramm mit Blick auf den See absolvieren? Auch Stand-Up-Paddling, Shiatsu, Segeltörns, Wanderungen und Radtouren werden von hier organisiert (E-Bikes und Fahrräder können gemietet werden).

Campingplatz Klausenhorn:
Hornwiesenstr. 40/42,
78465 Konstanz-Dingelsdorf,
www.camping-klausenhorn.de,
Tel. 07533-6372

Die besten Restaurants

Die Konstanzer und eigentlich alle Anrainer am See sind extrem verwöhnt, was gute Küche angeht, und das betrifft nicht nur die Frische ihrer See-Fische, das Gemüse von der Insel Reichenau oder die leckeren Weine von den umliegenden Weinbergen, sondern auch die Angebote der ausländischen und exotischeren Restaurants. Was die Qualität außerdem verlässlich hochhalten dürfte, ist der große Konkurrenzdruck unter den Anbietern, denn allein in Konstanz werben über 300 Restaurants um die Gunst der Gäste und gemessen an der Einwohnerzahl von nicht einmal 90.000 ist das schon eine ganze Menge. Die blühenden Landschaften des fruchtbaren Umlands kann man hier riechen und schmecken, das beginnt beim knackigen Salat und endet beim Dessert mit Früchten aus den weiten Streuobstwiesen im Hinterland.

Restaurant Anglerstuben

Bei den Einheimischen gelten die Anglerstuben schon lange als Geheimtipp. Vom Wildgulasch mit Preiselbeeren über Zander- oder Hechtfilet bis hin zu den Risotto-Gerichten: Sämtliche Speisen sind Augen- und Gaumenschmaus gleichermaßen und wer bei angenehmen Temperaturen einen Platz auf der Terrasse reserviert, darf sich zudem über einen sagenhaften Blick auf den See freuen. Die Atmosphäre, ein grandioser Service und eine kenntnisreiche Weinbegleitung machen den Genuss perfekt!

Restaurant Anglerstuben:
Reichenaustr. 51, 78467 Konstanz,
www.anglerstuben.com,
Tel. 07531-8180487,
restaurant_anglerstuben

Brasserie Colette Tim Raue

Der Name ist Programm und wer schon die berühmten Colette-Brasserien in Berlin und München besucht hat, dürfte die Handschrift des Sternekochs Tim Raue wiedererkennen. Mitten in der Altstadt und unweit der Bodensee-Promenade genießt man hier französische Brasserie-Küche vom Feinsten und ganz dem Zeitgeist entsprechend wurde die klassische Karte mit ihren berühmten Austern und der unschlagbaren Bouillabaisse um einige Crossover-Gerichte und vegane Köstlichkeiten erweitert.

Brasserie Colette Tim Raue:
Brotlaube 2a, 78462 Konstanz,
www.brasseriecolette.de/konstanz,
Tel. 07531 1285107, brasseriecolette

Restaurant Friedrichs

Guten Service und Kulinarisches auf hohem Niveau genießen die Gäste im Luxushotel 47 Grad. Küchenchef Maximilian Lehmann – ja genau, einer der Super-Stars in der SAT1-Show „The Taste“ – ist bekannt für seine Experimentierfreudigkeit und überrascht mit einem raffinierten Mix aus österreichisch-deutscher Traditionsküche und fernöstlichen Einflüssen.

Restaurant Friedrichs:
Reichenaustraße 17, 78467 Konstanz,
www.restaurant-friedrichs.de,
Tel. +49 7531 12749777,
friedrichs.konstanz

Steakhaus Hexenküche

Liebhaber saftiger Steaks und schmackhafter Rippchen lassen sich gerne in der Hexenküche am Rande der Konstanzer Altstadt verzaubern. Der Chef steht hier selbst in der offenen Küche seines rustikalen Kultlokals und hat ein Auge darauf, dass alles nach voller Zufriedenheit der Gäste abläuft. Was es auch tut, denn in der Hexenküche gibt es Leckerbissen wie aus dem Pfefferkuchenhaus.

Hexenküche:
Bodanstr. 30, 78462 Konstanz,
www.hexenkueche-steakhaus.de,
Tel. 07531-24560

Ristorante Il Boccone

Egal, ob man Pizza, hausgemachte Pasta, Fisch oder Fleisch bestellt: Den stylischen Italo-Tempel verlässt man stets mit einem Lächeln! Genießen Sie als Absacker einen Drink an der schönen Bar! Auch ein Blick ins Programm lohnt sich, denn hier geben sich großartige Kabarettisten und Jazz-Interpreten die Klinke in die Hand.

Il Boccone:
Bodanstr. 20-26, 78462 Konstanz,
www.ilboccone.de,
Tel. 07531-2846744,
ilbocconekonstanz

KONSTANZ

Gourmetrestaurant Ophelia

Ein Besuch in dem mit 2 Michelin-Sternen ausgezeichneten Restaurant Ophelia bietet Genuss der Spitzenklasse. Sowohl die Speisen als auch die Weinbegleitung suchen ihresgleichen. Jeder Teller ist ein Kunstwerk für sich und erfreut die Sinne mit hervorragenden Geschmacks-Variationen. Schon beim Betreten des stilvoll eingerichteten Restaurants ist zu spüren, dass die Angestellten ihre Arbeit lieben und einfach alles geben, um ihre Gäste glücklich zu machen. Und egal ob Sie lieber Fleisch, Fisch oder veganes Essen bevorzugen – Sie erleben hier ein wahres Fest für die Sinne!

Restaurant Ophelia:
Seestraße 25, 78464 Konstanz,
www.restaurant-ophelia.de,
Tel. 07531-363090,
restaurant.ophelia

Restaurant Papageno zur Schweizer Grenze

Das traditionsreiche Lokal mit seiner weinberankten Terrasse ist bekannt für seine gelungene deutsch-französische Küche und besticht nicht nur mit hervorragenden Speisen, sondern auch durch eine kenntnisreiche und kreative Weinbegleitung, die selbst für echte Wein-Experten so manche Überraschung bereithalten dürfte. Es bedienen junge, freundliche Profis, die dem Gast jede erdenkliche Freiheit bei der Umgestaltung seines Menüs gewähren und in jedem Moment signalisieren, dass der Kunde König ist. Fabelhafte Küche zum Sattwerden und Glücklichsein – genau wie es sein soll!

Restaurant Papageno:
Gottlieber Str. 64, 78462 Konstanz,
www.restaurant-papageno.net,
Tel. 07531-368660,
restaurant.papageno

Restaurant Umami Sushi & Grill

Das Umami ist in Konstanz die erste Adresse für Sushi-Freunde, obwohl die Karte weitaus mehr zu bieten hat. Das Gastrokonzept setzt auf einen internationalen Mix aus Fisch- und Fleisch-Spezialitäten sowie eine riesige Auswahl an Sushi-Gerichten. Auch Vegetarier und Veganer kommen in dem hippen Lokal mit Weltstadt-Flair auf ihre Kosten. Weil es mitunter recht voll werden kann, empfiehlt sich eine Reservierung.

Restaurant umami:
Sigismundstr. 12, 78462 Konstanz,
www.umami-konstanz.com,
Tel. 07531-2842149,
umami_konstanz

Voglhaus – komplett BIO

Für Ökotouristen, Vegetarier und Veganer ist der Besuch dieses Trendladens anzuraten. Im Schaufenster sitzend, schlürft man hier Kaffee und genießt Kekse, Kuchen und leckere Tagesgerichte. Wer sich von seinem gemütlichen Sitzkissen nicht trennen möchte, kann dieses ebenfalls erwerben, genauso wie den Rest der Einrichtung. Bezahlen geht dann folgendermaßen: „Packen Sie mir doch bitte den Rest ein, den Stuhl und den Tisch oben drauf!

Café Vogelhaus:
Wessenbergstr. 8, 78462 Konstanz,
www.das-voglhaus.de,
Tel. 07531-17202,
dasvogelhaus

Das Esszimmer

Juhu, endlich mal ein Lokal, das ein besonders großes Herz für Langschläfer hat. Am Sonntag wird hier den ganzen Tag Frühstück angeboten, dienstags und freitags stehen schmackhafte Mittagsmenüs sowie hausgemachter Kuchen und Kaffee auf dem Plan. Untergebracht ist das „Esszimmer" im Pumpenhäusle des historischen, 34 Meter hohen Wasserturms direkt am Seerhein. Das Erdgeschoss dient heute als Ausstellungsraum für zeitgenössische Künstler, ein Blick hinein lohnt sich!

Esszimmer Konstanz:
Turmstr. 32, 78467 Konstanz,
www.esszimmer-konstanz.de,
Tel. 07531-1847523,
esszimmer_konstanz

Café Restaurant „Wessenberg"

Das „Wessenberg" direkt am Münsterplatz ist schon seit 20 Jahren einer der angesagtesten Treffpunkte in Konstanz. Jeden Sonntag lockt das Restaurant mit einem großartigen Brunchbuffet Einheimische und Touristen gleichermaßen in seine gemütlichen Räumlichkeiten. Das Buffet hält für jeden Geschmack etwas bereit: Räucherlachs, Weißwürste, Wurst und Käse, Müsli, Obst, vegane und vegetarische Speisen, Fleisch- und Fischgerichte, Panzanella und süße Leckereien. Bei schönem Wetter speist man im mediterranen Innenhof. Schöne Weinkarte und toller Service (und: lässt sich gut mit dem Besuch der Wessenberg-Galerie verbinden!).

Restaurant Wessenberg:
Wessenbergstr. 41, 78462 Konstanz,
www.wessenberg.chayns.net,
Tel. 07531-919664, wessenberg_kn

Genuss-Tipp: Schiff ahoi für Feinschmecker

Möchten Sie einem ganz besonderen Menschen mit einem unvergesslichen Abendessen überraschen? Dann sei Ihnen eine genussvolle Schifffahrt der Reederei Bodensee-Schiffsbetriebe (BSB) ans Herz gelegt, denn was könnte es Schöneres geben, als vor dem Hintergrund einer solchen Kulisse auf dem glitzernden Wasser dem Sonnenuntergang entgegen zu schippern und nach Herzenslust zu schlemmen? Die Bodensee-Schifffahrt bietet das ganze Jahre über kulinarische Erlebnisreisen auf dem Bodensee an, die sich inhaltlich an den Jahreszeiten orientieren. Highlight des Genuss-Programms ist die „Feinschmeckerfahrt“, auf der die Gäste mit einem Vier-Gänge-Menü verwöhnt werden – auch als Veggie-Variante! Meist ist die Stimmung an Bord so heiter, dass die Gäste nach der zweistündigen Rundfahrt noch eine Weile an Bord bleiben und den Abend bei einem schönen Glas Wein ausklingen lassen.
Auf folgender Seite finden Sie alle Informationen zu den aktuellen, saisonalen Genießer-Angeboten:
www.bsb.de

Imbiss Curry Constanz

Zugegeben, das „Curry Constanz“ befindet sich nicht grad ums Eck und verlangt die Fahrt ins Gewerbegebiet. Für Sparfüchse lohnt sich der Besuch der Wurstbude aber allemal, denn was kaum einer weiß: Kein geringerer als 2-Sternekoch Dirk Hoberg, der im berühmten Ophelia den Kochlöffel schwingt, hat die leckeren Saucen kreiert.

Curry-Constanz:
Max-Stromeyer-Str. 126, 78467 Konstanz,
www.curry-constanz.de,
Tel. 07531-1272040,
currycanstanz

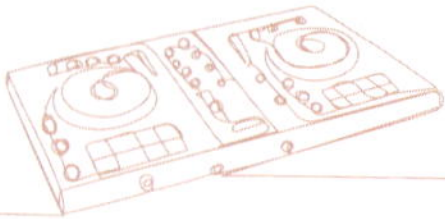

Nightlife

Wie es sich für eine Studentenstadt gehört, bietet das pulsierende Zentrum der Vierländerregion eine Vielzahl von Bars, Clubs, Cafés, Weinstuben und Biergärten an. Im Folgenden eine kleine Auswahl:

Kulturladen KULA Konstanz

Der Vorteil einer Universitätsstadt ist, dass auch kleine Kulturläden und -einrichtungen bestehen können, und im Falle des KULA sogar extrem gut besucht werden! Bunte Facetten aus Konzerten, Partys, modernen Kunstformen wie Poetry Slam (im KULA herrlich amüsant und unbedingt empfehlenswert) finden ihren Weg in diesen fröhlichen Kulturschuppen. Hier kann man sich intellektuell amüsieren, und sich in der KULA-Bar mit Getränken und Leckereien wie Dünnele verköstigen lassen.

Kulturladen Konstanz:
Joseph-Belli-Weg 5, 78467 Konstanz,
www.kulturladen.de,
Tel. 07531-52954,
kulakonstanz

Einstein-Bar

In der Einstein-Bar im Herzen der Stadt ist immer etwas geboten, mitunter exzellente Livemusik. Neben einer ordentlichen Auswahl an alkoholischen Getränken gibt es auch gesunde Drinks.

Einstein Bar:
Hussenstr. 17, 78462 Konstanz,
Tel. 0178-6313977,
einstein_bar_kn

Klimperkasten Bar

Der „Klimpi“ ist eine rustikale und urgemütliche Bar, die mit imposanten Decken punktet und tolle Events wie Partys, Live-Musik, und Kleinkunst auf dem Programm hat. Manchmal kann es etwas voll und laut werden. Gefeiert wird bis morgens um 3, der zentral gelegene Laden eignet sich daher auch hervorragend für einen Absacker und einen heiteren Talk.

Klimperkasten:
Bodanstr. 40, 78462 Konstanz,
Tel. 07531-2843666,
klimperkastenkn

Manhattan Bar

Unter Studenten gilt die kleine und äußerlich unscheinbare Kellerbar als Absturz-Lokal, denn zu späterer Stunde geht es hier recht ausgelassen zu und die Leute kippen sich einen Shot nach dem anderen hinter die Binde. Perfekt für Raucher und Tischkicker!

Manhattan Bar:
Hussenstr. 5, 78462 Konstanz,
Tel. 07531-917555

Friedrichs Bar

Das stylisch-elegante Hotel 47 Grad beherbergt nicht nur eines der besten Restaurants der Stadt, sondern auch eine Bar der Spitzenklasse. Chef der Kult-Location ist Erim Türkmen, ein echter Promi unter den Kennern seines Genres und immer für neue Geschmacks-Experimente zu haben. Mit seinem Drink „Friedrichs" hat er es zum „Süddeutschen Meister" und zum Landescocktailmeister Baden-Württembergs gebracht.

Friedrichs Bar im Restaurant Friedrichs/ Hotel 47°:
Reichenaustraße 17, 78467 Konstanz,
www.restaurant-friedrichs.de,
Tel. 07531-12749777,
47_grad

Globetrotter Bar

Es kursiert die Geschichte, dass der Besitzer jedes Jahr im Sommer verreist, und dabei neue Cocktailrezepte aus fernen Gefilden mitbringt. Daher wohl der Name Globetrotter. Eigentlich klingt es nach einer Legende, und bei all den Besuchen haben wir die Geschichte nie verifiziert. Was wir verifiziert haben, sind die Qualität und Vielfalt der Cocktails. In hawaiianisch-seemännischem Flair (Anker, Garn und Tikki-Masken) konsumiert man hier einige der besten Cocktails von Konstanz. Die Atmosphäre ist heimelig und es ist immer so gut besucht, dass man sich fühlt, als wäre man in einer belebten Hafentaverne. Unter den über 100 Cocktails finden sich Klassiker wie die Bahama Mama oder der Zombie, aber auch unbekanntere Kreationen. Unter Studierenden sehr beliebt, aber auch sonst findet sich eine bunte Klientel in dieser Cocktailbar ein. Eine Reservierung ist zu empfehlen.

Globetrotter:
Hüetlinstraße 14, 78462 Konstanz,
www.globetrotter-bar.de,
Tel. 07531-23110

Strandbar

Was wäre eine Studentenstadt am See ohne eine coole Beachbar? Und hier ist sie: Die Strandbar „Seezeit", in der auf Liegestühlen im Sand echtes Urlaubs-Feeling aufkommt. Und plötzlich ist man nicht mehr am Bodensee, sondern direkt am Meer! Die Bar wird vom Studentenwerk betrieben und deshalb vornehmlich von jungen Leuten bevölkert. (Achtung, nur von April bis September geöffnet).

Strandbar:
Webersteig 12, 78462 Konstanz,
www.strandbar-konstanz.de,
Tel. 0179-2001806,
strandbarkonstanz

STADTFÜHRUNGEN

Unbedingt empfehlenswert ist eine Stadtführung durch die Niederburg, das ist der älteste Teil der Konstanzer Innenstadt. Die kundigen Guides führen in historischen Gewändern durch die Stadt und begeistern mit ihrer Schauspielkunst und allerhand schaurigen oder höchst amüsanten Geschichten. Sollten Sie genauso angetan sein wie wir: Trinkgeld nicht vergessen, denn die als Henker, Marktfrauen und Burgfräulein verkleideten Darsteller haben es verdient! Alle Infos zu den Führungen: ***www.konstanz-tourismus.de***

Alle Infos zum **Tourismus in Konstanz**

Lago Shoppingcenter am See

Ein Besuch des LAGO ist zu empfehlen. In der riesigen Mall in See-Nähe finden Sie einen Mix aus Mode, Lifestyle und Genuss in über 70 Shops, Cafés und Restaurants.

LAGO Shopping Center Konstanz:
Bodanstraße 1, 78462 Konstanz,
www.lago-konstanz.de,
Tel. 07531-6913360,
lagokonstanz

ZIELE FÜR FAMILIEN

M10 True Active

In Filmen sieht man hin und wieder, wie akrobatische Einbrecher Laserschranken in Museen passieren, ohne Alarm auszulösen. Im „M10 True Active" können Sie herausfinden, ob Sie ebenfalls das Zeug zum Meisterdieb oder Ninja haben. Bei Lust auf Action, Spaß und Bewegung findet die ganze Familie hier gleich drei Missions (Im)possibles für jedes Wetter: Ninja Parcours, in denen man sich in Sachen Schnelligkeit, Geschicklichkeit und Ausdauer an verschiedenen Hindernissen testen kann, verrückter 3D Minigolf oder ein Gang voller Laserstrahlen beim Lasermaze.

M10 True Active:
Maybachstr. 10, 78467 Konstanz,
www.trueactive.de, Tel. 0160-8001088,
m10_trueactive

Sealife Konstanz

Vielleicht möchten Sie Ihren Kindern zeigen, welche Fische sich im Bodensee tummeln? Dafür ist das Sealife genau der richtige Ort! Neben dem Becken für einheimische Fische gibt es aber auch jede Menge Meerestiere zu bestaunen, unter anderem in einem großen Unterwassertunnel. Highlight der Ausstellung sind die beliebten Fütterungen, vor allem die Pinguine sind ein echter Besuchermagnet (Vorsicht, nicht heimisch im Bodenseeraum!).

Sealife Konstanz:
Hafenstr. 9, 78462 Konstanz,
www.visitsealife.com,
Tel. 0731-146115331,
sealifekonstanz,
geöffnet: jeden Tag von 10-17 Uhr,
August bis 18 Uhr, letzter Einlass 1 Std. vor Schließung

Alle Infos zu den
Konstanzer Bädern

BADEN, WELLNESS UND WASSERAKTIVITÄTEN

Konstanzer Gesetz ist, dass sich das Leben im Sommer hauptsächlich draußen abspielt, das gilt für die Touristen genauso wie für die Anrainer. Für Wasserratten und Sonnenhungrige hält Konstanz unzählige Möglichkeiten bereit. Absoluter Superstar unter den Bädern ist und bleibt das Strandbad „Hörnle", sodass es im Hochsommer auch mal aus allen Nähten platzen kann. An besonders heißen Tagen empfiehlt es sich daher durchaus, lieber gleich auf eines der anderen schönen Strandbäder auszuweichen, schließlich ist das Hörnle nicht das einzige öffentliche Freibad mit freiem Eintritt und ausgezeichneter Badewasserqualität. Ebenfalls großer Beliebtheit erfreuen sich das kinderfreundliche Rheinstrandbad und die Strandbäder Litzelstetten, Wallhausen und Dingelsdorf. Gerade für Nichtschwimmer oder Eltern von kleinen Kindern ist es wichtig zu wissen, dass nicht alle Bäder fortwährend von Rettungsschwimmern beaufsichtigt werden. Badeaufsicht ist nur dann gegeben, wenn die weiße Konstanzer Bäderflagge zu sehen ist. Alle Infos zu den einzelnen Bädern finden Sie hier:

www.konstanzer-baeder.de

Ein bisschen ruhiger geht es an einem kleinen Strand namens Schmugglerbucht zu.

Schmugglerbucht:
Eichhornstraße 52, 78464 Konstanz

Strandbad Horn („Hörnle")

Das schöne Naturbad liegt am Ende der Konstanzer Bucht und bietet einen fabelhaften Blick auf den Obersee und den Überlinger See. Mit über 50.000 Quadratmetern Liegewiese und 600 Metern Uferlänge ist das „Hörnle" das größte Freibad.

Strandbad Horn:
Eichhornstraße 100, 78464 Konstanz,
www.konstanzer-baeder.de,
Tel. 07531-8032500

Schwaketenbad

Wie ein Phönix aus der Asche wurde es wiedergeboren, und ist heute schöner denn je. Im Jahre 2015 war das beliebte Schwaketenbad im Zuge von Handwerkerarbeiten in Brand geraten. Die Trauer war groß bei den Konstanzern, aber umso größer die Freude, dass das Bad wiederentstand und nun seit 2022 wieder ausgelassenen Badespaß bietet. Die Gäste erwartet eine helle Badehalle mit viel Holz und großen Fensterflächen mit Blick ins Grüne.

Schwaketenbad:
Schwaketenstr. 35, 78467 Konstanz,
www.schwaketenbad.de,
Tel. 07531-8032600,
schwaketenbad,
geöffnet: Mo., Fr., Sa. 9-21 Uhr,
Di.-Do.: 7-21 Uhr,
So. und feiertags: 9-20 Uhr

Foto: Achim Mende

Salt'z, die SalzOase am Bodensee

Salzluft schnuppern kann man nicht nur am Meer, sondern auch am Bodensee! In der Salzgrotte aus über 28 Tonnen Salz kann man sich eine wohlverdiente Pause zugestehen. Das Solezimmer mit seiner Verbindung aus samtfeinem, trockenem Solenebel und ionisiertem Sauerstoff ist eine weitere Besonderheit. Oder man genießt Wärme- und Massageeffekte auf medizinischen Massageliegen unter einem Sternenhimmel – auch bei schlechtem Wetter ein Erholungs-Erlebnis, mit dem man sich den Urlaub salzig versüßen kann.

Salt'z SalzOase am Bodensee:
Reichenaustr. 7, 78467 Konstanz,
www.salt-z.com,
Tel. 07531-8045770,
salzgrotte_konstanz

Bodensee-Therme Konstanz

Kaum ein Schwimmbad dürfte ein derart grandioses Panorama mit Blick auf den See und die Alpen bieten, sei es drinnen im 36 Grad warmen Mineralwasser oder draußen in dem großzügig angelegten Außenbecken bei immerhin noch 34 Grad. Eine hochmoderne Unterwasserbeleuchtung sorgt für romantisches Licht, während man es sich auf Sprudelliegen bequem macht oder seine Verspannungen an einer der Massagedüsen lockern lässt. Besonders schön ist auch der Salzraum, der zum Durchatmen einlädt und Naturfilme zeigt. Die große Saunawelt verfügt über verschieden heiße Saunen samt Sanarium oder Dampfbad. Thermenfans kommen hier voll auf ihre Kosten, tiefenentspannte Müdigkeit, eine rosige Haut und seidiges Haar inklusive!

Therme Konstanz:
Zur Therme 2, 78464 Konstanz,
www.therme-konstanz.de,
Tel. 07531-8032700,
therme.konstanz

EVENTS

Das Seenachtsfest

Jeden August lassen es die Konstanzer und Kreuzlinger ordentlich krachen. Das Seenachtfest nimmt den kompletten Hafen und gleich zwei Länder ein. Die Hafenpromenade wird zu einer festlichen Bühne, bei der von Musikern bis hin zu Gauklern mancherlei Künstlervolk zur Hochform aufläuft. Auf dem Seenachtfest-Markt lassen sich hübsche Gegenstände und Schmuckstücke erstehen, die das Heim verzieren oder den Liebsten eine Freude bereiten, und natürlich gibt es auch die obligatorischen Essenstände, die ihren verführerischen Duft verströmen. Kurz nach 22 Uhr wird das Sonnenlicht ausgeknipst und alles versammelt sich zum alljährlichen Höhepunkt des Festes. Unzählige Köpfe werden in die Höhe gestreckt und zum Einsatz einer elektrisierenden Melodie färbt sich die schwarze Himmelsleinwand bunt. Es zählt nicht nur zu den größten Seefeuerwerken Europas, sondern lockt jedes Jahr zehntausende Besucher an. Nach dem Grund dafür muss man nicht lange fragen. Lichterfontänen in allen Regenbogenfarben, die sich auf dem Wasser spiegeln, sagen mehr als 1000 Worte!

Diesen Sommernachtstraum sollte man nicht verpassen, denn das Feuerwerk steht aus Umweltbedenken auf wackligen Füßen.

Nächster Termin: 10. August 2024,
Weitere Infos unter:
www.seenachtfest.de,
konstanzer_seenachtfest

Grenzüberschreitender 24-h-Flohmarkt

In Konstanz und Kreuzlingen findet jedes Jahr im Juni einer der größten, länderübergreifenden Flohmärkte Europas statt. Auf über 9 Laufkilometern mit mehr als 1200 Ständen wird das Stöbern und Feilschen zu einem echten Flohmarkt-Marathon. Zu dem geschäftigen Treiben gesellen sich unzählige Straßenmusiker und Kleinkünstler und jede Menge Wein- und Essens-Stände, an denen man die Köstlichkeiten der Region genießen kann. Ein grandioses 24-Stunden-Spektakel, das immer mehr Flohmarkt-Fans in die Stadt lockt. Taschenlampe und bequeme Schuhe nicht vergessen! Weitere Infos hier:

www.flohmarkt-konstanz.de

Alle Infos zum **Flohmarkt**

Der Konstanzer Weihnachtsmarkt

Der Winterzauber am See gehört zu den Erlebnissen, die am meisten unterschätzt werden. Tannenbäume, Hüttenromantik und unzählige Lichter verwandeln die Stadt in ein Weihnachtsmärchen, das selbst den verbitterten Scrooge aus der Fassung bringen würde. Die frische Seeluft vermischt sich dann mit den Düften von Zimt und Kerzenwachs, Nelken und gebrannte Mandeln. Sie können Weihnachten förmlich riechen, während Sie zwischen den feierlich geschmückten Ständen über den Markt spazieren. Hier bietet sich eine gute Gelegenheit, Geschenke zu besorgen, sich mit einer Tasse Glühwein oder Punsch aufzuwärmen und den Bodensee in seiner besinnlichsten Zeit zu erleben. Kleine Besucher, die wegen des bevorstehenden Festes ohnehin schon völlig aus dem Häuschen sind, werden das historische Pferdekarussel und das Wichtel-Dorf lieben. Vorfreude, schönste Freude!

Weihnachtsmarkt am See GbR:
Sankt-Gebhard-Str. 17-19, 78467 Konstanz,
www.weihnachtsmarkt-am-see.de,
Tel. 07531-23763,
weihnachtsmarkt.am.see
Termin und Öffnung:
28.11-23.12.2024, täglich von 11-20 Uhr,
Fr. und Sa. bis 21.30 Uhr

KULINARISCHES

Geführte Kneipentour

Wer alleine nach Konstanz reist und plötzlich doch noch Lust auf Gesellschaft bekommt, sollte sich einer geführten Kneipentour durch Konstanz anschließen. Es gibt kaum eine bessere Gelegenheit, schnell neue Menschen kennen zu lernen, als gemeinsam um die Häuser zu ziehen und dabei den Geschichten der talentierten Erzähler zu lauschen, die so einiges Wissenswerte und Skurrile von den Konstanzer Wirten und deren Etablissements zu berichten haben. Die 5-stündigen Touren beginnen jeweils am mittelalterlichen Schnetztor und haben mindestens vier Lokale auf dem Programm. Im Preis von 40 Euro sind – je nach Wunsch – vier Getränke oder Speisen inklusive. Weitere Infos hier: ***www.kneipentour-konstanz.de***

Alle Infos zur **Kneipentour**

Kulinarische Entdeckungsreisen

Am genussvollsten entdecken Sie die Konstanzer Altstadt auf einer geführten, etwa dreistündigen kulinarischen Entdeckungstour. Auf dem Programm stehen unter anderem ein Spezialitätencafé am Rande der Niederburg, eine besondere Crêperie und ein glücklich machender Nougat- Laden. Weitere Infos und Buchung hier: ***www.eat-the-world.com***

Alle Infos zu **eat the world**

Wenn es etwas mehr sein darf als mehrere kleine Happen zwischendurch, wählt man die kulinarische Stadtführung, zu finden auf folgender Seite: ***www.kulinarische-stadtfuehrung-konstanz.de***

Alle Infos zur **kulinarischen Stadtführung**

Auf der etwa vierstündigen Genuss-Tour erfährt man Wissenswertes zur Geschichte der Stadt. Auf dem Programm steht außerdem ein köstliches Drei-Gänge-Menü, das an verschiedenen Orten stattfindet, unter anderem in dem geschichtsträchtigen Konzil-Gebäude.

Anmeldung und Infos:
Caroline Zwosta,
Wiesenstraße 19, 78462 Konstanz,
www.kulinarische-stadtfuehrung-konstanz.de, Tel. 0173-9370614

Theater Konstanz

Wer nach abendlicher Unterhaltung sucht, der wird vom Stadttheater Konstanz nicht enttäuscht. Man sollte hier allerdings keine steife und allzu klassische Vorführung des Stückes erwarten, denn das Konstanzer Theater ist für seine humoristischen, modernen, teilweise auch provokanten Interpretationen bekannt. Traditionelle Stoffe werden anspruchsvoll und mit einer guten Portion avantgardistischer Skurrilität auf die Bühne gebracht. Ein Erlebnis besonderer Art ist das sommerliche Open-Air-Theater auf dem Münsterplatz, das alleine schon durch seine historische Kulisse für magische Momente sorgt.

Theaterkasse im KulturKiosk:
Wessenbergstr. 41, 78462 Konstanz,
www.theaterkonstanz.de,
Tel. 07531-900150, theaterkonstanz,
Theaterkasse Mo.-Fr. 10-18.30, Sa. 10-13.00 Uhr und jeweils eine Stunde vor der Vorstellung

Foto: Theater Konstanz/Ilja Mess Fotografie

Zebra-Kino

Sie denken beim Zebra-Kino an altbackene Schwarz-Weiß-Streifen? Keine Sorge, der Name täuscht! Das kleine, kommunale Zebra-Kino wurde von Studenten gegründet und heißt die Besucher auf selbstgebauten Tribünen in der Chérisy-Kaserne willkommen. Hier leben und überleben die Verteidiger der Kinokultur in Gestalt vieler ehrenamtlicher Cineasten, die wie Perlentaucher im Meer der vergessenen und besonderen Filme gegen den Mainstream anschwimmen und manchmal ungeahnte Schätze an die Oberfläche bringen.

Zebra Kino Konstanz:
Joseph-Belli-Weg 5, 78467 Konstanz,
www.zebra-kino.de,
Tel. 07531-60190, zebrakino

Walentowski-Galerie

Wer viel unterwegs ist und gerne auch mal an einem sonnigen Sonntag durch die menschenleeren Shopping-Meilen unserer Großstädte flaniert, freut sich jedes Mal wieder, wenn ihm das farbenfrohe Schaufenster einer Walentowski-Galerie ins Auge springt. Denn sie ist leuchtender Farbkleks, schriller Schrei und popartige Augenweide gleichermaßen. Die Udo Lindenberg & More Dependance gibt es nun auch in Konstanz und begeistert Kunstsammler nicht nur mit teuren Unikaten, sondern auch mit bezahlbaren Limited Editions.

Walentowski Galerien Udo Lindenberg & more: Münzgasse 30, 78462 Konstanz, www.walentowski-galerien.de, Tel. 07531-9189535, walentowskigalerien, geöffnet: Di.- Sa. 10-18 Uhr

Leica Galerie

Fotofans kommen an der Konstanzer Leica-Galerie nicht vorbei. Der minimalistische, ganz in schwarz-rot gehaltene Laden ist ein Traum für Design-Freunde. Haben Sie nicht auch manchmal ein schlechtes Gewissen, die geliebte Spitzenkamera mit ihrem fetten Objektiv zuhause vor sich hin stauben zu lassen und stattdessen nur noch mit der Handykamera zu hantieren? Die dem Laden angeschlossene Galerie macht das alles nur noch schlimmer, denn sie zeigt uns mal wieder, was Fotografie wirklich kann. In einem kleinen Café kann man außerdem in großartigen Bildbänden schmökern, es ist der perfekte Ort für einen Tag, wenn der Bodensee im Nebel versinkt.

Leica Store & Galerie Konstanz: Gerichtsgasse 14, 78462 Konstanz, www.leica-store-konstanz.de, Tel. 07531-9163300, leica_store_konstanz

UM KONSTANZ HERUM:
MAINAU, REICHENAU UND BODANRÜCK

Die Insel Mainau – ein Eden auf Erden

Eines der beliebtesten Reiseziele am Bodensee ist die Blumeninsel Mainau, die ihre Gäste zu jeder Jahreszeit mit viel sattem Grün und duftender Pflanzenpracht willkommen heißt. Von Konstanz aus führen alle Wege auf die Insel, aber am schönsten ist die Anreise sicherlich mit der Fähre. Man gerät sofort in Urlaubsstimmung, sobald man sich dem botanischen Kleinod von der Seeseite aus nähert.

Schon von der Ferne aus erblickt man das Barockschloss der gräflichen Familie Bernadotte, die ihren 45 Hektar großen Traumgarten mit jährlich rund 1,2 Millionen Touristen teilt. Zypressen, Palmen und sogar Mammutbäume schlagen hier ihre Wurzeln und je nach Jahreszeit erwartet die Besucher ein buntes Blütenmeer aus Tausenden von Tulpen, Narzissen, Hyazinthen, Kaiserkronen, Hortensien und Rosen.
Den Gästen stehen Biergärten, Würstle-Grill, Cafés und Restaurants zur Verfügung und auch für die Kleinen hat die Mainau jede Menge zu bieten.
Selbstverständlich kann man die Insel auch auf eigene Faust erkunden, ansonsten empfiehlt sich die Teilnahme an einer sachkundigen Führung, bei der man viel aus der facettenreichen Geschichte und von den vornehmen Besitzern der Mainau erfährt. Auf dem Programm stehen unter anderem das Arboretum, ein tropisches Palmenhaus, das Schmetterlingshaus und das Schloss Mainau samt Marienkirche.

Mainau GmbH:
78465 Insel Mainau, www.mainau.de,
Tel. 07531-3030, inselmainau

Öffnungszeiten je nach Saison, immer täglich und ganzjährig. Details siehe Webseite, Tickets online oder vor Ort erhältlich.

Hier zum
Ticket Shop

Eine lange Geschichte in aller Kürze

Eine erste urkundliche Erwähnung der Mainau stammt aus dem 13. Jahrhundert, als die Insel zum mächtigen Kloster Reichenau gehörte. Zur Blütezeit des Klosters soll es hier eine große Befestigungsanlage gegeben haben, für die es südlich des Schlosses Hinweise gibt. Nach dem Bedeutungsverlust der Reichenau ging die Insel 1271 in den Besitz des Deutschen Ordens über – ein wichtiger Einschnitt in der Inselgeschichte und noch heute erkennbar am Barockbau von Schloss und Kirche. Die Befehlshaber des geistlichen Ritterordens verwalteten von nun an die Ordens-Niederlassung. Ihre Herrschaft überdauerte ein halbes Jahrtausend und endete 1806. In dieser langen Zeit erntete die Kommende bemerkenswerten Wohlstand.

Der Dreißigjährige Krieg führte dann zu einer zweijährigen Herrschaft der Schweden, die nach ihrem Abzug ein Bild der Verwüstung hinterließen. Alles, was von Wert und nicht niet- und nagelfest war, nahmen die Plünderer mit sich. Mit Ausnahme des „Schwedenkreuzes", wie ein Mythos zu berichten weiß. Es soll zu schwer gewesen sein und wurde daher liegen gelassen, weshalb es die Inselgäste heute an Ort und Stelle willkommen heißen kann.

Im Jahr 1806 wurde die Insel, bedingt durch die Säkularisierung, Besitztum des Großherzogtums Baden. In den folgenden Jahrzehnten gab es mehrere Besitzerwechsel, bis im Jahre 1853 Großherzog Friedrich I. von Baden die Insel erwarb und sie zu seiner Sommerresidenz machte. Unter seine Ägide kamen die ersten exotischen Pflanzen auf

die Insel, auch wurde die erste Brücke zum Festland hin gebaut. Von ihm stammen das erste wegweisende Konzept zur gärtnerischen und infrastrukturellen Erschließung sowie exotische Gehölze, die das Herzstück der Insel bilden, das Arboretum. Auch der Rosengarten im italienischen Stil wurde auf seine Initiative hin angelegt.

Nach seinem Tod ging die Insel an seinen Sohn, und von diesem in den Besitz von Victoria, der schwedischen Königin, über. Auch diese vermachte das Eiland ihrem Sohn, Prinz Wilhelm von Schweden, der allerdings, wie schon so viele vor ihm, wenig damit anzufangen wusste. Daher gelangte bereits 1932 sein Sohn Lennart Bernadotte ans Steuer, der Vater der heutigen Mainau. Das kam dem jungen Mann, der gerade erst in den frühen 20-ern war und sich unstandesgemäß vermählt hatte, nicht ungelegen. Seiner Erbansprüche im Königshaus entledigt, konnte er nun mit seiner bürgerlichen Frau auf die Mainau ziehen. Dennoch musste Lennart erst einmal gründlich aufräumen. Der Krieg trieb ihn allerdings vorrübergehend wieder nach Schweden. Doch gleich nach Kriegsende zog es ihn zur Mainau zurück, wo, wie es sich durch die Inselgeschichte zieht, einmal mehr Instandsetzung gefragt war. Nachdem er im Jahre 1951 seinem Vater die Insel abgekauft hatte, arbeitete er beharrlich an seiner Vision, die Mainau dem Tourismus zugänglich zu machen.

Bernadotte war ein großer Naturfreund, dessen Interesse für den Naturschutz nicht an den Grenzen seines Inselparadieses endete. Als Präsident der Deutschen Gartenbau-Gesellschaft gab er den Anstoß zum Wettbewerb „Unser Dorf soll schöner werden“ und auch der „Deutsche Rat für Landespflege“ und die „Grüne Charta von der

Mainau“ gehen auf ihn zurück. Das Werk ist ein kleiner Umweltkodex und aktueller denn je.

Seine Kinder Bettina und Björn, unter deren Leitung sich die Firma heute befindet, agieren ebenfalls mit großer Sorgfalt und Weitsichtigkeit. Inzwischen sind 25 Hektar der insgesamt 45 Hektar großen Insel Schaufläche und im Jahre 2003 wurde die Insel Mainau als Gesamtensemble unter Denkmalschutz gestellt und ein Teil der Insel als „Kulturdenkmal von besonderer Bedeutung“ in das Denkmalbuch eingetragen. Auch an die Zukunft der schönen Mainau denkt die Besitzerfamilie, so lässt sie beispielsweise junge Menschen an der Gestaltung und Pflege ihrer Insel teilhaben, in dem sie jedes Jahr einige Flächen von Studenten und Auszubildenden des Garten- und Landschaftsbaus bepflanzen lässt. Der inzwischen verstorbene Graf wäre sicher begeistert, in welcher Weise die Nachfahren seine Lebensleistung würdigen und in seinem Sinne weiterentwickeln. Er starb 2004 an dem Ort, für den er gelebt hat: Auf der Insel Mainau. Sein Grab befindet sich in der Familiengruft in der Schlosskirche. Umgeben von einem Meer aus frischen Blumen.

Sehenswürdigkeiten

Im Grunde IST die Mainau eine einzige Sehenswürdigkeit und auf Ihrem Spaziergang über die Insel werden Sie unzählige Besonderheiten entdecken, die anschaulich erklärt werden. Neben dem exotischen Palmenhaus gehören folgende Sehenswürdigkeiten zu unseren Lieblingen auf der Blumeninsel:

Arboretum

Das Arboretum ist der Kern der Insel Mainau und birgt regelrechte Raritäten und Urgesteine der Baumwelt. Bezeichnend für die Blumeninsel, entspross die Baumsammlung anfangs einem Tulpenbaum, seinerzeit gepflanzt von Fürst Esterhazy. Doch nicht nur Esterhazy, sondern auch Friedrich I. besaß ein Faible für Gehölze aus fernen Ländern, sodass das Arboretum weiter anwuchs. Dank dieser adeligen Baumsammler kann man heute hölzerne Giganten bestaunen, die außergewöhnlich selten oder Rekordhalter ihrer Art sind.

Metasequoia-Allee

Den Weg zum Schmetterlingshaus säumen die lebenden Fossilien unter den Bäumen. Es handelt sich um Urweltmammutbäume, die man für ebenso ausgestorben wie ihre Namensgeber hielt und erst 1941in nicht-fossiler Form entdeckte. Sie werden auch als Chinesisches Rotholz oder Wassertannen bezeichnet. Mit einem solchen Juwel wurde die Mainau vom königlichen Garten in Richmond beschenkt. Seitdem wurde eine ganze Allee draus, deren Bäume fast 30 Meter Höhe erreichen!

Schlosskirche St. Marien

Die Kirche entstand zwischen 1732 und 1739 unter der Leitung des berühmten Johann Caspar Bagnato und ist der kirchenarchitektonische Aufakt des Bodensee-Barock. Niemand anderer als Feuchtmeyer ließ durch Kanzel, Hoch- und Seitenaltäre das Grundgerüst dieser Kirche entstehen. Seiner Meisterhand sind auch die Skulpturen entsprungen. Als Stuckateur war Francesco Pozzi beauftragt, während sich Franz Joseph Spiegler an der Decke, sowie am Hochaltar buchstäblich malerisch verewigte – eine Widmung zu Ehren Marias. Sie ist, wie schon der Kirchenname beweist, die hier herrschende Patronin.

Bemerkenswert ist auch die Tatsache, dass die massive, 150 Kilogramm schwere Kirchenglocke die unendlichen Stürme der Geschichte überlebt hat. Alleine im ersten

Weltkrieg wurde rund die Hälfte aller deutschen Kirchenglocken für die Munitionsproduktion eingeschmolzen.

Schloss Mainau

Im Fokus der Insel Mainau steht das Deutschordensschloss, dessen Bau 1739-46 von Bagnato, unserem altbekannten Barockbaumeister, geplant und betreut wurde. Die Wappen des Hochmeisters Clemens August von Bayern, des Landkomturs Philipp von Froberg und des Mainau-Komturs Friedrich von Baden am Westgiebel sind ein Blickfang, sowie das Wappen des Deutschen Ordens, das sich seeseitig am Ostgiebel findet.

Weil das Schloss Wohnsitz der gräflichen Familie Bernadotte ist, kann man nur den unteren Bereich des Schlosses besichtigen, wo sich im Wappensaal immer wieder Ausstellungen einfinden.

Die besten Restaurants

Restaurant Schwedenschenke
Adel verpflichtet, heißt es so schön. Die Mainau-Besitzer Graf und Gräfin Bernadotte entstammen dem regierenden Geschlecht des schwedischen Königshauses und so wundert es nicht, dass auch das beste Gasthaus der Blumeninsel im schwedischen Landhausstil gehalten ist. Während am Abend gehobener Service und allerlei Köstlichkeiten aus der Region angeboten werden, genießen die Tagestouristen preiswerte Standards.

Restaurant Schwedenschenke: Mainaustraße in Schloss-Nähe, 78465 Mainau, www.mainau.de/restaurants, Tel. 07531-303156

Die schönsten Hotels

Auf der Mainau kann man nicht übernachten, es befinden sich aber in unmittelbarer Nähe ein paar Hotels.

Preiswerte Unterkünfte

Naturcampingplatz Litzelstetten-Mainau
Mit praktischer Lage am Bodensee-Radweg und See- und Mainau-Aussicht aus erster Reihe profiliert sich dieser Campingplatz mit seinem neuen Sanitärgebäude, Zeltwiesen, Plätzen für Campervans (bis zu 6 Metern), einem Bistro, Brötchenservice, Stromanschluss und vielem mehr. In Kooperation mit dem Campingplatz Klausenhorn werden hier vielfältige Freizeitmöglichkeiten angeboten wie etwa Segeln, Wellness, Events, Kinder-Ferienprogramme, Ausflüge nach Konstanz, Insel- und Vulkanhopping....

Naturcampingplatz Litzelstetten-Mainau: Großherzog-Friedrich-Str. 43, 78465 Konstanz-Litzelstetten, www.naturcamping-mainau.de, Tel. 07533-949763

ERLEBNISSE

Christmas Garden

An heißen Tagen und vor allem am Wochenende sind die Hotspots am Bodensee mitunter extrem frequentiert. Das kann dem einen oder anderen Individualreisenden die Sache schon ein bisschen verleiden. Die meisten Besucher sind überrascht, wie traumhaft schön sich ihnen der Bodensee auch in der kalten Jahreszeit präsentiert. Schöngeistern, Romantikern und Hobby-Fotografen sei hier ein Weihnachtstipp ans Herz gelegt, nämlich der Christmas Garden auf der Insel Mainau. Flanieren Sie auf einem magisch illuminierten Rundweg über die Blumeninsel, die zum leuchtenden Feengarten und Winterwunderland wird! Infos unter:

www.christmas-garden.de/mainau

Alle Infos zum **Christmas Garden**

ZIELE FÜR FAMILIEN

Highlights für Kinder und Schmetterlingshaus

Mit Kindern geht es zum interaktiven Kinderspielplatz und auf den Mainau-Bauernhof mit Streichelzoo! Absolutes Highlight für die Kleinen ist allerdings das Schmetterlingshaus, das als zweitgrößtes seiner Art (das größte befindet sich auf Usedom) über 100 verschiedenen Schmetterlingsarten aus den entferntesten Kontinenten beherbergt. Über die Hälfte von ihnen stammt gebürtig aus den jeweiligen Ländern, der kleinere Rest wächst vor Ort als „Mainau-Anrainer“ auf. Temperatur und Luftfeuchtigkeit werden an die tropischen Herkunftsregionen der feenhaften Flügelwesen angepasst.

Kletterwald Mainau

Für die Kleinen ab sechs Jahren steht auf dem Festland in unmittelbarer Nähe zur Blumeninsel ein großartiger Erlebniswald mit Kletterparcours zur Verfügung. Es ist der ideale Ort, um mit viel Spaß und Bewegung die Schönheit des Waldes kennen zu lernen. Geboten werden Parcours in unterschiedlichen Schwierigkeitsgraden mit

Seilrutschen, Lianen und kniffligen Übungen. Auch die Erwachsenen prüfen hier gerne ihr Klettertalent, danach kann man es sich im unweit entfernten Biergarten St. Katharina gutgehen lassen.

Mainau Erlebniswald:
78465 Insel Mainau,
www.erlebniswald-mainau.de,
Tel. 07531-3613667,
mainauerlebniswald

KULINARISCHES

Temporäres Restaurant
Tischlein-deck-dich: An mehreren Tagen im Jahr wird ein Saal des Barockschlosses in ein Pop-up-Restaurant (temporäres Restaurant) verzaubert. Die elegant gekleideten Gäste bekommen dann in fürstlichem Ambiente ein viergängiges Überraschungsmenü kredenzt. Buchen Sie rechtzeitig, die Plätze sind heiß begehrt. Die Zeiten finden Sie auf der Webseite ***www.mainau.de***

Foto: Achim Mende

Die Reichenau – Insel der Seligen

Wichtige Adressen und Kontakte auf der Reichenau

Apotheke

Pirmin Apotheke:
Mittelzeller Str. 8, 78479 Reichenau,
www.apotheke-reichenau.de,
Tel. 07534-998845

Touri-Info

Tourist-Information Reichenau:
Pirminstr. 145, 78479 Reichenau,
www.reichenau-tourismus.de,
Tel. 07534-92070,
reichenau_bodensee

Hinkommen? – am besten über den Damm!

Am besten erreicht man die Insel Reichenau über einen Damm mit dem Auto über die B33 oder mit dem Bus. Am schönsten ist die Anreise allerdings per Schiff von Konstanz und Radolfzell (mit Bodenseeschifffahrt, ***www.bsb.de***), von Allensbach (Fähre Baumann, ***www.schifffahrtbaumann.de***) und von Schaffhausen oder Kreuzlingen (Schweizer Schifffahrt Untersee, ***www.urh.ch***).

Die größte Insel im Bodensee ist gerade mal 4,5 Kilometer lang und 1,5 Kilometer breit und hat es dank ihrer zahlreichen historischen Kunstschätze im Jahre 2000 auf die Liste des Weltkulturerbes der UNESCO gebracht. Bereits 724 n. Chr. gründete der Wanderbischof Pirmin das Kloster der Insel, das bald zu einem der mächtigsten Benediktinerklöster des Mittelalters aufsteigen sollte. Es entstand ein Zentrum von ungeheurer religiöser, kultureller und politischer

Macht und bis ins 11. Jahrhundert fungierten die gelehrten Reichenauer Äbte als einflussreiche und unverzichtbare Berater der Päpste und europäischen Herrschaftshäuser.

Zu ihrer Blütezeit beherbergte die kleine Insel neben dem prächtigen Kloster 20 Kirchen und Kapellen, umgeben von herrlichen Weinbergen und ertragreichen Gemüsefeldern. Heute sind es noch drei mittelalterliche Gotteshäuser, die auf eindrucksvolle Weise von dem früheren Glanz der Reichenau Kunde geben: das Münster St. Maria und Markus und die Kirchen St. Peter und St. Georg. Letztere hat es vor allem durch ihre gut erhaltenen Wandmalereien aus dem 9. Jahrhundert zu weltweiter Berühmtheit gebracht. Versäumen Sie es nicht, diese lebensgroßen Farb-Illustrationen der Wundertätigkeit Jesu mit eigenen Augen zu bestaunen, denn nördlich der Alpen dürfte es kaum ein schöneres und besseres Beispiel für die Ausmalung eines Sakralraumes jener Zeit geben. Noch heute zieht sie in ihrer Kunstfertigkeit und Schönheit die Besucher in ihren Bann. Auch das Museum Reichenau ist einen längeren Aufenthalt wert, denn hier werden unter anderem die uralten Handschriften des Klosters aufbewahrt, die Freunde der mittelalterlichen Geschichte in Verzückung geraten lassen. Religiöse Besucher finden sich gerne zu den Festgottesdiensten auf der Insel ein, denn dann werden die kostbaren Reliquienschreine aus der Schatzkammer geholt und in würdevollen Prozessionen über die Insel getragen.

Münster St. Maria und Markus:
Münsterpl. 4, 78479 Reichenau,
Tel. 07534-995060

Basilika Sank Peter und Paul:
Eginostraße 19, 78479 Reichenau,
Tel. 07534-995060

Bemerkenswert ist übrigens die Tatsache, dass sich die Inselbewohner aufgrund ihrer Reliquien über zwei zusätzliche Feiertage freuen dürfen. So spielen traditionsgemäß das Fest des Heiligen Markus am 25. April und das Heilig Blut Fest am Montag nach dem Dreifaltigkeitssonntag im Kalender der Reichenauer eine besondere Rolle. Die Inselbewohner bewahren und leben ihre Spiritualität und kaum einer ist unter ihnen, der sich die Teilnahme an den feierlichen Gottesdiensten und Prozessionen an diesen Festtagen entgehen lässt. Neben den Vertretern der Kirche sind auch stets die historische Bürgerwehr und die Trachtengruppe mit von der Partie. Glück für all jene, die gerade zu dieser Zeit auf der Insel Urlaub machen und dem festlichen Spektakel beiwohnen können.

Gemüse von der Reichenau

Neben ihrem Rang als Klosterinsel hat sich die Insel längst einen Namen als „Gemüse-Insel" gemacht, was unschwer an der Vielzahl schnurgerader Salatfurchen und Gewächshäuser zu erkennen ist. Fast alle umliegenden Gemeinden lassen sich von der Reichenau beliefern, denn das Gemüse ist von herausragender Qualität, ebenso wie die Salate, Kräuter und Reben, die hier schon von Anbeginn der Klosterzeit kultiviert wurden. Noch heute weht ein Hauch von Ewigkeit über dem gepflegten Kultur-Eiland und man kann sich gut vorstellen, warum Klostergründer Pirmin diese Insel als Ort für den Klosterbau erkoren hat.

Der höchste Punkt Reichenaus ist die Hochwart mit einer Erhebung von 40 Metern über Inselniveau. Rund um die Hochwart befinden sich etwa zehn Hektar der Reichenauer Weinanbaufläche, hier kann man einen Weinlehrpfad absolvieren. Probieren kann man den Wein auf dem Wein- und Fischerfest im August und natürlich in der Vinothek des Winzervereins am Münsterplatz.

Winzerverein Reichenau eG:
Münsterpl. 2a, 78479 Reichenau,
info.winzerverein-reichenau.de,
Tel. 07534-293,
winzervereinreichenau

Klostergärten

Versäumen Sie nicht, durch die liebevoll gepflegten Klostergärten der Insel zu schlendern, den betörenden Duft der Pflanzen einzuatmen und im Kräutergarten die grünen Blätter zwischen den Fingern zu zerreiben und daran zu schnuppern! Immerhin befinden Sie sich hier direkt an der Wiege der Kräuterkunde, denn auf der Reichenau entstanden im 8. Jahrhundert zwei der bedeutendsten Quellen über die Gartenkultur des Mittelalters: Zum einen der St. Galler Klosterplan und das Gedicht „Hortulus" des Mönchs und späteren Abtes Walahfrid Strabo. Hier auf der Insel wurden Teile dieser inspirierenden Quellen nachgebaut und ein Bezug zur heutigen Gartenkultur nachgestellt. Weitere Infos unter

www.reichenau-tourismus.de

Mehr zu **Reichenau Tourismus**

Münster Sankt Maria und Markus – Abteikirche des Klosters Reichenau

Schon 724 stand hier zu Zeiten des Gründerabtes Pirmin eine erste Klosterkirche aus Holz. Später ließ Abt Haito eine karolingische Basilika an dieser Stelle erbauen, die am 16. August 816 zu Ehren der Gottesmutter geweiht wurde. Der aufwändige Neubau der Reichenauer Abteikirche muss ein ungeheuer großes Aufsehen erregt haben, denn dank der Aufzeichnungen von Walahfrid Strabo wissen wir, dass schon zwei Tage vor der Einweihung der See voller Schiffe gewesen ist. Unzählige Bischöfe, Adlige und Prominente waren von nah und fern angereist, um an den Feierlichkeiten teilzunehmen und die Klosteranlage zu besichtigen. Jeder wollte den Kreuzgang mit den gemauerten Bänken bewundern, das zweigeschossige Mönchshaus nördlich des Altarraums samt Tagungsraum und das

großzügige „Dormitorium“, den Schlafraum der Mönche im Obergeschoss, und den Vierungsturm.
Das Highlight der Abtei-Kirche ist zweifelsohne die Schatzkammer, die vom gotischen Chor aus zugänglich ist. Hier wird der Großteil der kostbaren Ausstattungsstücke des Münsters aufbewahrt, allen voran die drei Reliquienschreine: Der Krug der Hochzeit von Kanaa, in dem der Gottessohn erstmals Wasser in Wein verwandelt hat, die Heiligblutreliquie mit Blutstropfen und einem Splitter von Christi Kreuz und die Reliquien des Heiligen Markus.
Die Gebeine des Heiligen wurden schließlich in einen im Jahre 1303 angefertigten, aufwändig verzierten Reliquienschrein umgebettet, der mit der Darstellung des „Kesselfangs“ ausgestattet wurde. Mit dem Kesselfang hatte Bischof Radolt die Echtheit der Reliquie überprüft, in dem er den Verkäufer aufgefordert hatte, die rechte Hand zum Eid zu erheben und mit der anderen einen Stein aus einem mit siedend heißem Wasser gefüllten Kessel zu fischen. Der Kesselfang gilt übrigens als eine der ältesten Formen des Gottesurteils: Nachdem man die verbrühte Hand oder den Arm des Beschuldigten nach der schmerzhaften Probe verbunden hatte, wurde einige Tage abgewartet, bevor man den Verband wieder entfernte. Hatte sich in der Zwischenzeit kein Eiter gebildet, war die Unschuld bzw. die Keuschheit einer Dame bewiesen. Kesselfang deshalb, weil bei dieser Variante ein Kessel mit kochendem Wasser aufgefangen werden musste. Der Verkäufer der Markus-Gebeine hatte die Prüfung offenbar bestanden. Noch heute sind die Markus-Reliquien Ziel vieler gläubiger Pilger, die voller Ehrfurcht die Gebeine des Heiligen anbeten. Zu besonderen Gelegenheiten und jedes Jahr am 25. April zum Markus Fest wird der kostbare Schrein aus der Schatzkammer geholt und in einer feierlichen Prozession über die Insel getragen.

Münster St. Maria und Markus:
Münsterpl. 4, 78479 Reichenau,
Tel. 07534-995060

Museum Reichenau

In den drei Einheiten des Museums, die sich jeweils direkt neben den drei Kirchenbauten befinden, wird über die kulturhistorische Rolle der Insel Reichenau informiert. Ausstellungsthemen sind die Baugeschichte der Kirchen, Walahfrid Strabos dichterische Werke, der berühmte und hier entstandene St. Galler Klosterplan, die Forschungstätigkeiten Hermann des Lahmen sowie die Reliquienverehrung und Buchmalerei der Reichenau.

Museum Reichenau:
Ergat 1+3, 78479 Insel Reichenau,
www.museumreichenau.de,
Tel. 07534-999321,
Museum geöffnet:
April-Oktober: 10.30-17.30 Uhr,
Nov.-März: Sa., So., Feiertag 14-17 Uhr

Ruine Schopflen

Von der ehemaligen Wasserburg, die unter Abt Konrad im Jahre 1235 erbaut wurde, hat der Zahn der Zeit nicht viel übriggelassen, gerade mal die imposanten, etwa zehn Meter hohen Mauern sind von ihr noch erhalten. Um ihre Lage zu verstehen, muss man sich den Damm wegdenken, mit dessen Bau erst 1835 begonnen wurde. Einst befand sich hier eine Stelle mit Niedrigwasser, die es Eindringlingen einfach machte, über das Festland auf die Insel zu gelangen. Um die vom Wasser umspülte Insel von allen Seiten wehrhaft zu machen, ließ Konrad die 31 Meter lange und etwa 19 Meter breite Wasserburg erbauen, in der fortan die Reichenauer Äbte ihren Sitz haben sollten. Trotz ihrer zweieinhalb Meter dicken Mauern und eines Aussichtsturms mit einem umlaufenden, hölzernen Wehrgang über der Wehrmauer wurde die Wasserburg 1366 im so genannten „Konstanzer Fischerkrieg“ zerstört. Die Reichenauer hatten einst einem Konstanzer Fischer wegen Fischwilderei die Augen ausstechen lassen, was in Konstanz für große Empörung gesorgt hatte. Die Folge war ein Angriff, bei dem die Wasserburg fast völlig zerstört wurde. Heute befindet sich im Inneren des Mauergevierts eine Beobachtungsplattform der Vogelwarte Radolfzell

UNESCO Ruine Schopflen:
Pirminstr. 1, 78479 Reichenau

St. Peter und Paul

Diese zweitälteste Kirche der Insel Reichenau gehörte ebenfalls zum mächtigen Kloster Reichenau. Errichtet wurde die romanische Säulenbasilika auf den alten Grundmauern der im 8. Jahrhundert unter dem Veroneser Bischof Egino errichteten Peterskirche, die im 11. Jahrhundert abgerissen wurde. Ihr Innenraum war von Anbeginn mit reichen Malereien verziert, die in der Apsis stammt aus den Jahren 1104/5. Das Wandbild des thronenden Christus (Majestas Domini) und das der Apostel und Propheten ist eines der letzten Höhepunkte aus der berühmten „Reichenauer Malschule".

Zwischen 1750/60 gestaltete man die Kirche im Stil des Rokoko um. Eine Grabplatte im Boden verweist auf die letzte Ruhestätte seines Erbauers Bischof Egino von Verona, der hier im Jahre 802 beigesetzt wurde.

Basilika Sank Peter und Paul:
Eginostraße 19, 78479 Reichenau,
Tel. 07534-995060

In der kleinen Egino-Kapelle halten Benediktiner-Mönche ihre Stundengebete ab. Besucher sind herzlich willkommen, gemeinsam mit ihnen Andacht zu halten (aktuelle Gebetszeiten siehe Webseite!). Die kleine Gruppe von Mönchen gibt es übrigens erst seit 2001 wieder auf der Reichenau, sie wurden anfangs belächelt, ausgerechnet in diesen für die Kirche so stürmischen Zeiten mit einer Handvoll Padres ein Minikloster auf der Insel etablieren zu wollen. Ausgerechnet jetzt, da Konvente schließen müssen oder zusammengelegt werden! Was anfänglich ein Versuchsprojekt sein sollte, scheint sich zu einer beständigen Einrichtung zu wandeln. Infos:

www.benediktiner-reichenau.de

Mehr Infos zu
Basilika Sank Peter und Paul

St. Georg

Die Besucher stehen Augenbrauen hebend vor einem Wandgemälde aus dem Jahre 1308. Zu sehen sind zwei gesprächige Frauen, darunter gehörnte Teufel, die eine Kuhhaut mit einem Schreiberling darauf halten, der übersetzt Folgendes zu sagen hat: „Ich will hier von den dummen Weibern schreiben; was hier an Blabla die ganze Woche geredet wird, dessen wird gedacht werden, wenn es einmal vor dem Richter steht." Wer dieses Wandbild in Auftrag gegeben hat, und vor allem: warum, ist uns leider nicht bekannt, interpretieren kann man es allerdings als Ermahnung. Vielleicht gab ein Priester den Anstoß zu diesem Spottbild, weil er durch die Schwatzhaftigkeit der Frauen ständig in seiner Predigt gestört wurde? Oder war es der Maler gar selbst, der durch dummes Gerede einst in Verruf geraten ist und seinem Ärger darüber auf dem Gemälde Ausdruck verleihen wollte? Alles Spekulation, und weiß Gott: WIR wollen nicht in die Hölle kommen und überlassen die Deutung solcher Schwatzhaftigkeit, „die auf keine Kuhhaut passt", den Mutigeren und Klügeren. Ganz sicher wissen wir jedoch, dass hier die erste bekannte Überlieferung des lautmalerischen Ausdrucks Bla-Bla zu finden ist!

Gegründet wurde die Kirche im 9. Jahrhundert von Abt Hatto III., sie ist seit dem Hochmittelalter nahezu im Original erhalten. Die ebenerdige Krypta befindet sich unter dem Chor, das Haupt des heiligen Georgs, dem das Gotteshaus geweiht ist, befindet sich heute eingemauert im Hochaltar.

St. Georg:
Eginostraße 19, 78479 Reichenau

Die schönsten Hotels

Ganter Hotel

Im Herzen der Insel befindet sich das Ganter Hotel, das bekannt ist für seinen herzlichen Service und seine großartige Küche im Restaurant Mohren. Egal, ob man zum Übernachten den modernen Neubau oder das urig-rustikale Stammhaus wählt – der Komfort und die Ausstattung lassen keine Wünsche offen und auch der Spa-Bereich mit einem tollen Massage-Angebot kann sich sehen lassen.

Hotel Ganter/ Restaurant Mohren:
Pirminstraße 141, 78479 Reichenau,
www.mohren-bodensee.de,
Tel. 07534-99440,
mohren_bodensee

Hotel mein inselglück

Eine gute Wahl ist auch das Hotel „mein inselglück", das damit wirbt, Golfer-, Wellness-, Wanderer und Radfahrerhotel in einem zu sein. Das modern gestaltete Hotel bietet gute, saisonale Küche und auf der riesigen Terrasse einen grandiosen Blick über die Insel. Ein großer Wellnessbereich lädt zum Entspannen ein.

Mein inselglück:
Abt-Berno-Straße 3, 78479 Reichenau,
www.meininselglueck.de,
Tel. 07534-9955960, meininselglueck

Die besten Restaurants

Restaurant Mohren

Das Restaurant bietet eine saisonal geprägte Küche und eine feine Wein-Auswahl, die unter anderem ganz großartige Tropfen vom Bodensee offeriert. Probieren Sie unbedingt den Saibling auf Balsamico-Linsen und zur Vorspeise den gratinierten Ziegenkäse auf mariniertem Blattspinat.

Hotel Ganter/ Restaurant Mohren:
Pirminstraße 141, 78479 Reichenau,
www.mohren-bodensee.de,
Tel. 07534-99440, mohren_bodensee

Riebels Fischbistro

Für einen kleinen, frischen Fischsnack für Zwischendurch oder eine köstliche Fischsuppe empfehlen wir das Fischbistro „Bei Riebels". Den ganzen Sommer lang bringt die Fischerfamilie ihre Fänge vom See oder aus der Forellenzucht frisch auf die Teller.

Bei Riebels:
Seestr. 13, 78479 Reichenau,
www.riebels-fischdelikatessen.de,
Tel. 07534-7663, bei_riebels

Erlebnisse und Aktivitäten

ERLEBNISSE

Campingplatz Sandseele

Mit Kindern geht es am besten zum Insel-Campingplatz Sandseele, der nicht nur Stellplätze, einen eigenen Strand, einen Kinderspielplatz, sondern obendrein ein beliebtes Restaurant zu bieten hat. Auch Nicht-Camper sind herzlich willkommen und zelebrieren hier unter Palmen und bei leckeren Speisen den traumhaften Sonnenuntergang!

Campingplatz Sandseele:
Zum Sandseele 1, 78479 Reichenau,
www.sandseele.de,
Tel. 07534-7384,
campingplatzsandseele

Solarfähre Reichenau

Sommer, Sonne, See, Solarfähre: Bis es im Oktober in die Winterpause geht, können Bodenseeurlauber mit der Solarfähre Reichenau vollkommen klimaneutral über den See schippern. Täglich gibt es 18 Fahrten zwischen Reichenau und Mannenbach in der Schweiz, perfekt für alle Ökotouristen! Auf frühzeitige Anfrage können auch Seemannskost und Getränke offeriert werden. Hinweis: Das Wetter muss für die Solarfähre trocken, windarm und gewitterfrei sein. Die Bezahlung erfolgt bar auf dem Schiff.

Solarfähre Reichenau:
An der Schiffslände 1, 78479 Reichenau,
www.solarfaehre-reichenau.de,
Tel. 0178-5810080

Foto: Achim Mende

BODANRÜCK:
ALLENSBACH – DETTINGEN – WALLHAUSEN – BODMAN – LUDWIGSHAFEN

Allensbach

Ca. 20 Autominuten von Konstanz

Wichtige Adressen und Kontakte in Allensbach:

Apotheke

Sonnen Apotheke:
Radolfzeller Str. 36, 78476 Allensbach,
www.sonnen-apotheke-allensbach.de,
Tel. 07533-5040

Touri-Info

Kultur- und Verkehrsbüro Allensbach (im Bahnhof):
Konstanzer Str. 12, 78476 Allensbach,
www.allensbach.de,
Tel. 07533-80134

„Allensbach hat's", so lautet das Motto dieser beschaulichen Gemeinde am Bodensee, zu der auch die Teilorte Hegne, Kaltbrunn und Freudental gehören. Etwa 7000 Einwohner leben hier, das Wahrzeichen des Städtchens ist das Zwiebeltürmchen seiner hübschen St. Nikolauskirche.
Aber was hat Allensbach denn nun eigentlich? Abgesehen von seiner traumhaften Lage am Gnadensee und dem Bodanrück mit den Wald- und Naturschutzgebieten? Mit dem jährlich stattfindenden Jazzfestival und der Veranstaltung „umsonst und draußen" hat sich die Gemeinde zu einem Hotspot für Musikliebhaber entwickelt.

Internationale Bekanntheit hat Allensbach durch das von Professorin Elisabeth Noelle-Neumann gegründete Institut für Meinungsforschung erlangt und auch die Schmieder-Kliniken mit dem Fokus auf neurologische Rehabilitation sind über die Landesgrenzen hinaus bekannt. Für Bildung, Kultur und Spiritualität zeichnet u.a. das Kloster Hegne verantwortlich, das außerdem zu einer beliebten Stätte für Pilger und Klosterurlauber geworden ist.

Schaurige Geschichte – Als Allensbach Henker und Vollstrecker für die Reichenau war

Das Gewässer zwischen Allensbach und der Insel Reichenau wird Gnadensee genannt, und dies schon seit dem 9. Jahrhundert, als auf der Klosterinsel die Gerichtsbarkeit zuhause war. Weil man sich auf der

Reichenau auf heiligem Boden befand, durften hier zwar Todesurteile gefällt, nicht aber vollzogen werden. Also wurden die Delinquenten nach Allensbach verschifft, wo sie schon vom Galgen oder Scharfrichterbeil begrüßt wurden. Wenn der Verurteilte Glück hatte, läutete während dieser Überfahrt eine Gocke. Dann wurde der Sünder begnadigt und in Allensbach auf Nimmerwiedersehn verabschiedet. Dieser Legende entspringt auch der Name Gnadensee.

Bis heute werden auf den Äckern bei Allensbach Gräber von hingerichteten Menschen gefunden, zuletzt im Jahre 2020 beim Ausbau der Bundesstraße 33. Die Bagger förderten hier nicht nur etliche Skelette, sondern sogar eine komplette Hinrichtungsstelle zutage. Für die archäologische Forschung sind solche Funde natürlich ein Segen, weil man mit ihrer Hilfe herausfindet, auf welche Weise die Delinquenten zu Tode gekommen sind und wie jene Stätten des Grauens damals ausgesehen haben.

Tourist Info Allensbach

Museum Allensbach

Sehenswürdigkeiten

Archäologie- und Heimatmuseum
Seit 2011 gehören die „Prähistorischen Pfahlbauten um die Alpen“ zum UNESCO-Weltkulturerbe, was das Heimatmuseum zum Anlass genommen hat, nicht nur die Heimatgeschichte der Gemeinde zu präsentieren, sondern auch genauere Einblicke in die Pfahlbausiedlung „Allensbach Strandbad“ und das Leben der jungsteinzeitlichen Siedler zu geben. Bilder und Erläuterungen aller Pfahlbaustationen bekommt man an den Medienstationen. Zu den Highlights des Museums gehören der berühmte Allensbacher Dolch aus der Zeit um 2900 v.Chr. sowie die „Allensbacher Sandalen“ aus Lindenbast. Interessant sind auch die Mineraliensammlung sowie die Gemälde Allensbacher Maler aus früheren Zeiten.

Arbeitsgemeinschaft Allensbach e.V.:
Rathausplatz 2, 78476 Allensbach,
www.museum-allensbach.de,
Tel. 07533-8050,
Museum geöffnet: Mitte Mai bis Mitte Oktober: Di. 17-19 Uhr, Fr. 16-18 Uhr, zusätzl. im Juli-August: Do. 10-12 Uhr

Das „Orakel vom Bodensee" – Spezialausstellung des Instituts für Demoskopie

Zum Geburtstag der mittlerweile verstorbenen Gründerin, Elisabeth Noelle-Neumann, hat das „Institut für Demoskopie Allensbach" im Heimatmuseum eine selbstreflexive Dauerausstellung eingerichtet. Deutschland in überraschenden Zahlen: Wann war man glücklicher, wann religiöser, warum und wie sehr? Und wie sieht die Arbeit von Meinungsforschern aus? Nach Absprache gibt es Gruppenführungen.

Ausstellung befindet sich im Heimatmuseum s.o.: Rathausplatz 2, 78476 Allensbach, www.ifd-allensbach.de/ausstellung, Tel. 07533-8050

Kloster Hegne

Einer der schönsten Ortsteile von Allensbach ist Hegne. Das 1000-Seelen-Dorf liegt direkt am Gnadensee und wird dominiert vom imposanten Gebäudekomplex des gleichnamigen Klosters. Die „Barmherzigen Schwestern vom heiligen Kreuz", eine Schweizer Gründung, hatten hier im Jahre 1892 ein Schloss erworben, das den Konstanzer Bischöfen von 1580 – 1803 als Sommerresidenz diente. In der Folge entwickelte sich die Schlossanlage zu einem ansehnlichen Klosterareal, das heute nicht nur das Provinzhaus beherbergt, sondern auch das Altenpflegeheim Maria Hilf, das „Marianum – Zentrum für Bildung und Erziehung", das Hotel St. Elisabeth und die Theodosius Akademie. Mit mehr als 300 Mitarbeiterinnen und Mitarbeitern und einer Philosophie, die ganz dem Menschen zugewandt ist, kann man sich Allensbach ohne die Schwestern gar nicht mehr vorstellen. Das Kloster bereichert die Gegend zudem mit einer Vielzahl kultureller Veranstaltungen und einer frei zugänglichen Klosterkirche mit der Krypta der Seligen Ulrika Nisch. Seit 1991 besitzt die Kirche nach mehreren Umbauten ihre heutige Gestalt. Die künstlerische Ausgestaltung übernahm der Kölner Bildhauer Elmar Hillebrand (gest. 2016), das Chormosaik stammt von Wilfrid Perraudin (1963).

Kloster Hegne: Konradistr. 12, 78476 Allensbach, www.kloster-hegne.de, Tel. 07533-8070, kloster_hegne

St. Nikolaus-Kirche und Seeprozession

Die hübsche Pfarrkirche mit den Zwiebeltürmen ist Allensbachs Markenzeichen und befindet sich in der Mitte des Ortes, wo schon im 12. Jahrhundert ein Gotteshäuschen stand. Die Kirchengänger wandeln unter einem wolkigen Gewitterhimmel in Form eines Deckenfreskos. Dargestellt ist eine Wallfahrt zur Birnau.

St. Nikolaus:
Radolfzeller Str. 1, 78476 Allensbach

Mühlenwegmuseum

Fritz Mühlenweg (geb. 1898 in Konstanz und gest. 1961 in Allensbach), ein gelernter Kaufmann, nahm ab 1927 als Rechnungsführer an Sven Hedins letzter Ostasien-Expedition teil und durchreiste bis 1932 drei Mal die Mongolei. Die Begegnungen und Eindrücke verarbeitete er später in Romanen, so in seinem preisgekrönten Buch „In geheimer Mission durch die Wüste Gobi", das in acht Sprachen übersetzt wurde, sowie in zahlreichen Erzählungen, Gedichten und Bildern. Das Mühlenwegmuseum inszeniert diese spannende Biografie unter anderem mit Bildern, Exponaten, dem Expeditionsfilm, Hörstationen und erstaunlichen Leihgaben der Familie sowie aus dem Nachlass. Tipp: Sonderführungen gibt es auch mit Apéro.

Mühlenwegmuseum:
Konstanzer Str. 12 (im Bahnhof),
78476 Allensbach,
www.mühlenwegmuseum.de,
Tel. 07533-80135

Die schönsten Hotels

Landgasthaus Mindelsee

Wer rustikale Gemütlichkeit im Landhausstil und leckere Hausmannskost schätzt, ist in dem familien- und hundefreundlichen Hotel genau richtig, im Zimmerpreis inbegriffen ist der Eintritt in den nahegelegenen Wild- & Freizeitpark. Beliebtes Einkehr-Lokal bei Wanderern und Fahrradfahrern. Außerdem spannend für Kinder.

Landgasthaus Mindelsee:
Gemeinmärk 7, 78476 Allensbach,
www.landgasthaus-mindelsee.de,
Tel. 07533-931613

Hotel St. Elisabeth des Klosters Hegne

Besonders beliebt ist das Tagungs- und Ferienhotel St. Elisabeth. Das 3-Sterne-Haus punktet mit hellen, geräumigen Zimmern, einem eigenen Strand und einem schönen Badehaus. Viele Zimmer bieten einen eigenen Balkon mit Seeblick. Auch das Restaurant ist sehr zu empfehlen, das Frühstück bedient sämtliche Ernährungsbedürfnisse, die komplette Anlage ist barrierefrei.

Hotel St. Elisabeth:
Konradistr. 1, 78476 Allensbach-Hegne,
www.st-elisabeth-hegne.de,
Tel. 07533-93662000, kloster_hegne

Hotel Schloss Freudental

Gemessen an dem Ambiente, das der einstige Fürstensitz seinen Gästen bietet, sind die Übernachtungspreise erstaunlich human. Das Einzige, was verwöhnte Gäste hier noch vermissen dürften, sind ein Restaurant und ein Spa-Bereich. Aber gemach, gemach! Schließlich ist das barocke Schloss erst frisch renoviert worden und wenigstens zu großen Feierlichkeiten und natürlich jeden Tag zum fürstlichen Frühstück werden die Öfen in der Schlossküche dann doch angeheizt. Ansonsten fehlt es hier an nichts, sowohl die Umgebung als auch das Ambiente sind schön, weshalb der Ort gerne für mondäne Hochzeiten genutzt wird und von erholungssuchenden Golfern, die auf dem nahegelegenen Golfplatz des Konstanzer Golfclubs die Schläger schwingen. Bücherfreunde kommen angesichts der eleganten Bibliothek ins Schwärmen.

Das rosafarbene Kleinod wurde von Freiherrn Franz Dominik von Praßberg (1696-1709) in Auftrag gegeben und von dem Baumeister Michael Wiedenmann (1661–1703) realisiert.

Könnten die dicken Mauern sprechen, so hätten sie sicher nicht nur von festlichen Empfängen und Besuchen hochgestellter Persönlichkeiten zu berichten, sondern auch vom Elend und Leid, das die wechselvolle Geschichte mit sich gebracht hat. So diente das Schloss nach der Erbauung lange als private Residenz, stand im 19. Jahrhundert eine Zeitlang leer und wurde im ersten Weltkrieg zu einem Internierungslager für russische Kriegsgefangene. Nach dem Krieg scholl das Lachen und Weinen von Waisenkindern durch das Schloss, als die altehrwürdigen Mauern ein Kinderheim beherbergten. Zur NS-Zeit zog ein Forschungslabor unter dem Oberkommando der Marine

in das Schloss ein, und als der zweite Weltkrieg vorüber war, diente das Haus den vielen Flüchtlingen, die in den dicken Mauern Schutz fanden. Seit 2011 gehört das Anwesen dem Schweizer Weinhändler Phillipp Schwander, der gleich nach dem Kauf aufwändige Erneuerungsarbeiten durchgeführt hat.

Hotel Schloss Freudenthal:
Schloßstraße 1, 78476 Allensbach,
www.schloss-freudental.de,
Tel. 07533-9491100,
hotelschlossfreudenthal

Preiswerte Unterkünfte

B&B Hotel Garni Haus Rose

Hier kann man in zentraler Lage recht günstig übernachten! Jedes der bequemen und liebevoll dekorierten Zimmer ist anders gestaltet, das Frühstücksbüffet verwöhnt die Gäste mit vielen hausgemachten Leckereien. (Keine Hunde erlaubt!)

Hotel Garni Haus Rose:
Konstanzer Str. 23, 78476 Allensbach,
www.haus-rose.de, Tel. 07533-3100

Allensbach verfügt gleich über zwei hübsche Campingplätze:

Camping am See

Der besonders kinderfreundliche und behindertengerechte Campingplatz befindet sich direkt am Strandbad mit großer Liegewiese und verfügt über eine Gemeinschaftsküche für Selbstversorger, Radlerunterkünfte und gemütliche Hütten am See. Auch ansonsten ist alles da, was man für ein vergnüglichen Tag am See so alles braucht: Kiosk und Lokal mit Seeterrasse, ein Kinderbad und einen Aufenthaltsraum mit Spielecke, Beachvolleyball, Badminton und Tischtennis, Kanu-, Tretboot- und SUP-Verleih.

CampingAmSee:
Strandweg 30, 78476 Allensbach,
www.campingamsee.com,
Tel. 07533-9976565

Campingplatz Hegne

Hier kann man ebenfalls im preiswerten Schlaf-Fass oder im Schlafhäuse übernachten. Auf der schönen Seeterrasse genießt man gutbürgerliche Küche mit frischen Produkten aus der Umgebung.

Campingplatz Hegne:
Nachtwald 1, 78476 Allensbach-Hegne,
www.camping-hegne,
Tel. 07533-9493913

Die besten Restaurants

Biergarten Hof Höfen

Eltern von kleinen Kindern lieben es, wenn im Gasthaus oder im Biergarten eine Spielmöglichkeit für Kinder existiert. So auch im traditionsreichen Biergarten Hof Höfen, der die Gäste mit deftiger Hausmannskost verwöhnt. An schönen Tagen hat der Biergarten neuerdings auch im Winter geöffnet, ansonsten geht es hinein in die gemütliche Wirtsstube. Das Lokal gehört der bekannten Gastwirtsfamilie Rommel aus Dettingen, die dort auch den traditionsreichen Landgasthof Kreuz und das Landhotel Traube bewirtschaften. Sie sind hier also in besten Händen, die Rommels wissen, wie der Hase läuft!

Hof Höfen:
Hof Höfen 1, 78476 Allensbach,
www.familie-rommel.com,
Tel. 07533-932240,
familierommelkonstanz

Erlebnisse und Aktivitäten

ERLEBNISSE

Seeüberfahrt

Ist doch klar, dass Sie sich die Insel Reichenau nicht entgehen lassen, wenn Sie schon in Allensbach sind! Mit dem Unternehmen „Baumann-Schifffahrt" geht es hinüber auf die Insel. Lautlos schön ist die Überfahrt mit der Solarfähre Helio. Von der Reichenau aus kommen Sie dann mit den Kursschiffen weiter, die viele andere, sehenswerte Ziele am Bodensee ansteuern! (Alle Angebote u.a. auf ***www.allensbach.de***).

Schifffahrt Baumann:
Brunnengasse 3, 78476 Allensbach,
www.schifffahrtbaumann.de,
Tel. 07533-98848

Solarfähre Helio:
Strandbadstraße 102, 78315 Radolfzell,
Tel. 0773-929315

Wandern auf dem Bodanrück

Die zwischen Gnaden- und Überlinger See in den Bodensee ragende Halbinsel ist das reinste Paradies für Wanderfreunde. Auf gut ausgeschilderten Wanderwegen geht es durch lichte Wälder, saftige Wiesen und durch unberührte Naturschutzgebiete. Auf dem 700 Meter über Meereshöhe gelegenen Bergrücken genießt man herrliche Ausblicke weit über den See bis zu den Alpen. Der König unter den Wanderwegen ist der Premiumwanderweg Seegang. Der 53 Kilometer lange Seegang-Weg führt von Überlingen über den Bodanrück nach Konstanz und lässt sich auch in mehreren Etappen bewerkstelligen.

AG SeeGang/Tourist-Info Bodman-Ludwigshafen: Hafenstraße 5, 78351 Bodman-Ludwigshafen, www.premiumwanderweg-seegang.de, Tel. 07773-930040

Im Tourismusbüro Allensbach gibt es mehrere Broschüren mit den schönsten Wandertouren und auch die Webseite der Gemeinde liefert genauere Beschreibungen der Touren. Besonders detailliert sind auch die Empfehlungen von komoot.de. Sportler dürften auch mit den Strecken-Tipps für Mountainbiker, Läufer und Rennradtouren vertraut sein.

Kunstfreunde lieben die Wanderung von Allensbach zur Reichenau entlang des Wollmatinger Rieds. Hier befinden sich einige Kunststehlen der beliebten Kunstroute. Die Allensbacher Stelen befinden sich hier: Seeweg, Schiffslände und auf dem Höhrenberg. Die Originale sind auf Anfrage im Rathaus zu besichtigen, im Tourismusbüro erhalten Sie eine Broschüre!

Tai Chi und Qigong für alle

Was in China allerorts schon Gang und Gäbe ist, kann man nun auch kostenlos in Allensbach erleben. Im Sommer finden direkt beim Kneipp-Becken im Allensbacher Seegarten unter professioneller Anleitung gemeinsame Tai-Chi und Qigong-Übungen statt. Vorkenntnisse sind nicht notwendig, eine Anmeldung auch nicht, Platz ist ausreichend vorhanden! Die genauen Termine – (jeweils Di und Fr, um 19.00 Uhr) hier:

www.allensbach.de/erleben-entdecken/allensbach-entdecken/tai-chi-und-qigong

Mehr Infos zu
Tai Chi und Qigong

Golfclub Konstanz

Der Golfplatz wurde im Jahre 1965 gegründet und zählt zu den traditionsreichsten Golfclubs des Landes. Seine Lage auf dem Bodanrück zwischen dem Überlinger und dem Radolfzeller See ist einmalig, die Fairways erstrecken sich über eine komplett unangetastete Naturlandschaft. Nach dem Spiel in der idyllischen Umgebung kann man es sich im Restaurant Hofgut Kargegg gemütlich machen, am besten auf der Seeblick-Terrasse des schönen Fachwerkhauses.

Golfclub Konstanz:
Hofgut, Kargegg 1, 78476 Allensbach,
www.golfclubkonstanz.de,
Tel. 07533-93030, gckonstanz

BADEN, WELLNESS UND WASSERAKTIVITÄTEN

Surfschule Treibgut

Die Surfschule „Treibgut“ direkt am Allensbacher Strandbad ist der Haupttreffpunkt von Wassersportlern in der Gegend. Neben Stand-up-Paddling und Windsurfen werden hier auch Boote zum Ausleihen angeboten. Tolle Camps für junge Leute! Dank der Nähe zum Strandbad und dem Campingplatz müssen die Surfschüler das Gelände kaum verlassen.

Surfschule Treibgut:
Strandweg 30, 78476 Allensbach,
Tel. 0152-03090644,
www.treibgutsurf.de, treibgut.surf

Foto: Achim Mende

ZIELE FÜR FAMILIEN

Wild & Freizeitpark Allensbach

Der Wild- und Freizeitpark ist der unangefochtene Anziehungspark von Allensbach. In den großzügigen Gehegen des waldigen Geländes leben Wildtiere wie Wisente, Damwild, Rotwild, Steinböcke, Wildschweine und sogar Bären und Wölfe. Besonders schön ist die Stimmung im Herbst, wenn man zwischen buntem Laub durch das Parkareal schlendert. Auch ein Kinderparadies gibt es auf dem Gelände, mit Wildpark-Eisenbahn, Abenteuerspielplatz mit Trampolin, Seilbahn, Karussell, Mega-Hüpfkissen, Riesenrutsche und Wasserspringbooten. Unser Tipp sind zudem die zweimal täglich stattfindenden Flugschauen der Falknerei mit ihren mächtigen Greifvögeln!

Wild- und Freizeitpark Allensbach:
Gemeinmärk 7, 78476 Allensbach,
www.wildundfreizeitpark.de,
Tel. 07533-931619,
wildundfreizeitpark_allensbach,
geöffnet: Mai-Sept. täglich 9-17 Uhr,
Okt.-April täglich 10-17 Uhr

Traktor-Entdeckungstour

Allensbach bietet, insbesondere für junge Entdecker, eine kostengünstige Abenteuertour an, die auf historischen Traktoren stattfindet und zum Walderlebnispfad führt. Hier gibt es jede Menge über die krabbelnden Bewohner des Waldes und ihren Lebensraum zu erfahren. Auf der Rückfahrt geht es zum Röhrenberg, von dem man den besten Blick über den Gnadensee und die Bodenseelandschaft genießt. Die Tour dauert etwa 2 Stunden.

Anmeldung im Kultur- und Tourismusbüro Allensbach
Tel. 07533-80135,
tourismus@allensbach.de

KUNST UND KULTUR

Veranstaltungsreihe „umsonst & draußen“ und Seebühne

Besonders sympathisch finden wir, dass Allensbach im Rahmen der Veranstaltungsreihe „umsonst & draußen“ seinen Bürgern und Besuchern im Sommer jede Woche kostenlose Kultur-Events auf der Seebühne oder im Seegarten-Restaurant ermöglicht. Das Angebot reicht von Jazz, Rock, Funk & Soul Musikevents bis zu Comedy, Zaubershows und Bigband-Erlebnissen. Das aktuelle Programm finden Sie hier: ***www.allensbach.de***

Bühne „Kultur am See“ im Seegarten:
Strandweg 2, 78476 Allensbach,
Tel. 07533-80135

Dettingen-Wallhausen

Auf dem Bodanrück und zwischen dem Überlinger- und dem Untersee gelegen, befindet sich Dettingen-Wallhausen, seines Zeichens größter Teilort der großen Kreisstadt Konstanz. Der staatlich anerkannte Erholungsort ist aufgrund seiner idealen Lage zu einem beliebten Ausgangspunkt für sportliche Touren und Ausflüge zu vielen Sehenswürdigkeiten und Orten am Bodensee geworden, z.B. ermöglicht die gute Schiffsanbindung in Wallhausen einen Ausflug nach Überlingen. Wer seinen Urlaub mit der Besichtigung der Konzilstadt Konstanz und schönen Erlebnissen in unberührter Natur fernab des städtischen Trubels verbringen möchte, ist hier genau richtig. In unmittelbarer Nähe befinden sich der Teufelstisch und die Marienschlucht.
Die Touristen-Information befindet sich in Konstanz (Kapitän-Romer Str. 4, Tel. 07533-936816). Auf der Seite ***www.konstanz-dettingen-wallhausen.de*** erfahren Sie alles zu den aktuellen Veranstaltungen des Ortes.

Mehr Infos **Dettingen-Wallhausen**

Hinkommen? – Zum Beispiel mit dem Nahverkehr

Falls Sie nicht ohnehin mit dem Auto da sind, lassen sich die Teil- bzw. Vororte Dettingen, Wallhausen, sowie auch Dingelsdorf und Litzelstetten **mit den Bussen der Stadtwerke Konstanz über die Linie 13/4 bzw. 4/13** erreichen (ca. 20-30 Min).

Zur Geschichte

Grabhügel auf dem Ameisenberg lassen annehmen, dass die Gegend in ferner Vergangenheit von Kelten besiedelt war. Erwähnt wurde Dettingen allerdings erst in einer Urkunde des Jahres 730. Franken-König und Kaiser Ludwig der Fromme schenkte Dettingen im Jahre 839 dem Kloster Reichenau, vorher war der Ort Teil der karolingischen Königspfalz Bodman.
Auf Wallhausener Gebiet standen einst zwei Burgen: Alt Dettingen und Neu-Dettingen. Der Burghof von Neu-Dettingen ist heute ein Wanderziel.

Pfarrkirche St. Verena

Die Pfarrkirche St. Verena ist ein kleiner Schatz des Ortes. Sie wurde 1779 auf den Mauern einer Vorgängerkirche aus dem 13. Jahrhundert von dem berühmten Deutschorden-Baumeister Bagnato erbaut, aus dieser Zeit ist noch der Turm erhalten. In den Jahren 1928 und 1929 wurde die Kirche durch ein neues Querschiff erweitert. Zuletzt wurde das Gotteshaus im Jahre 1984 renoviert, eine neue Orgel bekam es 2013.

St. Verena:
Konstanzer Str. 1, 78465 Konstanz,
Tel. 07533-5185

Kapelle St. Leonhard

Eine besondere Bedeutung für die Bewohner von Wallhausen hat die im Jahre 1714 erbaute St. Leonhardskapelle. Die Fuhrleute kamen einst hierher, um ihre Pferde segnen zu lassen, bevor sie den Weg zur Höri fortsetzten. Das kleine Gotteshäuschen war lange Zeit in einem schlimmen Zustand, bis sich die Bürger in den 80er Jahren zusammentaten und in Eigenleistung und mithilfe vieler Freiwilliger die Kapelle restaurierten. Ein unbekannter Künstler hat der Kapelle zwei schöne Holzfiguren hinzugefügt, bis heute konnte niemand herausfinden, wer die Mutter Gottes mit Kind sowie den Patronatsheiligen St. Leonhard geschaffen hat. Er hat St. Leonhard mit Fesseln und einem Pferd dargestellt, um die Bedeutung der Pferdesegnung hervorzuheben. Seit 1982 findet hier wieder alle zwei Jahre eine Reiter- und Pferdesegnung statt. Dank sei den Wallhausener Bürgern, dass sie dieses Kleinod mit so viel Mühe wieder auf Vordermann gebracht haben, so dass dieser alte Brauch wieder aufleben konnte. Jeden Freitag um 18.30 Uhr wird eine Eucharistiefeier in der Kapelle gefeiert, dann kann man sich die Kapelle auch von innen anschauen.

Kapelle St. Leonhard:
Sankt-Leonhard-Weg 5, 78465 Konstanz,
Tel. 04975-335185

Strandbad Wallhausen

Das kostenlose Strandbad ist aufgrund seines seichten Uferwassers besonders bei Familien mit kleinen Kindern sehr beliebt. Außerdem im Angebot: Kanu- und Kajakverleih, eine große Liegewiese, ein 18-Loch-Minigolfplatz, Kinderspielplatz, Tischtennis, Bowlingbereich, Schachfeld, Volleyballplatz und das Restaurant und Café „Ufer 39" mit den obligatorischen Curry- und Bratwürsten im Angebot. Wichtig zu wissen: Nicht immer gibt es eine Badeaufsicht, achten sie auf die Flagge. Wenn die rote Fahne oben ist, gibt es keine!

Strandbad Wallhausen: Uferstr. 39, 78465 Konstanz, Tel. 07533-9977164

Burghof Wallhausen

Oberhalb von Wallhausen thront eine Burg, die 1661 in der Nähe der alten, im 30-jährigen Krieg vollkommen zerstörten Burg Alt-Tettingen erbaut wurde. Die alten Gemäuer eignen sich bestens, um in der dortigen Burgschänke (mit Biergarten) einzukehren oder in aller Weltabgeschiedenheit in dicken Mauern zu nächtigen und dem Geist der Geschichte nachzuspüren.

Im 12. Und 13. Jahrhundert hatten die Adligen von Tettingen die Vorherrschaft über die Orte „Tettingen" und „Walahusen", sowie riesige Ländereien (unter anderem auch die mächtige Festung Mägdeberg im Hegau).

Zu den Herren von Tettingen zählten auch der Minnesänger Heinrich von Tettingen und der Großgebietiger des Deutschen Ordens, Werner von Tettingen (Einer der wenigen, der – schon hoch betagt – dem blutigen Schlachtfeld in der der Schlacht von Tannenberg 1410 entkommen konnte, die den Deutschen Orden schwer getroffen hatte). Dass die herrliche Umgebung ein wunderbarer Quell der Inspiration für den mittelalterlichen Dichter von Tettingen war, kann man sich ebenfalls gut vorstellen! Schauen Sie sich unbedingt auch den Rittersaal an, er verweist auf die Geschichte der mächtigen Bauwerke, die hier einst gestanden haben.

Bis zur Auflösung des Deutschordens (dann ging der Burghof an den Staat), befand sich die Gegend inklusive der Burganlage im Besitz des mächtigen, auf der Mainau ansässigen Ordens, der die im 30-jährigen Krieg zerstörte, vordere Burg auf den noch vorhandenen Grundmauern wieder aufbaute und als Stützpunkt an der westlichen Territoriumsgrenze sowie ökonomische Basis nutzte. Ganz entgegen seiner Gewohnheiten hatte der Orden kein besonderes Interesse an der viel älteren Burgruine und steckte lediglich Geld in die neue Burg, deren Wirtschaftsgebäude im Jahre 1570 erneuert wurden.

Erstaunlich ist, dass der Burghof Wallhausen noch immer ein Geheimtipp unter den einheimischen Naturfreunden ist, kaum ein auswärtiger Gast kennt den einsamen Weg hier hinauf und fragt man unterwegs nach dem Weg, weiß kaum einer etwas von einer Burg Neu-Dettingen und schon gar nichts von der dahinterliegenden Stauferburg, die schon 1187 in einer Besitzurkunde von Friedrich Barbarossa Erwähnung fand. Die Gegend um die Burg auf dem nördlichen Rand des Bodanrücks und an der Steilküste des Überlinger Sees ist noch komplett unbebaut und garantiert erholsame Ruhe fernab des touristischen Hochbetriebs.

Wegbeschreibung

Einen geeigneten Waldparkplatz gibt es kurz vor Wallhausen, wenn man den Burghof aus der Richtung von Dettingen anfährt. Hinter dem Grillplatz geht es dann etwa 10 Minuten einfach den Pfad entlang.

Burghof Wallhausen:
Burghofweg 50, 78465 Konstanz,
www.burghof-wallhausen.de,
Tel. 07533-934555

Die schönsten Hotels

Hotel am Yachthafen

Auch Nicht-Segler lieben diesen schönen Platz am Hafen. Das relativ neue Hotel bietet von der Sonnenterrasse einen herrlichen Blick über den Bodensee und ist modern ausgestattet. Besonders schön ist der Frühstückssaal, in dem Sie mit frischen und leckeren Speisen in den Tag starten. Wie so oft in den familiengeführten Hotels am See ist die Atmosphäre besonders herzlich und das Personal sehr hilfsbereit und professionell.

Hotel am Yachthafen:
Uferstr. 32, 78465 Konstanz,
www.hotelyachthafen.com,
Tel. 07533-9490700

Die besten Restaurants

Landgasthof Kreuz und Landhotel Traube

Der Landgasthof Kreuz ist ein familiengeführtes Traditionsgasthaus mit gutbürgerlicher Küche. Die Portionen sind reichlich und die Atmosphäre urgemütlich. Bekannt ist das Lokal für die Wildwochen im Herbst, in dieser Zeit empfiehlt sich eine rechtzeitige Reservierung. Wer sich für historische Gasthäuser und deren Geschichte interessiert, sollte sich nicht nur die alten Fotos zur Familien- und Dorfgeschichte an den Wänden genauer anschauen, sondern auch die amüsanten Erzählungen auf der Seite www.historische-gasthaeuser.de lesen. Erzählt wird hier u.a. von dem erbitterten Konkurrenzkampf des Landgasthofes Kreuz mit dem benachbarten Landhotel Traube aus dem Jahre 1878. Damals konnte man noch nicht ahnen, dass die beiden Streithähne später durch eine Liebesheirat ihrer Nachfahren zueinander finden würden, und heute beide Häuser zur gleichen Familie gehören! (Auch die Trube-Stube des Landhotels Traube ist empfehlenswert).

Landgasthof Kreuz:
Kapitän-Romer-Straße 1, 78465 Konstanz,
www.landgasthofkreuz.com,
Tel. 07533-932210,
familierommelkonstanz

Landhotel Traube:
Kapitän-Romer-Straße 9B, 78465 Konstanz,
www.familie-rommel.com/landhotel-traube,
Tel. 07533-932220,
familierommelkonstanz

Bodman-Ludwigshafen

Ca. 30 Autominuten von Konstanz

Wichtige Adressen und Kontakte in Bodman-Ludwigshafen:

Apotheke

See-Apotheke Ludwigshafen:
Hauptstraße 8,
78351 Bodman-Ludwigshafen,
www.see-apo.de, Tel. 07773-920023

Touri-Info

Ludwigshafen: Hafenstr. 5,
78351 Bodman-Ludwigshafen,
www.bodman-ludwigshafen.de,
Tel. 07773-930040,
bodmanludwigshafen

Bodman: Seestr. 5,
78351 Bodman-Ludwigshafen,
www.bodman-ludwigshafen.de,
Tel. 07773-930040,
bodmanludwigshafen

Ruhe, Erholung und geschützte Natur: Wer einen stressfreien Urlaub sucht, findet sein Glück in Bodman-Ludwigshafen. Die beschauliche Doppelgemeinde wird umrahmt von einer grünen Hügellandschaft. Ein Naturschutzgebiet trennt die beiden Orte. Mit seiner Vielfalt an Pflanzen und Tieren ist dieses ein optisch und ökologisch wertvoller Flecken am Bodensee.

Zahlreiche Wanderwege, Radstrecken, Wassersportangebote sowie Strand- und Grillfeste bieten den Gästen das nötige Unterhaltungsangebot. Durch das gemeindeeigene Schiff und die Gästekarten mit kostenloser ÖPNV-Nutzung, ist Bodman-Ludwigshafen ein guter Ausgangspunkt für weitere Touren um den Bodensee. Ein Highlight für die Kleinsten sind die außergewöhnlichen Pfahlbauspielplätze in den Uferanlagen in Bodman und Ludwigshafen, die das Weltkulturerbe hautnah erlebbar machen.

Der Name Bodensee kommt von Bodman

Die Gegend ist reich an Geschichte und hier erfahren wir auch endlich, woher der Bodensee eigentlich seinen Namen hat. Der Begriff geht auf den Ortsteil Bodman zurück. Hier existierte im 9. Jahrhundert eine Königspfalz – also ein Herrschaftssitz für einen reisenden König –, die damals Mittelpunkt des von König Pippin geschaffenen Fiskus Bodman war. Das Königsgut erstreckte sich von der Hegauer Aach über die Höri bis über den Bodanrück in den Linzgau hinein. Belegt ist der Aufenthalt gleich mehrerer reisender Könige, die sich auf der Pfalz aufgehalten haben, wie etwa Ludwig der Fromme und der ostfränkische König Karl III., der übrigens den Weinanbau sehr gefördert hat und die Burgunderrebe nach Bodman brachte.

Der Pfalzort Bodman war im 9. Jahrhundert so bedeutend, dass schließlich der gesamte See „Bodman-See" genannt wurde, woraus sich schließlich der heutige Begriff Bodensee entwickelt hat. In der Literatur benutzte erstmals der Dichter Wolfram von Eschenbach in seiner Erzählung „Willehalm" die Bezeichnung „Bodemse".

Wer sich eingehender mit der Geschichte der Gemeinde befassen möchte, der sollte sich den bei der Touristeninformation erhältlichen Ortsführer „Bodman am Bodensee" besorgen. Graf Wilderich von und zu Bodman hat dieses Büchlein höchstpersönlich überarbeitet, und der muss es schließlich wissen, denn die Geschichte der Gemeinde ist schon seit dem 13. Jahrhundert untrennbar mit dem alemannischen Adelsgeschlecht Bodman verbunden.

Sehenswürdigkeiten

Burgruine Alt-Bodman

Ein beliebter Spaziergang von Bodman aus führt über den Aussichtspunkt Wassertürmle (Am Königsweingarten) hinauf zur Ruine Alt-Bodmann. Obwohl seit ihrer Zerstörung im 30-jährigen Krieg nicht mehr viel übrig ist vom einstigen Sitz der Bodman-Familie, wandern viele hinauf, um auf der Aussichtsplattform einen fantastischen Ausblick auf den See, das Bergpanorama und den Frauenberg zu genießen. Dort auf dem Frauenberg befand sich an der Stelle des Klosters die Vorgängerburg, die vom Blitz getroffen wurde und abgebrannt ist. In schaurigen Gewitternächten soll es in der Ruine spuken – schreiben Sie uns, sollten Sie hier einem Geist begegnen, wir haben bisher keine glaubwürdigen Quellen gefunden!

Gartenanlage Schloss Bodman

In unmittelbarer Nähe der Pfarrkirche St. Peter und Paul im Ortskern befindet sich das Schloss von Wilderich Graf von und zu Bodman. Die weitläufige, englische Gartenanlage ist für die Öffentlichkeit zugänglich, nicht aber das Schloss, das sich in Privatbesitz befindet. Bei der Touristen-Information gibt es eine Übersichtskarte zum Rundgang, der durch den Schlossgarten führt. Der prächtige, in seiner Art aber einfache Bau im Weinbrenner-Stil wurde 1831/32 von Johann Baptist Wehrle (1791-1857) errichtet, später um den Südost- und Südwest-Flügel ergänzt.

Schloss Bodman:
Schloßallee 11, 78351 Bodman,
www.bodman.de, Tel. 07773-93040

Bergruine Alt-Bodman

Kirche St. Peter und Paul Bodman

Das Langhaus entstand bereits im 15. Jahrhundert auf den Mauerresten eines Vorgängerbaus, was die Saalkirche zum ältesten Baudenkmal von Bodman macht. Ihr Augenschmaus sind zwei Holztafelgemälde über dem Eingang der Sakristei (Anfang 16. Jahrhundert), eine Kreuzweg-Malerei und eine erhabene Kassettendecke aus dem 17.Jahrhundert. Hinten befindet sich die gräfliche Gruftkapelle, darüber prangen Wappenschilde im Andenken an die Ritter des Bodman-Geschlechts.

St. Peter und Paul: In der Stelle 2,
78351 Bodman-Ludwigshafen,
Tel. 07773-5239

Kloster Frauenberg und die Legende vom Kesselkind

Der Legende nach traf sich einst– abgesehen vom Familienoberhaupt, das andernorts weilte – die adlige Familie Bodman auf ihrer neuen Burg am Frauenberg über Bodman. Es war eine schaurige Gewitternacht im September, als ein Blitz auf die Burg niederkrachte und das Gebäude in Flammen aufging. Die Amme des einjährigen Stammhalters packte in ihrer Verzweiflung das Kind – gut gepolstert – in einen Kessel und warf es aus dem Fenster der brennenden Burg den Abhang hinunter. Das Kind überlebte die aus der Not geborene Wahnsinnstat. Zum Dank ließen Verwandte am Unglücksort kurz darauf ein Kloster erbauen und schenkten es dem Salemer Zisterzienserkloster. Die Kapelle, die heute noch gerne von Wallfahrern besucht wird, entstand zwei Jahre später und ist für die Öffentlichkeit zugänglich. Im neuen Schloss der Familie Bodman kann man übrigens den Kessel anschauen, der das Kind vor dem Feuertod bewahrt hat.

Kloster Frauenberg: Frauenberg 1,
78351 Bodman-Ludwigshafen

Marienschlucht

Eine der spektakulärsten und schönsten Ziele für Wanderungen ist die Marienschlucht, die aufgrund eines massiven Erdrutsches mit tödlichem Ausgang bis auf weiteres gesperrt ist. Das Areal ist Eigentum von Wilderich Graf von und zu Bodman. Rund 100 Meter tief in Molassegestein geschnitten und an manchen Stellen gerade mal einen Meter breit, gehörte diese traumhafte Schlucht zu den absoluten Touristenhighlights in der Gegend. Und das wird sie auch wieder sein, wenn die millionenteuren Bauarbeiten zur Sicherung der Wanderwege endlich abgeschlossen sind. Wer gut zu Fuß ist und weder Höhen- noch Platzangst hat, sollte sich diesen Wanderpfad unbedingt vormerken, denn die Anstrengung wird mit traumhaften Ausblicken belohnt und auch die Burgruine Kargegg oberhalb der Marienschlucht ist einen Blick wert. Infos unter: ***www.marienschlucht.de.***

Teufelstisch

Die Steilwand am Südufer des Überlinger Sees, in der sich die Marienschlucht befindet, fällt auch unter Wasser noch 90 Meter tief ab und hat zwischen der Marienschlucht und Wallhausen noch ein weiteres Naturphänomen hervorgebracht, den Teufelstisch. Seine Tischplatte hat eine Größe von rund 22 mal 10 Metern und befindet sich in der Regel knapp unter der Wasseroberfläche. im Sommer wird der Teufelstisch bei Niedrigwasser gerne von Touristen angefahren, die hier aus dem Boot steigen und sich mit einem Glas Wein in der Hand fotografieren lassen. Lassen Sie sich allerdings bloß nicht dazu verleiten, hier zu tauchen, das ist nach etlichen Todesfällen strengstens verboten. Natürlich ist es für Taucher eine Verlockung, sich die ungewöhnliche Unterwassersäule aus der Nähe anzuschauen, aber der See ist an dieser Stelle höllisch gefährlich. Hier gibt es Unterwasser-Wellen, die willkürlich auftreten und zu schnellem Absinken oder Auftrieb führen.

Naturschutzgebiet Aachried

Das herrliche Naturschutzgebiet zwischen Bodman und Ludwigshafen mit seinen über 130 Hektar ist Heimat zahlreicher schützenswerter Vögel. Zu sehen sind sogar Eisvögel und Nachtigallen! Der Weg führt direkt am Wasser entlang und eignet sich bestens für einen vergnüglichen Spaziergang mit der Familie. Auch für Rollstuhlfahrer und Kinderwägen geeignet!

Skulpturengarten von Peter Lenk

Egal ob in Konstanz (Imperia), in Überlingen (Der Bodenseereiter) oder in Radolfzell (Kampf um Europa): Fast überall begegnen Sie den Werken des Bildhauers Peter Lenk und können diese ganz nach Belieben genießen oder verteufeln oder beides. Seine Kunst polarisiert mit Absicht und Recht. Wo, wenn nicht hier, sollten Sie sich mit diesem Zeitgenossen näher befassen, der es immer wieder schafft, mit seinen gesellschaftskritischen Werken die Gemüter zu erregen und die öffentliche Diskussion über Sinn und Unsinn der

Foto: Achim Mende

Foto: Achim Mende

Kunst anzuheizen. Zwar steht hier in Bodman nicht seine Wiege – geboren wurde Lenk nämlich in Nürnberg –, aber die schöne Stadt am Bodensee ist ihm doch Inspirationshort, Tatort und Wahlheimat gleichermaßen. In seinem Skulpturengarten können Sie einen Querschnitt seiner Schaffenskraft bestaunen und ihn sogar persönlich kennen lernen. Und schauen Sie sich diesen Garten bloß nicht nur von außen an, sondern kommen Sie getrost an einem Samstag im Sommer vorbei, optimalerweise bei gutem Wetter, denn dann führt Sie Lenk höchstselbst durch dieses Künstlerparadies! Und keine Sorge, er beißt nicht, das überlässt er seiner Kunst.

Skulpturengarten von Peter Lenk:
Kaiserpfalzstr. 20,
78351 Bodman-Ludwigshafen,
www.peter-lenk.de

Auch an der Außenwand des Seeums (siehe oben) in der Uferanlage in Bodman hat sich Lenk mit dem Relief „Das Narrenschiff" verewigt. Der Künstler hat den tonnenschweren Kalksteinguss in Anlehnung an die gleichnamige Moralsatire von Sebastian Brant (1457-1521) geschaffen, die nach wie vor brandaktuell ist. Es braucht keine große Fantasie, um zu verstehen, was beide Künstler hier vereint. Die Kritik an einer lasterhaften Gesellschaft, die trunken ist von Gier, Neid und Habsucht und sehenden Auges in den Untergang steuert und letztendlich droht, an sich selbst zu zerschellen. Wer sich für die Figuren im Einzelnen interessiert, dem empfehlen wir, sich die Website von Peter Lenk anzuschauen (***www.peter-lenk.de***), dieser lässt nämlich im Grunde gar nicht viel Raum für Spekulation.

Mehr Infos zu **Peter Lenk**

Auch an der Rathauswand finden Sie ein Relief von Peter Lenk aus dem Jahre 2008. Viele spannende Geschichten rund um das Kunstwerk „Ludwigs Erbe" (und das der anderen Lenk-Werke) erfahren Sie während der Führungen vom Touristik-Förderverein Ludwigshafen.

Rathaus: Hafenstraße 5,
78351 Bodman-Ludwigshafen,
Tel. 07773-93000

Im Uferbereich von Bodman gibt es eine weitere Skulptur, die Lenks Handschrift trägt. Kein Wunder, denn sie stammt von seiner Tochter Miriam. Der Name der üppigen Schönheit lautet Yolanda, sie soll das weibliche Schönheitsideal in Frage stellen.

Yolanda: Hafenstraße 4, 78351 Bodman-Ludwigshafen

Urweltmuseum und Torkel

Das Urweltmuseum befindet sich im Torkel, einem Fachwerkhaus aus dem Jahre 1772, in dem früher die Trauben von den umliegenden Weinbergen gepresst wurden. Die Ausstellung ist auch für Kinder interessant, sie dürfen sich hier einmal selbst wie Paläontologen fühlen und in einem Ausgrabungsraum ein Dinosaurier-Skelett ausbuddeln. Das Museum ist ein Ableger des Urwelt-Museums Hauff in Holzmaden. Es genießt große Beachtung bei Forschern auf der ganzen Welt. Es existiert schon seit 1936/37 und entstand aus der Privatsammlung des Naturforschers und Präparators Dr. h. c. Bernhard Hauff, dessen Nachkommen die Sammlung ständig erweitert haben. Es finden sich hier außerordentlich gut erhaltene Fossilien aus dem 180 Millionen Jahre alten Schiefer der Jurazeit: Seelilien, Ammoniten, Belemniten, Fische und Saurier, die in der Fossilfundstätte Holzmaden geborgen wurden.

Urweltmuseum Bodman: Am Torkel, 78351 Bodman-Ludwigshafen, www.urweltmuseum-bodman.de, Tel. 07773-9599830

Die schönsten Hotels

Hotel Villa Linde

In dem schönen und geschmackvollen Hotel kommen gerne die prominenten Gäste des Ortes unter. Es darf ohne Übertreibung das „erste Haus am Platze“ genannt werden, denn Luxus wird hier groß geschrieben. Große, lichtdurchflutete Zimmer mit Traumblick, Wellnessbereich, professionelle Angestellte und ein leckeres Spätaufsteher-Frühstück. Beizeiten buchen!

Hotel Villa Linde: Kaiserpfalzstr. 50, 78351 Bodman-Ludwigshafen, www.seehotelvillalinde.de, Tel. 07773-959930, seehotel_villa_linde

Preiswerte Unterkünfte

Campingplatz Schachenhorn

Wer nicht mit eigenem Zelt oder Caravan kommt, kann hier in gemütlichen, rustikalen Holzhäuschen im Hüttendorf am See übernachten. Die Lage am See und direkt am Bodensee-Fahrradweg ist traumhaft, zu Fuß ist man in etwa 10 Minuten in Ludwigshafen, im Restaurant wartet ein gutes Frühstück. Paddler und Kanuten können den Platz direkt auf dem Wasserweg anfahren!

Schachenhorn: Radolfzeller Str. 23, 78351 Bodman-Ludwigshafen, www.camping-schachenhorn.de, Tel. 07773-9376851, campingplatz_schachenhorn

Die besten Restaurants

Bistro Bootshaus Bodman

Kiosk und Biergarten in einem. Hier gibt es knackige Salate von der Höri mit hausgemachten Dressings und frischen Fisch von der Reichenau. Preiswert und gut! An Regentagen geschlossen.

Bootshaus Biergarten: Seestraße 1, 78351 Bodman-Ludwigshafen, www.bistro-bootshaus.de, Tel. 0151-72486557

Restaurant Bisonstube Bodenwald

Noch nie Bison probiert? Dann gleich ran an die Wurst, die allerdings gerne mal ausverkauft ist! Deftige Steak-Variationen und leckere Salate! Am Freitag finden hier Open-Air-Konzerte statt. Das Ausflugslokal lässt sich gut mit einer schönen Wanderung zur Burgruine Alt-Bodman verbinden.

**Bisonstube Bodenwald:
Bodenwald 1, 78351 Bodman,
www.bisonstube-bodenwald.de,
Tel. 07773-5090**

Café & Bar – Zollhaus

Geeignet für den nachmittäglichen Kaffee- und Kuchengenuss oder für den kleinen Hunger zwischendurch. Historisches Ambiente und nette Bedienung!

**Zollhaus: Hafenstr. 5,
78351 Bodman-Ludwigshafen,
www.zollhaus-ludwigshafen.de,
Tel. 0151-41375227,
zollhaus_ludwigshafen**

Café Hasler

Hervorragendes Essen auf einer schönen Seeterrasse. Probieren Sie die Rinderfiletspitzen mit den gebratenen Serviettenknödel-Medaillons. Auch die geschnetzelte Leber und die Fischgerichte sind prima. Dem Café ist ein Hotel mit 12 Zimmern angeschlossen.

**Cafe Hasler: Kaiserpfalzstr. 65,
78351 Bodman-Ludwigshafen,
www.cafe-hasler.de, Tel. 07773-93070,
hasler_bodman**

Restaurant Blauer Affe

Tipp für Steak- und Schnitzelfreunde. Regionale und saisonal geprägte Küche, ab und zu Themenabende, dann ist eine Reservierung empfehlenswert.

**Blauer Affe: Semantingenstr. 16,
78351 Bodman-Ludwigshafen,
www.blauer-affe-ludwigshafen.de,
Tel. 07773-938373**

s'Äpfle Bistro

Das Lokal des Seehotels Villa Linde ist empfehlenswert für jeden, der für Essen auch gern mal ein bisschen mehr Geld ausgibt. Allein die Anrichtung der Speisen ist ein Genuss. Zu den saisonal geprägten Leckereien ein köstlicher Tropfen von der exquisiten Weinkarte und im Sommer der wundervolle Blick von der Seeterrasse aus. Was braucht es mehr, um glücklich zu sein? Unbedingt reservieren!

**s'Äpfle Bistro: Kaiserpfalzstr. 50,
78351 Bodman-Ludwigshafen,
www.seehotelvillalinde.de,
Tel. 07773-959930,
seehotel_villa_linde**

ERLEBNISSE

Solarfähre

Und da ist sie schon wieder, unsere mehrfach erwähnte Solarfähre Helio, die auch in Bodman vor Anker geht. Auch hier gibt es erlebnisreiche Angebote auf See: Harfenfahrten, Schlemmerausflüge, Tastings und vieles mehr.

Solarfähre Helio: Mühlbachstr. 20, 78351 Bodman-Ludwigshafen, www.solarfaehre.de, Tel. 07773-929315

ZIELE FÜR FAMILIEN

Pfahlbau-Spielplätze

An den beiden Uferanlagen von Bodman und Ludwigshafen warten schöne Abenteuer-Spielplätze, die im „Pfahlbaudorfstil" erbaut wurden und einen Hinweis auf die Bedeutung der Gegend als Fundstelle zahlreicher Pfahlbausiedlungen geben. Die Pfahlbaustation selbst befindet sich hier unter Wasser, einige Schautafeln an den Uferanlagen geben genauere Auskunft.

Welterbe-Pfahlbau-Spielplatz: Parkstraße 4, 78351 Bodman-Ludwigshafen

Bisonzucht

Ein kostenfreies Erlebnis ist ein Spaziergang am Bisongehege entlang, das sich rund um das Hofgut Bodenwald befindet. Hier kann man die gemütlich grasenden Prachtexemplare einmal ganz aus der Nähe betrachten. Nahe der Bisonstube, siehe Restaurants.

Bisonzucht Bodenwald: Bodenwald, 78351 Bodman, www.bisonzuchtbodenwald.com

BADEN, WELLNESS UND WASSERAKTIVITÄTEN

Bodman-Ludwigshafen hat gleich zwei schöne Strandbäder zu bieten!

Naturstrandbad Bodman

Alles da, was man für einen schönen Sommertag am Bodenseeufer braucht: Große Liegewiese, Wasserspielplatz mit Sonnenschutzsegel, Beachvolleyball, Wassertrampolin, Surfschule, SUP und Kanuverleih. Probieren Sie auch die Waterbikes, mit denen man mit einer Art Fahrrad über den See fährt! Sieht recht seltsam aus, macht aber Spaß!

Strandbad Bodman: In Neustückern 4, 78351 Bodman-Ludwigshafen, www.strandbad-bodman.de, Tel. 07773-5408

Strandbad Ludwigshafen

Die Badeanstalt gehört zu den ältesten am Bodensee. Kernstück des Schwimmbads ist der hundertjährige Holzbau mit seinen Umkleidekabinen, der unter Denkmalschutz steht. Ein großes Freizeitangebot wartet hier auf Wassersportler und Wasserratten: flach abfallender Strand mit feinem Kiesel und Sand, Spielturm mit Rutsche, Schaukeln und Sandkasten, Tischtennisplatten, Schwimmfloß und Sprungturm, Stand-Up-Paddling, Kanuverleih, Getränke und die obligatorische Currywurst auf der großen Sonnenterrasse.

Strandbad Ludwigshafen: Seehalde 8, 78351 Bodman-Ludwigshafen, www.strandbad-ludwigshafen.de, Tel. 07773-5116

Boote kann man sich auch an den beiden Uferanlagen ausleihen!

KULINARISCHES

Bodenseebar

Die Bar ist schon seit 1978 Kult. Hier trifft man sich auf einen Dämmerschoppen oder zum Sportgucken. Mit Kicker, Pool-Billard und Dart!

Bodenseebar: Hauptstr. 2, 78351 Bodman-Ludwigshafen, www.bodenseebar.de, Tel. 07773-7608, bodenseebar_ludwigshafen

Gelão – Eismanufaktur

Hier muss sich kein Allergiker Gedanken machen! Das in Handarbeit hergestellte Eis mit frischem Obst aus dem Umland wird ausschließlich aus Demeter Heumilch hergestellt. Guter Kaffee!

Gelao Eismanufaktur: Sernatingenstraße13 (Ludwigshafen) und Kaiserpfalzstraße 44 (Bodman), 78351 Bodman-Ludwigshafen, www.gelao-eis.de, Tel. 0176-46793668, gelao_eis

AUSFLUGSZIELE IN DER REGION: KURZTRIPS AM SEE

NORDOSTEN: ÜBERLINGEN – MEERSBURG – FRIEDRICHSHAFEN

Überlingen

Ca. 1 Autostunde von Konstanz entfernt, mit Fuß und Fähre in 3 h zu bewältigen, Bus- und Bahnanbindungen vorhanden.

Wichtige Adressen und Kontakte in Überlingen

Krankenhaus:

Helios Spital Überlingen:
Härlenweg 1, 88662 Überlingen,
www.helios-gesundheit.de,
Tel. 07551-94770

Apotheken (Auswahl):

St. Johann-Apotheke:
Sankt-Johann-Straße 16,
88662 Überlingen,
www.apotheke-ueberlingen.de,
Tel. 07551-1012

Münster-Apotheke:
Münsterstraße 1, 88662 Überlingen,
www.muenster-apotheke-ueberlingen.de,
Tel. 07551-63329

Löwen-Apotheke: Maurus-Betz-Straße 2,
88662 Überlingen, Tel. 07551-944777,
www.loewenapo-ueberlingen.de

Polizei

Polizeirevier Überlingen:
Mühlenstraße 16, 88662 Überlingen,
Tel. 07551-8040

Touri-Info

Tourist-Information Überlingen:
Landungsplatz 3-5, 88662 Überlingen,
www.ueberlingen-bodensee.de,
Tel. 07551-9471522

Taxi-Zentrale

Tel. 07551-5111

Die Kurstadt Überlingen versetzt ihre Besucher mit südlichem Flair und badischer Gemütlichkeit sofort in frohe Urlaubsstimmung. Was gibt es Schöneres, als an einem sonnigen Tag die kilometerlange Seepromenade entlang zu schlendern, den glitzernden Bodensee mit seinen weißen Segelschiffen auf der einen Seite, und auf der anderen mondäne Restaurants und Cafés, umgeben von duftenden Blumenbeeten und blühenden Grünanlagen vor der Kulisse einer malerischen Altstadt mit historischen Baudenkmälern.

Kein Wunder, dass die Überlinger so stolz sind auf ihre Stadt, die nicht erst seit der Landesgartenschau im Jahre 2022 zu den blühendsten Städten am Bodensee zählt.

Am besten laufen Sie von der Seepromenade aus durch den Kurgarten und gelangen dann zum wunderschönen Stadtgarten. Das Münster und das Rathaus, sowie das ehemalige Warenlager „Greth" sollten Sie sich ebenfalls anschauen und auch der rund um die Altstadt verlaufende Stadtgraben ist einen genaueren Blick wert. Mit seinen in den Sandstein geschlagenen Schluchten ist er ein bemerkenswertes Beispiel des Wall- und Festungsbaus.

Kurgarten Überlingen:
Christophstraße, 88662 Überlingen

Stadtgarten Überlingen:
Bahnhofstraße, 8662 Überlingen

St.-Nikolaus-Münster:
Münsterpl. 1, 88662 Überlingen

Warenlager Greth:
Landungsplatz 14, 88662 Überlingen

Auch das Städtische Museum ist einen Aufenthalt wert, mit seiner Jahrtausende umspannenden Kunst- und Kulturgeschichte zählt es zu den größten seiner Art am Bodensee. 1913 zog die Sammlung in ein spätgotisches Patrizierhaus um, das schon rein optisch Eindruck schindet. Wie ein Märchenschloss thront es auf dem höchsten Hügel der Überlinger Altstadt, sodass der Panoramagarten einen weiten Blick über den Bodensee und die mittelalterliche Stadt zulässt. Das Museum bietet Stoff für verschiedenste Interessen, ob mit Regionalgeschichte, Waffen- oder Wunderkammer. Willkommen im Kuriositätenkabinett! Im Saal finden außerdem regelmäßig Kulturveranstaltungen statt. Die angedeutete Wohnatmosphäre vermittelt fast das Gefühl, dass die ehemaligen Bewohner das Haus nie verlassen hätten. Da bekommt man glatt Lust, selbst einzuziehen! Je nach Körpergröße vielleicht sogar in eine der ausgestellten Puppenstuben, die sich hier zu einer der größten Sammlungen Deutschlands zusammenfinden.

Städtisches Museum Überlingen:
Krummebergstr. 30, 88662 Überlingen,
www.museum-ueberlingen.de,
Tel. 07551-991079,
Museum geöffnet:
Di.–Sa.: 9-12.30 Uhr und 14-17 Uhr,
So. und feiertags.: 10-15 Uhr

Kulinarik vom Feinsten

Genussmenschen haben mit Überlingen einen Volltreffer gelandet. Auf den Speisekarten stehen unter anderem Wild-, Rind- und Kalbfleisch-Gerichte, saure Kutteln mit Bratkartoffeln, hausgemachte Spätzle und Dinnele und je nach Saison feiner Spargel und köstliche Schlachtplatten. Auch der Weinanbau hat in Überlingen eine lange Tradition. Die Weinberge sind größtenteils dem See zugewandt und bringen ganz hervorragende Tropfen hervor. Eine Weinprobe bei dem prämierten Weingut Kress ist ratsam.

Weingut Kress KG:
www.weingut-kress.de,
Tel. 07551-65855, weingut_kress

Die schönsten Hotels

Bad Hotel –
Seerestaurant Rotunde

Das Hotel befindet sich direkt am See und ist eingebettet in eine herrliche Gartenanlage. Dank seines charmanten Personals und der bemerkenswerten Küche wurde es vom Connoisseur Circle prämiert und gehört seitdem offiziell zu den „besten Hotels am Wasser". Das Seerestaurant Rotunde bietet regionale Küche mit fein arrangiertem Bodenseefisch, Wild und köstlichen Schlemmerbuffets. In der kürzlich renovierten, komplett neu gestalteten Villa Seeburg befindet sich unter anderem eine exklusive Spa- und Fitnessanlage, die auch privates Fitnesstraining im Angebot hat.

Bad Hotel Überlingen:
Christophstr. 2, 88662 Überlingen,
www.bad-hotel-ueberlingen.de,
Tel. 07551-8370,
bad_hotel_ueberlingen

Johanniter Kreuz Romantik Hotel

In der idyllischen Dorfgemeinde Andelshofen bei Überlingen versteckt sich ein schönes Romantikhotel. Jahrhundertelang war der ehemalige Bauernhof von Rittern des Johanniterordens bewirtschaftet, heute werden hier Genießer, Golfspieler und Wellnessfreunde nach allen Regeln der Hotellerie-Kunst verwöhnt. Familie Liebich betreibt ihr Hotel schon in vierter Generation und mit einem guten Händchen für stilvolle Zimmergestaltung. Daneben darf ein gut geführtes Restaurant natürlich nicht fehlen: In den ehemaligen Ritterstallungen befindet es sich, passend im rustikalen Landhausstil mit altem Gebälk und Kamin. Hier kocht Andreas Liebich regionale Speisen oder raffinierte, anspruchsvolle Gerichte, die man freudvoll verspeisen darf. Sämtliche Speisen und auch die Weinauswahl sind überzeugend.

Johanniter Kreuz Romantik Hotel:
Johanniterweg 11, 88662 Überlingen,
www.johanniter-kreuz.de,
Tel. 07551-937060,
hoteljohanniterkreuz

Die besten Restaurants

Landgasthof Adler

Der Landgasthof befindet sich im Dorfkern von Lippertsreute, einem kleinen Ort im hübschen Linzgau. Der Abstecher ins badische Hinterland lohnt sich: Man genießt authentische Heimatküche und speist in einem liebevoll restaurierten, über 300 Jahre alten Fachwerkhaus.

Landgasthof Adler:
Hauptstraße 44, 88662 Lippertsreute,
www.adler-lippertsreute.de,
Tel. 07553-82550,
adlerlippertsreute

Ristorante Arena

Für Liebhaber der italienischen Küche ist das Arena im ersten Stock des historischen Speicherhauses „Greth" die erste Wahl. Ein aufmerksames Personal serviert hausgemachte Pasta, perfekte Steinofen-Pizzen und delikate Fisch- und Fleischgerichte. Das Lokal eignet sich auch für größere Gruppen und wird gerne für besondere Anlässe und rauschende Familienfeste gebucht.

Ristorante Arena:
Landungsplatz 14, 88662 Überlingen,
www.arena-ristorante.de,
Tel. 07551-916326,
www.facebook.com/arenaristorante

Restaurant Bürgerbräu

Das Traditionslokal im Fachwerkhaus ist schon seit langem eine zuverlässige Adresse. Chefkoch Simon Metzler bringt frischen Schwung in Althergebrachtes und kombiniert Fisch und Fleisch von hoher Qualität mit schmackhaftem Gemüse und hausgemachten Spätzle. Ein Bodensee-Apfelschlupfer sollte noch hineinpassen – lauwarm serviert mit Zimtzucker und Vanillesauce, einfach ein Traum!

Restaurant Bürgerbräu:
Aufkircher Str. 20, 88662 Überlingen,
www.bb-ueb.de,
Tel. 07551-92740,
speisekammer_im_buergerbraeu

Erlebnisse und Aktivitäten

ERLEBNISSE

Überlinger Fasnet: Narretei mit Tradition

Wenn Sie die Fastnacht lieben, sollten Sie unbedingt einmal die Überlinger Fasnet erleben, allem voran das berühmte Narrenbaumsetzen am „Schmotzigen" Donnerstag und natürlich den legendären Fastnachts-Umzug. Besonders eindrucksvoll ist der so genannte Hemdglonkerumzug am Rosenmontag, wenn hunderte weiß gekleidete Gestalten in Nachthemd und Zipfelmütze durch die Altstadt ziehen. Alle Infos zum Überlinger Narrentreiben finden Sie hier: ***www.alemannische-seiten.de***

Alle Infos zum **Überlinger Narrentreiben**

Entspanntes Picknick

Bisher war ein romantisches Picknick im Urlaub eine aufwändige Sache. Man musste einkaufen gehen, Rucksack packen und Wanderwege mit tollen Aussichtspunkten heraussuchen. Mit dem Überlinger „Picknick-Rucksack" entfallen all diese Vorbereitungen. Gemeinsam mit der Vinogreth hat die Touristen-Info Überlingen alles zusammengepackt und bietet den Gästen neuerdings Picknickrucksäcke an, die mit Picknickmenüs und feinen Weinen aus der Region ausgestattet sind. Auch Gläser, Besteck und Tourenvorschläge sind mit im Gepäck (ca. 50 Euro für 2 P.).

Weitere Infos: ***www.ueberlingen-bodensee.de/picknick-rucksack***

Mehr Infos zu **Picknick in Überlingen**

Andreashof

Wir haben es herausgefunden: das Märchen vom Geheimen Garten ist wahr. Nur befindet sich dieser nicht in England, sondern in Überlingen. Hier liegt es, das versteckte Gartenparadies voller Kräuter, Bäume, Sträucher und Rosen. Und auch die geheimnisvolle Heilwirkung aus dem Märchen bleibt nicht aus, denn hier wächst die so genannte „Lichtwurzel" Shan Yao aus der chinesischen Medizin. Mit dem Zusatz von Lichtyam stellt der Andreashof Naturkosmetik her, die neben hochwertigen Bio-Lebensmitteln im Hofladen erworben werden kann.

Andreashof: Kirchgasse 35, 88662 Überlingen, www.lichtyam.de, Tel. 07551-947470, lichtyam

BADEN, WELLNESS UND WASSERAKTIVITÄTEN

Bodensee-Therme

Raus aus dem warmen Thermalwasser und rein in den erfrischenden Bodensee! Der direkte Seezugang mit eigenem Badestrand macht dies möglich. Neben einer Saunalandschaft und Wassergenuss im mineralhaltigen Nass aus 1006 Metern Tiefe punktet die Therme mit Gastlichkeit. Gäste haben die Wahl zwischen drei Restaurants. Neben der obligatorischen Currywurst im SB-Bereich gibt es auch gesunde Köstlichkeiten im gemütlichen Saunarestaurant oder herzhafte Heimatküche im A la Carte-Restaurant – Seeblick inklusive.

Therme Überlingen:
Bahnhofstr. 27, 88662 Überlingen,
www.bodensee-therme.de,
Tel. 07551-301990, bodensee.therme

KULINARISCHES

Bar im Hotel zur Krone

Die Bar des beliebten Restaurants „Zur Krone" bietet Feierstimmung und zackigen Service unter altem Deckengewölbe. Platzangst sollte man nicht haben, in der stark frequentierten Bar kann es mitunter recht eng werden.

Gasthaus „zur Krone":
Münsterstraße 10, 88662 Überlingen,
www.krone-ueberlingen.de,
Tel. 07551-919944,
www.facebook.com/kroneueberlingen

Fischhaus Löwenzunft

Bestimmt interessiert es Sie, was in den Netzen der Bodensee-Fischer an Seetieren so alles zappelt. Das Fischhaus Löwenzunft im Herzen der Überlinger Altstadt bietet dazu Gelegenheit. Jeden Morgen fährt der Chef mit Sohn noch vor Tagesanbruch auf den See hinaus, um die Netze und Reusen einzuholen und den Fang gleich an Bord auf Eis zu legen. Schon ein paar Stunden später werden die fangfrischen Tiere dann in der Fischhalle in Unteruhldingen und im eigenen Laden zum Verkauf angeboten.

Fischhaus Löwenzunft:
Hofstatt 7, 88662 Überlingen,
www.knoblauch-bodensee.de,
Tel. 07551-949025

Salem

Ca. 1 Autostunde von Konstanz entfernt, 15 Autominuten von Überlingen.

Wichtige Adressen und Kontakte in Salem

Apotheken:

Rats-Apotheke:
Bahnhofstraße 1, 88682 Salem,
Tel. 07553-8773

Schlossee Apotheke:
Schlossallee 32, 88682 Salem,
Tel. 07553-8285600

Polizei

Polizeiposten Salem:
Schloßseeallee 33, 88682 Salem,
www.ppravensburg.polizei-bw.de,
Tel. 07553-826

Touri-Info

Bodensee-Linzgau Tourismus e.V:
Am Schlosssee 1, 88682 Salem,
www.bodensee-linzgau.de,
Tel. 07553-823780,
bodenseelinzgautourismus

Etwa 15 Autominuten von Überlingen entfernt liegt die Gemeinde Salem, die nicht nur als Internatsadresse bekannt ist, sondern einige bemerkenswerte Sehenswürdigkeiten zu bieten hat.

Sehenswürdigkeiten

Schloss Salem

Eine üppig grüne Gartenlandschaft umrahmt das Schloss Salem, das einstmal ein Kloster der Zisterzienser war. „Ora et labora" heißt es hier noch heute, denn als Internatsschule bietet es seit 1920 Raum für lernwillige (und in der Regel gut situierte) junge Menschen. Nachdem die Reichsabtei Salem im 12. Jahrhundert ins Leben gerufen wurde und 1802 an den Marktgrafen von Baden gelangte, der auch die Gründung der Schule veranlasste, waltet hier heute das Land, genauer gesagt die staatlichen Schlösser und Gärten Baden-Württembergs.

Man erkennt sofort, dass dieses Kloster einst zu den wohlhabendsten und bedeutendsten Abteien gehörte. Allein das gotische Münster mit seinen prachtvollen Stuckaturen und Malereien ist einen Besuch wert. Vergessen Sie nicht, auch

den pompösen Kaisersaal und das Münzkabinett des Schlosses zu besuchen, das den Äbten als Audienzzimmer diente. Man kann sich gut vorstellen, welch gewaltigen Eindruck dieser Raum auf die Wartenden gemacht haben muss. Alles hier strahlt Macht und Würde aus und es empfiehlt sich, für die gesamte Anlage und die dazu gehörigen Museen durchaus einen halben Tag einzuplanen und noch besser eine der Führungen zu buchen.

Kloster und Schloss Salem:
Schlossbezirk, 88682 Salem,
www.salem.de, Tel. 07553-9165336,
schloesser_bawu

Feuchtmayermuseum

Auf Ihrer Bodensee-Reise werden Sie öfters den Werken von Joseph Anton Feuchtmayer begegnen, der zu den bedeutendsten Stuckateuren, Kupferstechern, Bild- und Altarbauern des Rokoko zählt. Hier in Salem haben Sie die Möglichkeit, sein Wohnhaus und auch seine Werkstatt zu besichtigen, in der unter anderem die Auftragsarbeiten für die Salemer Reichsabtei entstanden sind.

Feuchtmayermuseum:
Tüfinger Str. 10, 88682 Salem,
www.feuchtmayermuseum.de,
Tel. 07553-7683,
feuchtmayermuseum

Die besten Restaurants

Reck's Hotel Restaurant

Nach so viel Kunst- und Kulturgenuss wird es Zeit, sich wieder um das leibliche Wohl zu sorgen. Gleich gegenüber dem Bahnhof findet man das „Reck's Hotel-Restaurant", ein Kleinod für Schöngeister. In der Küche schwingt eine Schülerin von 3-Sterne-Koch Dieter Müller den Kochlöffel. Alexandra Reck setzt auf saisonale Heimatküche und beweist, dass schonende Zubereitung dem Geschmack in keiner Weise abträglich ist.

Reck's Hotel Salem:
Bahnhofstraße 111, 88682 Salem,
www.recks-hotel.de, Tel. 07553-201

Erlebnisse und Aktivitäten

ERLEBNISSE

Tipp für Wanderfreunde – die lieben Sieben

Einen der besten Aussichtspunkte und herrliche Spazier- und Wanderwege bietet der Luftkurort Heiligenberg nördlich von Salem (ca. 15 Autominuten). Auf der Amalienhöhe stehen sieben Lindenbäume, die 1843 zur Silberhochzeit des Fürstenpaarens Karl Egon II. und Amalie von Baden gepflanzt wurden, einer für jedes ihrer Kinder.

Störche auf dem Affenberg

Foto: Achim Mende

Das Schloss Heiligenberg ist ebenfalls einen Ausflug wert. Es handelt sich um einen prächtig ausgestatteten Renaissancebau aus dem 16. Jahrhundert.

Gemeinde Heiligenberg:
Schulstraße 5, 88633 Heiligenberg,
www.heiligenberg.de,
Tel. 04975-54998312

ZIELE FÜR FAMILIEN

Affenberg Salem

Sie lieben Affen? Oder haben Kinder, die Affen lieben? Dann nichts wie hinauf zum berühmten Salemer Affenberg, dem größten Affenfreigehege Deutschlands. Rund 200 neugierige Berberaffen rücken den Besuchern zu Leibe. Winterpause beachten!

Affenberg Salem:
Mendishauser Hof, 88682 Salem,
www.affenberg-salem.de,
Tel. 07553-381, affenbergsalem

KULINARISCHES

Schnapsbrennerei Senft

Sie haben noch kein Mitbringsel für Ihre Freunde zuhause? Dann dürfte die Schnapsbrennerei Senft eine passende Adresse für Sie sein. Das Familienunternehmen steht für edle Obstbrände aus handverlesenen Früchten und bietet auch interessante Führungen und Degustationen an. Im Verkaufsraum stehen die begehrten Tropfen in Reih und Glied: Liköre, Wodka, Gin, Whisky und Rum vom Bodensee.

Senft Destillerie:
Dorfbachstr. 10, 88682 Salem,
www.senft-destillerie.de,
Tel. 07553-8831, senft_destillerie

Uhldingen-Mühlhofen

Ca. 15 Autominuten von Überlingen.

Wichtige Adressen und Kontakte in Uhldingen-Mühlhofen

Apotheken:

Kloster Apotheke: Aachstraße 29, 88690 Uhldingen-Mühlhofen, www.apotheken-drbraun.de, Tel. 07556-5356

Touri-Info:

Tourist-Information Uhldingen: Ehbachstraße 1, 88690 Uhldingen-Mühlhofen, www.seeferien.com, Tel. 07556-9216, seeferien_bodensee

Sehenswürdigkeiten

Etwa 15 Autominuten von Überlingen entfernt gelangt man zur Gemeinde Uhldingen-Mühlhofen, deren Hauptattraktion das Pfahlbaumuseum ist. Besucher können in einer nachgebauten Pfahlbausiedlung auf dem Bodensee und im Museum Funde und Repliken aus der Stein- und Bronzezeit bewundern. Kaum irgendwo lässt sich das Leben der Menschen jener Zeit eindrucksvoller nacherleben als in diesem Freilichtmuseum, das schon seit 1922 existiert und UNESCO-Weltkulturerbe ist.

Pfahlbaumuseum Unteruhldingen: Strandpromenade 6, 88690 Uhldingen-Mühlhofen, www.pfahlbauten.de, Tel. 07556-928900, pfahlbauten.official

Die besten Restaurants

Basilika Birnau

Zwischen Uhldingen-Mühlhofen und Nußdorf befindet sich die ungelogen schönste Barockkirche am Bodensee, die als „Basilika Birnau" bekannte Marienkirche. Sie zählt zu den wichtigsten barocken Wallfahrtskirchen der Region und gehörte einst zum Kloster Salem, weshalb wir auch hier wieder auf den Rokoko-Künstler Joseph Anton Feuchtmayer treffen, von dem die reichen Ausschmückungen stammen. Auch eine seiner berühmtesten Arbeiten finden wir hier: den „Honigschlecker". Die Figur des Honig naschenden Knaben ist eine Hommage an den Heiligen Bernhard von Clairvaux, der aufgrund seiner ungeheuren Redebegabung den Spitznamen „Doctor Mellifluus" (honigfließender Lehrer) innehatte.

Basilika Birnau: Birnau-Maurach 5, 88690 Uhldingen-Mühlhofen, www.birnau.de, Tel. 07556-92030

Restaurant Seehof

In der Nähe der Pfahlbauten und direkt am Yachthafen befindet sich das Hotel Seehof. Angeboten werden karibische Spezialitäten und badische Klassiker wie Zwiebelrostbraten oder in Butter gebratene Filets von diversen Bodensee-Fischen mit knackigen Reichenau-Salaten.

Hotel Seehof: Seefelder Str. 8, 88690 Uhldingen-Mühlhofen, www.hotel-seehof.com, Tel. 07556-92930, seehofuhldingen

Restaurant Seehalde

2015 wurde die „Seehalde" unter die 40 besten Restaurants Deutschlands mit Aussicht gewählt und nach wie vor geben die Brüder Markus und Thomas Gruler alles, um den hohen Standard zu wahren. Neben fabelhaften Klassikern finden sich Highlights wie etwa Fasanenbrüstchen aus heimischer Jagd mit Entenleber auf Winzerkraut mit gerösteten Semmelknödeln.

Hotel Restaurant Seehalde: Birnau-Maurach 1, 88680 Uhldingen-Mühlhofen, www.seehalde.de, Tel. 07556-92210, hotelseehalde

Meersburg

Ca. 45 Autominuten von Konstanz, 15 Minuten mit der Fähre

Wichtige Adressen und Kontakte in Meersburg

Apotheken (Auswahl):

Hofapotheke:
Marktpl. 4, 88709 Meersburg,
www.hofapotheke.info,
Tel. 07532-6052

Neue Apotheke:
Kirchstraße 6, 88709 Meersburg,
www.apotheke-meersburg.de,
Tel. 07532-6193

Polizei

Polizeiposten Meersburg:
Daisendorfer Str. 26/28,
88709 Meersburg, Tel. 07532-43443

Touri-Info

Gästeinformation Meersburg:
Kirchstraße 4, 88709 Meersburg,
www.meersburg.de, Tel. 07532-440400

Foto: Achim Mende

Foto: Achim Mende

Hinkommen? Am besten mit der Fähre Konstanz – Meersburg

Ausblick und Seewind genießen Passagiere der Autofähre bei der etwa viertelstündigen Fahrt über den Bodensee. Die „Schwimmende Brücke“ verbindet seit fast einem Jahrhundert die Städte Meersburg und Konstanz. Während die Gäste mit dem Fahrrad, PKW oder zu Fuß übersetzen, können sie die Sicht auf das Bodenseeufer und die Alpen auskosten. Tipp: Seit 2023 gibt es vergünstigte Familientickets und Fahrkarten können an Bord erworben werden. Fahrplan und Weiteres finden sich auf der Webseite.

Fähre Konstanz-Meersburg:
Schiffstraße 41, 78464 Konstanz,
www.stadtwerke-konstanz.de/faehre,
Tel. 07531-8030, stadtwerkekonstanz

Sehenswürdigkeiten

Das romantische Städtchen Meersburg gehört sicherlich zu den schönsten Touristenzielen am Bodensee und darf in keinem Sightseeing-Programm fehlen. Die kleinen Gassen und Fachwerkhäuser rund um das Alte und Neue Schloss sind zum Verlieben und man kann sich gut vorstellen, dass es schon etlichen Filmproduzenten genauso erging. An die 40 Spielfilme wurden in Meersburg schon gedreht, insbesondere „Die Fischerin vom Bodensee", die in den 1960er Jahren Kultstatus erlangt hat und einen regelrechten Touristen-Boom in dem kleinen Städtchen ausgelöst hat.

Neues Schloss Meersburg:
Schlossplatz 12, 88709 Meersburg,
www.neues-schloss-meersburg.de,
Tel. 07532-8079410,
schloesser_bawu

Sie wandeln hier auf den Spuren etlicher Berühmtheiten wie Heinz Rühmann, Johannes Heesters, Marika Rökk und Heinz Ehrhardt. Die bekannteste Bewohnerin von Meersburg dürfte allerdings Annette von Droste-Hülshoff gewesen sein, die zu den bedeutendssten deutschsprachigen Dichtern des 19. Jahrhunderts zählt. Die letzten Jahre ihres Künstlerlebens verbrachte sie in der Meersburg. Ihr Sterbezimmer sowie einige Teile der noch bewohnten Burg dürfen besichtigt werden und auch das Grab kann man sich anschauen, auf dessen schlichtem, elegantem Grabstein eine besonders schöne Version des Familienwappens mit dem fliegenden Fisch eingemeißelt ist.

Burg Meersburg:
Schloßpl. 10, 88709 Meersburg,
www.burg-meersburg.de,
Tel. 07532-80000, burg_meersburg

Fürstenhäusle

Die Wohnung und das Sterbezimmer von Annette von Droste-Hülshoff haben Sie nun schon gesehen – Dann bleibt noch das schöne Fürstenhäusle, das sich die Dichterin als inspirierenden Rückzugsort von ihrem ersten größeren Honorar geleistet hat und in dem heute ein schönes Museum mit privaten Gegenständen und Originalhandschriften untergebracht ist. Von ihrem geliebten „Schwalbennest" hatte sie einen Ausblick, den sie selbst als „fast zu schön" beschrieb.

Fürstenhäusle Droste Museum:
Stettener Str. 11, 88709 Meersburg,
www.fuerstenhaeusle.de,
Tel. 0732-6088

Staatsweingut Meersburg

Dem Droste-Haus zugehörig war früher ein Weinberg, der heute dem Meersburger Staatsweingut gehört. Das Andenken der weinbegeisterten Künstlerin wird mit einem feinen Annette-Cuvée geehrt, ein mediterran anmutender und charaktervoller Tropfen mit wenig Säure und dunkler Farbe.

Diesen und natürlich viele preisgekrönte Weine können Sie sich bei diversen Weinproben zu Gemüte führen. An warmen Tagen ist die Stehweinprobe im Reithof zu empfehlen, die von den Wein-Experten gewitzt moderiert wird. Noch spezieller ist die Weinprobe im historischen Holzfasskeller aus dem Jahre 1720, der sich im ehemaligen Stadtgraben von Meersburg befindet und Deutschlands einziger Weinkeller mit Seeblick ist.

Staatsweingut Meersburg:
Seminarstraße 6, 88709 Meersburg,
www.staatsweingut-meersburg.de,
Tel. 07532-446744,
staatsweingutmeersburg

Neues Schloss

Neben dem Rathaus und der Stadtkirche Mariä Heimsuchung ist auch der Besuch des Neuen Schlosses lohnenswert. Hier begegnen Sie einem weiteren Prominenten. Die Rede ist von Johann Balthasar Neumann (1687–1753), einem der bedeutendsten Baumeister des Barock und Rokoko, der in der fürstlichen Residenz für den Bau des Treppenhauses zuständig war. Die prächtige, zweiflügelige Treppenanlage ist ein musterhaftes Beispiel für den pompösen Baustil jener Epoche. Fast ebenso beeindruckend sind der Festsaal und die stattliche Sammlung von herrschaftlichen Gebrauchsgegenständen.

Neues Schloss Meersburg:
Schloßpl. 12, 88709 Meersburg,
www.neues-schloss-meersburg.de,
Tel. 07532-4404900

Die schönsten Hotels

Romantik-Hotel Residenz

Das Interieur des Romantik-Hotels Residenz in Meersburg besitzt einen sehr modernen, künstlerischen Touch. Selbst wer nicht wegen des namenhaften Hotelrestaurants gekommen ist, darf sich in dem zweiten hauseigenen Restaurant über eine Bewirtung und Küche allererster Güte freuen. Neben dem Kulinarischen ist auch die zugewandte, familiäre Freundlichkeit der Gastgeber tadellos. Gönnen Sie sich die Suite mit Terrasse und genießen Sie eine Flasche in oder aus der Weinbar- der Weinkeller lässt nichts vermissen.

Romantikhotel Residenz am See:
Uferpromenade 11, 88709 Meersburg,
www.hotel-residenz-meersburg.com,
Tel. 07532-80040,
romantikhotelresidenzamsee

Foto: Achim Mende

Die besten Restaurants

Restaurant Casala

Alles ART hier! Dies betrifft nicht nur das Arrangement der Speisen auf dem Teller, sondern auch das Mobiliar des Edelrestaurants. Maitre Markus Philippi – ein Schüler von Harald Wohlfahrt übrigens – hat schon alle erdenklichen Preise und Auszeichnungen abgeräumt. Das Essen schmeckt und ist wirklich sehr gut.

Romantikhotel Residenz am See:
Uferpromenade 11, 88709 Meersburg,
www.hotel-residenz-meersburg.com,
Tel. 07532-80040,
romantikhotelresidenzamsee

Erlebnisse und Aktivitäten

ERLEBNISSE

Das Vineum

Die jüngste Attraktion in Meersburg ist das Vineum Bodensee, das im ehemaligen Spital der Stadt untergebracht ist. In dem historischen Baudenkmal ist ein Erlebnishaus entstanden, in dem selbst versierte Weinliebhaber noch einiges dazu lernen können.

Vineum Bodensee:
Vorburggasse 11, 88709 Meersburg,
www.vineum-bodensee.de,
Tel. 07532-440260

EVENTS

Mittelalterfest

Jedes Jahr wird auf der Meersburg das Mittelalter zum Leben erweckt. Dann ziehen in das alte Gemäuer wieder Burgfräulein, Minnesänger, Marktschreier, Handwerker und Knappen ein. Die Burg sowie der ganze Ort sind prädestiniert für lebendiges Historienfeeling.

Mehr Infos hier:
www.burg-meersburg.de und
www.mittelalter-meersburg.de
bzw. ***www.mittelalter.meersburg***

BADEN, WELLNESS UND WASSERAKTIVITÄTEN

Meersburg-Therme

Die Therme Meersburg ist zu jeder Jahreszeit einen Besuch wert. Im Sommer ist Freibad-Saison mit mediterranem Strandbad-Ambiente und im Winter wärmt der Thermalbereich die Badegäste auf. Ganzjährig sind die einzigartigen Pfahlbausaunen zum Freiluftsaunieren geöffnet.

Therme Meersburg:
Uferpromenade 10-12,
88709 Meersburg,
www.meersburgtherme.de,
Tel. 07532-4402850,
meersburg_therme

KULINARISCHES

Weingut Geiger

Am Ortsrand von Meersburg liegt zwischen Rebhängen und Obstplantagen das Weingut Thomas Geiger, das schon mehrere Gold und Silbermedaillen abgeräumt hat. Die Feriengäste residieren in idyllisch gelegenen 3-5 Sterne-Wohnungen und haben die Wahl zwischen stylisch-modernem Ambiente oder rustikalem Landhausstil. Zumeist mit der Nebenwirkung, dass so mancher Spaziergang im Meersburger Hofladen endet oder in Edi's Besenwirtschaft. Hier kann man sich durch das Repertoire der jüngsten Edeltropfen trinken und so manchen Newcomer entdecken, der schon morgen seinen Platz in der Spitzengastronomie einnehmen wird.

Weingut Geiger: Baitenhauser Straße,
88709 Meersburg-Riedetsweiler,
www.weingut-geiger.de,
Tel. 07532-9856,
www.weingut-geiger.de,
weingut.thomas.geiger

Bäckerkurse im Hotel

Hobby-Bäcker können im Romantik-Hotel Residenz einen Kurs bei einer der besten Patissiers des Landes belegen. Die Konditorin Alexandra Lang ist eine Koryphäe auf dem Gebiet der süßen Versuchung und hält etliche Tipps und Tricks bereit, wenn es um das Zubereiten von Desserts, Kuchen und Pralinen geht. Es ist eine wahre Freude, die Zuckerbäckerin in ihrem Element zu erleben.

Romantikhotel Residenz am See:
Uferpromenade 11, 88709 Meersburg,
www.hotel-residenz-meersburg.com,
Tel. 07532-80040,
romantikhotelresidenzamsee

KUNST UND KULTUR

Rotes Haus – Galerie Bodenseekreis

Neue Impulse im Blick auf die regionale Kunst gibt das Rote Haus in Meersburg. Moderne und zeitgenössische Kunst des 20./21. Jahrhunderts in der Region Bodensee- Oberschwaben und die Kunstsammlung des Bodenseekreises stehen im Mittelpunkt der Präsentationen, die das Barockpalais am Meersburger Schlossplatz in wechselnden Ausstellungen zur Schau stellt.

Galerie Bodenseekreis im Roten Haus:
Schlossplatz 13, 88709 Meersburg,
www.galie-bodenseekreis.de,
Tel. 07532-494129

Ausflugs-Tipp Hagnau – ein einziger Obstgarten

So manchem ruhesuchenden Urlauber mag es in Meersburg grade im Sommer ein wenig zu touristisch sein. Für jene empfiehlt sich ein Ausflug in das stille Winzer- und Fischerdorf Hagnau, das eingebettet zwischen riesigen Obst- und Weingärten zu ausgedehnten Spaziergängen lockt.

Die schönsten Hotels

Boutiquehotel Zur Winzerstube

Quartieren Sie sich am besten im Boutique-Hotel „Zur Winzerstube" ein, wenn möglich mit einem privaten Balkon zur Seeseite hin. Sie werden den Komfort und vor allem die Aussicht genießen. Sollten Sie Interesse an einer Massage haben, buchen Sie diese im Voraus, kurzfristig ist meist nichts mehr zu kriegen. An kalten Tagen empfiehlt sich die Hot-Stone Behandlung!

Zur Winzerstube:
Seestraße 1, 88709 Hagnau,
www.zur-winzerstube.de,
Tel. 07532-494860,
winzerstubehagnau

Die besten Restaurants

Gasthaus Seeblick

Schöner kann man den Sonnenuntergang kaum erleben als im Gasthaus Seeblick mit eigenem Bootsanleger. 2-Hauben-Koch Robert Heinzelmann leitet das zugleich regional verwurzelte und international inspirierte Küchengeschehen. Herzliche Bewirtung und ordentliche Portionen!

Restaurant Seeblick:
Seestraße 11, 88709 Hagnau,
www.seeblick-hagnau.de,
Tel. 07532-6282,
seeblick.hagnau

Immenstaad

Knappe 15 Autominuten von Meersburg oder Friedrichshafen

Wichtige Adressen und Kontakte in Immenstaad

Apotheken:

See-Apotheke-Immenstaad:
Wattgraben 11, 88090 Immenstaad,
www.see-apotheke-immenstaad.de,
Tel. 07545-6736

Rathaus-Apotheke:
Hauptstraße 28, 88090 Immenstaad,
www.apotheke-immenstaad.de,
Tel. 07545-1355

Immenstaad/Kressbronn am Bodensee

Seeufer in Immenstaad

Polizei

Polizeiposten Immenstaad:
Dr.-Zimmermann-Straße 1,
88090 Immenstaad,
www.ppravensburg.polizei-bw.de

Touri-Info

Touristeninformation Immenstaad:
Dr.-Zimmermann-Straße 1,
88090 Immenstaad,
www.immenstaad-tourismus.de,
Tel. 07545-201-3700

Strand- und Hallenbad Aquastaad:
Strandbadstr. 1, 88090 Immenstaad,
www.aquastaad.de, Tel. 07545-901313

Heimatmuseum Immenstaad:
Montfortstr. 13, 88090 Immenstaad,
www.heimatverein-immenstaad.de,
Tel. 07545-557

Die schönsten Hotels

Ferienwohnpark Immenstaad

Wie ein eigenes, kleines Dorf liegt der familienfreundliche Ferienwohnpark Immenstaad am östlichen Ende der Gemeinde. Die Ferienhäuser sind eher simple, aber gemütliche Unterkünfte und bieten alles, was für eine Selbstversorgung notwendig ist. Das gepflegte Gelände kann sich nicht zwischen Vorstadt-, Camping – und Seeidylle entscheiden und kommt einem Landschaftsgemälde verdächtig nahe.

Ferienwohnpark Immenstaad:
Gehrenbergstr. 50,
88090 Immenstaad,
www.ferienwohnpark-immenstaad.de,
Tel. 07545-94100

Die besten Restaurants

Hotel Heinzler

Für ruhesuchende Urlauber mit gehobenen Ansprüchen ist dieses Hotel eine gute Wahl. Pluspunkte sind der aufmerksame Service, die aparten Zimmer und Suiten, ein Garten mit eigenem Seezugang und Bootsanlegern und nicht zuletzt ein Restaurant der Spitzenklasse. Versuchen Sie einen Platz auf der Terrasse zu bekommen, sie gehört womöglich zu den schönsten am Bodensee.

Heinzler am See:
Strandbadstr. 3, 88090 Immenstaad,
www.heinzleramsee.de,
Tel. 07545-9360,
hotel_heinzler_am_see

Hotel Seehof

Das Hotel und Restaurant „Seehof" ist eine weitere Empfehlung unsererseits. Das Speisen am Yachthafen hat ja an sich schon etwas Mondänes und wer einen Tisch auf der begehrten Terrasse reserviert hat, wird es nicht bereuen. So muss sich eine laue Sommernacht anfühlen, denkt man spontan und freut sich über den tüchtigen Service und die hervorragende Heimatküche. Wer übernachten möchte, hat ebenfalls nichts zu klagen. Schon gar nicht in einem der Zimmer mit Panoramablick oder noch besser einem der hübschen Bootshäuser mit eigener Terrasse!

Seehof Immenstaad:
Bachstr. 15, 88090 Immenstaad,
Tel. 07545-9360,
www.seehof-hotel.de,
seehof_immenstaad

Erlebnisse und Aktivitäten

ERLEBNISSE

Abenteuerpark Immenstaad

Wer schwindelfrei ist, kann sich in Immenstaad im Klettern versuchen. Der AbenteuerPark war 2003 der erste Waldseilklettergarten Deutschlands und hat sich seitdem kontinuierlich weiterentwickelt. Seit 2017 gibt es hier eines der fortschrittlichsten Sicherungssysteme. Die Besucher können zwischen elf verschieden schweren Parcours auswählen. Ab 3 Jahren geht es hier schon hoch hinaus, z.B. im neuen Kids-Parcours „Musik in den Bäumen". Tarzan wäre neidisch!

AbenteuerPark Immenstaad:
Am Klötzenen Forst,
88090 Immenstaad,
www.abenteuerpark.com,
Tel. 07545-949462

Pfeilsam

Verrückte Outdooraktivität am See gesucht und gerne ein klares Ziel vor Augen? Dann treffen Sie mit Pfeilsam ins Schwarze! Intuitives Bogenschießen, mitunter auch Spezialtechniken wie die Daumentechnik beim Reiterbogen, „Arrow Guide" oder „Siper", werden ohne Erwartung irgendwelcher Vorkenntnisse in verschiedenen Bogenkursen vermittelt.

**Pfeilsam: Am Klötzenen Forst,
88090 Immenstaad,
www.pfeilsam,
Tel. 0160-7623667**

Friedrichshafen

Von Konstanz eine Stunde per Schiffsverbindung mit dem „Katamaran"

Wichtige Adressen und Kontakte in Friedrichshafen

Apotheken (Auswahl):

**Seehas Apotheke:
Metzstraße 2, 88045 Friedrichshafen,
www.seehas-apotheke.de,
Tel. 07541-3777599**

**Bodensee-Apotheke:
Ehlerstraße 17,
88046 Friedrichshafen,
www.bodensee-apotheke.com,
Tel. 07541-9530712**

Polizei

**Polizeirevier Friedrichshafen:
Ehlersstraße 35, 88046 Friedrichshafen,
Tel. 07541-7010**

Touri-Info

**Tourist-Information Friedrichshafen:
Bahnhofpl. 2, 88045 Friedrichshafen,
www.friedrichshafen.de/tourismus,
Tel. 07541-20355444,
stadt.friedrichshafen**

Hinkommen? – am besten mit dem Katamaran!

Wenn Sie einen Ausflug in die Zeppelin-Stadt Friedrichshafen planen, dann verzichten Sie am besten auf den Wagen und lassen Sie sich gemütlich mit dem Katamaran auf die andere Seeseite schippern. Das ganze Jahr über bringen die Katamarane „Constanze", „Fridolin" und „Ferdinand" Urlauber, Gäste und Einheimische in nur 52 Minuten über den See. Die Direktverbindung von Konstanz nach Friedrichshafen landet in den Innenstädten – schneller und bequemer geht es kaum.

**Katamaran-Reederei Bodensee/
Anlegestelle: Hafenstraße 6,
78462 Konstanz,
www.der-katamaran.de,
Tel. 07531-3639320,
katamaran_bodensee**

Friedrichshafen ist so ganz und gar anders als alle anderen Städte am Bodensee. Eine pittoreske Altstadt sucht man in der Industriestadt vergebens, im zweiten Weltkrieg wurden 70 Prozent der Stadt dem Erdboden gleichgemacht, wie viele andere Städte, die sich auf die Produktion von Munition und Kriegsgerät spezialisiert hatten. Trotzdem hat die Stadt einige schöne Fleckchen, unter anderem eine der längsten Uferpromenaden am Bodensee. Um sich einen ersten Eindruck zu verschaffen, klettert man am besten auf den 22 Meter hohen Aussichtsturm an der Hafenmole, von dort aus hat man einen herrlichen Blick auf den See, die Stadt und auf die Obstgärten im Hinterland.

Untrennbar ist Friedrichshafen mit der Geschichte des Zeppelins verbunden, der sich hier erstmals am 2. Juli 1900 in die Lüfte aufgeschwungen hat und die Geschicke der Luft- und Raumfahrt entscheidend geprägt hat. Jeder, der sich für dieses Thema interessiert oder generell eine Affinität zu den technischen Glanzleistungen der Ingenieurskunst besitzt, sollte einmal in Friedrichshafen gewesen sein.

Schlosskirche

Am Westende der Flaniermeile steht die Schlosskirche, deren Kuppeltürme zu den markantesten Wahrzeichen der Stadt gehören. Sie wurde 1701 von Christian Thumb erbaut. Manch einer mag sich fragen, was es mit dem prächtigen Schloss-Steg aus Sandstein auf sich hat, der an dieser Stelle unmöglich als Anlegestelle gedacht sein konnte. König Karl I. hatte ihn aus rein repräsentativen Gründen erbauen lassen, um den ankommenden Gästen schon aus der Entfernung zuwinken zu können. Heute ist die Schlosskirche eines der prominentesten Barock-Bauwerke in Oberschwaben und eine Etappe am Bodensee-Rundweg.

Schlosskirche Friedrichshafen:
Schloßstraße 2, 88045 Friedrichshafen,
Tel. 07541-21308

Dornier-Museum

Direkt neben dem Flughafen befindet sich das Dornier-Museum, dessen Architektur einem überdimensionalen Flugzeughangar gleicht. Die Zeit in diesem großen Museum vergeht wie im Fluge. Genauer gesagt sind es ganze 100 Jahre Geschichte der Luft- und Raumfahrt, die hier an einem vorüberziehen. Sie bestaunen riesige Flugboote, nostalgische Flugzeuge und Exponate aus der Raumfahrt und können (nach vorheriger Anmeldung) im Simulator-Cockpit einer alten Do 27 sogar selbst über den Bodensee fliegen.

Dornier-Museum:
Claude-Dornier-Platz 1,
88046 Friedrichshafen,
www.dorniermuseum.de,
Tel. 07541-4873600,
dorniermuseum

Zeppelin-Museum

Es liegt auf der Hand, dass man in der Zeppelin-Stadt ein solches Luftschiff auch aus der Nähe betrachten will. Das Zeppelin-Museum beherbergt nicht nur die weltgrößte Sammlung zur Geschichte der Luftschifffahrt, sondern präsentiert auch einen knapp 40 Meter großen, begehbaren Teilnachbau der legendären „Hindenburg“. Über das Fallreep geht es hinauf in die Passagierbereiche, wo man das Reisegefühl des berühmten Luxusliners nachempfinden kann. Weniger bekannt: Neben den technischen Highlights verfügt das Museum über eine Kunstsammlung!

Zeppelin-Museum:
Seestr. 22, 88045 Friedrichshafen,
www.zeppelin-museum.de,
Tel. 07541-38010, zeppelinmuseum

Schulmuseum

Spannendes, besonders für Familien, birgt das Schulmuseum Friedrichshafen. Präsentiert werden originale und original nachgebaute Klassenzimmer aus den verschiedensten Epochen und Schularten. Einen Schwerpunkt bilden das Thema „Schule im Nationalsozialismus“ und ein Raum, der sich mit „Schulstrafen“ auseinandersetzt.

Schulmuseum Friedrichshafen:
Friedrichstraße 14,
88045 Friedrichshafen,
www.schulmuseum.friedrichshafen.de,
Tel. 07541-20355610,
schulmuseumfriedrichshafen

Die schönsten Hotels

Hotel Traube

Das Hotel in Seenähe ist nicht nur für sein Restaurant bekannt, sondern auch für seine schicken Zimmer und eine Wellness-Landschaft samt Hallenbad, Fitnessraum, Sauna und großem Garten. Das Credo des Hauses lautet „Entschleunigung“ und dementsprechend entspannt ist die Atmosphäre dieses Familienbetriebes.

Hotel Traube am See:
Meersburgerstr. 11,
88048 Friedrichshafen,
www.traubeamsee.de,
Tel. 07541-9580, hoteltraubeamsee

Ringhotel Krone Schnetzenhausen

Das Personal tut alles, um seine großen und kleinen Gäste glücklich zu machen. Neben einem ausgezeichneten Restaurant gibt es etliche Möglichkeiten, um eine schöne Zeit mit der ganzen Familie zu verbringen, sei es im Wellnessbereich mit Pool und Sauna, beim Billard, Dart, Tischkicker, auf der Kegelbahn, beim Minigolf oder in der Tennishalle.

Ringhotel Krone Schnetzenhausen:
Untere Mühlbachstraße 1,
88045 Friedrichshafen,
www.ringhotel-krone.de,
Tel. 07541-4080,
ringhotel_krone

Die besten Restaurants

Restaurant Felders

Angesichts der Qualität der Speisen überraschen die fairen Preise, noch dazu, da es in exponierter Lage direkt am Wasser liegt und architektonisch sofort als hippes Szenelokal auszumachen ist. Seine Küche beschreibt Ralf Felder als traditionell und weltoffen.

Felders Restaurant: Karlstr. 42,
88045 Friedrichshafen,
www.felders-restaurant.de,
Tel. 07541-391955,
feldersrestaurant

Hotelrestaurant Krone

Schon seit vielen Jahren gehört das Restaurant des gleichnamigen Wellness-Hotels zu den verlässlichen Top-Adressen, wenn es um gehobene Heimatküche geht. Das sachkundige Personal ist kinderfreundlich und die Erwachsenen können sich über mehrere Gänge freuen, während es sich die Kleinen im Kinderspielzimmer gemütlich machen. Nach köstlichen Maultaschen, Wildgerichten aus heimischer Jagd oder Rinderrouladen freut man sich über den einen oder anderen Rachenputzer aus der hauseigenen Schnapsbrennerei.

Ringhotel Krone Schnetzenhausen:
Untere Mühlbachstraße 1,
88045 Friedrichshafen,
www.ringhotel-krone.de,
Tel. 07541-4080,
ringhotel_krone

Speiserei im Hotel Maier

Lassen Sie sich nicht täuschen von der etwas altmodisch anmutenden Wirtsstube dieses Traditionshauses. Hier wird Ihnen Spitzenküche in modernster Slow-Food-Manier serviert. Besonders zu empfehlen sind die Windgerichte. Auch der Gänsebraten sucht seinesgleichen, traditionsgemäß serviert mit Apfelrotkraut und Kartoffelknödeln.

Hotel Maier: Poststr. 3,
88048 Friedrichshafen,
www.hotel-maier.de,
Tel. 07541-4040, hotelmaier

Restaurant Traube am See

Wer die regionalen Spezialitäten kennen lernen möchte, ist in dem Fachwerkhaus aus dem Jahre 1800 gut aufgehoben. Egal ob badische Schneckensuppe, schwäbischer Rostbraten, Kalbsbäckle, Zander oder Trüffel-Gnocci: Das Angebot an heimischen Delikatessen ist groß und richtet sich an Fleisch- und Fischgenießer genauso wie an Vegetarier und Veganer. Ausnehmend fürsorglich ist das Personal, selbst der Hund fühlt sich hier wie zuhause.

Hotel Traube am See:
Meersburgerstr. 11,
88048 Friedrichshafen,
www.traubeamsee.de,
Tel. 07541-9580, hoteltraubeamsee

Buffalo Steakhouse am Zeppelin Hangar

Freunde saftiger Steaks kommen am Buffalo Steakhouse nicht vorbei. Schon die Location mit Blick auf den Zeppelin-Landeplatz ist beeindruckend. Vor allem aber hat Inhaber Joachim Föhr wirklich Ahnung von Steaks, angefangen von der präzisen Reifetechnik bis hin zum Garungsgrad nach Kundenpräferenz.

Buffalo Steakhouse: Allmannsweilerstraße 134, 88046 Friedrichshafen, www.buffalo-steakhouse-fn.de, Tel. 07541-7005868

Nightlife

Lukullum Skybar

Schon die Außenansicht dieses brandneuen Hotels ist vielversprechend, noch besser seine inneren Werte. In der obersten Etage genießt man feine Drinks in schickem Ambiente. Wer dem famosen Zeppelin-Spritz über die Maßen zugesprochen hat, kann sich in dem Hotel gleich ein bequemes Zimmer nehmen und die Kalorien am nächsten Morgen im modernen Fitness-Center wieder loswerden. Und wer sich schnell beengt fühlt, gönnt sich ein Luxuszimmer mit fast 60 Quadratmetern!

Lukullum GmbH: Friedrichstr. 21, 88045 Friedrichshafen, www.lukullum.de, Tel. 07541-6818, lukullum_friedrichshafen

Tiffany's Lounge Bar

Eigentlich heißt der Laden „Tiffany's Lounge Bar", aber Stammgäste treffen sich gemeinhin bei Fabi, dem wohl beliebtesten Cocktailmixer der Stadt. Neben Eigenkreationen und perfekten Standards bietet die Raucherbar eine reiche Auswahl feiner Gins und Single-Malts. Bei einem Glas bleibt es kaum, denn die gute Stimmung ist ansteckend und die Klientel unkompliziert und kontaktfreudig. Selbst bei Hochbetrieb gibt es keinen Mangel an Nachschub, die Serviceleute sind auf Zack und füllen die Gläser ihrer feierfreudigen Gäste bis zum Morgengrauen.

Tiffany's lounge: Friedrichstr. 73, 88045 Friedrichshafen, www.tiffany-friedrichshafen.de, Tel. 07541-9553111

Erlebnisse und Aktivitäten

ERLEBNISSE

Im Zeppelin über den Bodensee schweben

Jetzt haben Sie so viel Interessantes über die Geschichte der Luft- und Raumfahrt erfahren, dass es doch langsam Zeit wird, selbst in die Luft zu entschweben. Erleben Sie bei einem Rundflug mit dem Zeppelin den Bodensee aus einer ganz neuen Perspektive. Sie haben richtig gehört: Die Legende lebt! Sie schippert mit 60 km/h durch die Lüfte und ermöglicht aus großen Panoramafenstern spektakuläre Aussichten. Auch eine Werftbesichtigung ist möglich.

Deutsche Zeppelin-Reederei Friedrichshafen: Messestr. 132, www.zeppelinflug.de, Tel. 07541-59000, zeppelinflug.de

Bodensee-Helicopter

Die Helicopter-Rundflüge bieten eine einzigartige Vogelperspektive auf die bezaubernde Bodensee- und Alpenlandschaft. Bei den Schnupperflügen wird der Traum vom Selberfliegen wahr, und das ganz ohne fliegerische Vorkenntnisse. Der Schnupperflug beinhaltet eine detaillierte Einweisung während einer Vorflugkontrolle (ca. 1 Stunde) sowie den Flug am Doppelsteuer einer Robinson R22 oder R44 unter Anleitung eines Fluglehrers (ca. 30 Minuten).

BHF Bodensee-Helicopter: Am Flugplatz 64, 88046 Friedrichshafen, www.bodensee-helicopter.de, Tel. 07541-304985

Naturschönheit im Eriskircher Ried

5 Kilometer von Friedrichshafen entfernt liegt das Eriskircher Ried, das mit 552 Hektar größte Naturschutzgebiet am Nordufer des Bodensees. Es zieht sich von der Rotachmündung bei Friedrichshafen vorbei an Eriskirch bis zur Mündung, wo die Schussen in den Bodensee fließt. Zwischen Mitte Mai und Mitte Juni blühen hier Unmengen von Sibirischen Schwertlilien und verwandeln die Wiesen in ein blauviolettes Blumenmeer. Die

Wege innerhalb des Naturschutzgebietes darf man nicht verlassen, aber an zwei Stellen führen Wege durch den Schilfgürtel zu den Aussichtsplattformen am See.

EVENTS

Seehasen-Fest
Eines der größten Traditionsfeste der Bodenseeregion ist das alljährliche Seehasenfest in Friedrichshafen. Sie werden bestimmt schon bemerkt oder gelesen haben, dass die Bahn zwischen Konstanz und Hegau ebenfalls den merkwürdigen Namen „Seehas“ trägt. Die Hintergründe sind nicht zweifelsfrei geklärt, aber wenn es Wasserratten gibt, warum dann keinen Seehasen? Also lassen Sie uns einfach an den kuscheligen, schwarzweißen Hasen glauben, der per Schiff immer am Samstag des Festes aus dem Tiefseemöhrenfeld abgeholt und am Hafen empfangen wird. Dies ist der traditionelle Höhepunkt des Festes, besonders für die Erstklässler, die in Form des sogenannten „Hasenklee“ schultütenähnliche Präsente von dem großen Kuscheltier erhalten. Aber es geht beim Seehasenfest eigentlich um das gesellige Gesamtpaket: Theater, Sportwettkämpfe, verkleideter Festumzug, SUP-Cup

und weitere Programmpunkte sorgen fünf Tage lang für ein buntes Treiben auf dem ausgelassenen Kinder- und Heimatfest. Infos: ***www.seehasenfest.de***

Mehr Infos zum **Seehasenfest**

BADEN, WELLNESS UND WASSERAKTIVITÄTEN

Strandbad, Bootsverleih, Waterbikes & co.
Was wäre ein sommerlicher Bodensee-Besuch ohne einen vergnüglichen Tag im und am Wasser? Beim Bootsverleih am Friedrichshafener Strandbad können Sie sich nicht nur Boote mieten, sondern auch Wakeboards, große Schwimmreifen (Tubes), Bananaboats und Stand-up Paddle Boards.

Bootsverleih/ WSBS Wasserspass Bodensee: Am Strandbad, Königsweg 21, 88045 Friedrichshafen, www.wasserspass-bodensee.de, Tel. 0157-89791079

Wer mal etwas ganz Neues ausprobieren möchte, sollte sich in das wenige Kilometer entfernte Immenstaad aufmachen und sich dort am Strand ein Waterbike ausleihen. Im Grunde sieht das Waterbike aus wie ein Fahrrad auf einem Schlauchboot, in diesem Falle einem Doppelkammer-Katamaran. Eine absolut sichere Sache – Umkippen unmöglich! Zugegeben, erstmal kommt man sich ein bisschen albern vor, sexy sieht sicherlich anders aus. Aber wenn es der Gaudi dient!

Waterbikeverleih Immenstaad:
In Immenstaad unterhalb
der Minigolfanlage, Seestr. West 37,
88090 Immenstaad,
www.immenstaad-tourismus.de,
Tel. 0162-1648685

KULINARISCHES

Weingut Herzog von Württemberg

Das hübsche Schloss, ein ehemaliges Benediktinerkloster, kann leider nicht besichtigt werden, da es sich im Privatbesitz der herzoglichen Familie befindet und auch von dieser bewohnt wird. Einen kleinen Trost spendet die dem Schloss zugehörige Vinothek mit ihrer eleganten Weinlounge. Hier kann man die edlen Tropfen des Weingutes Herzog von Württemberg verkosten und natürlich auch erwerben.

Weingut Herzog von Württemberg:
Schloßstraße, 88045 Friedrichshafen,
www.weingut-wuerttemberg.de,
Tel. 07541-307305,
weingutherzogvonwuerttemberg

Café Höpker

Etwas versteckt im Stadtteil Fischbach wartet das Café Höpker auf Liebhaber von Torten und Kuchen. Im Laufe der Jahre wurde das Familienunternehmen immer wieder erweitert, zuletzt um einen lauschigen Wintergarten und ein Teehaus im Grünen. Am besten genießt man die süßen Leckereien natürlich draußen, sofern das Wetter mitspielt. Dann sitzt man im verträumten Garten und möchte gar nicht mehr aufhören mit dem Kuchengenuss.

Höpker Café Confiserie:
Birnauweg 10, 88048 Friedrichshafen,
www.cafe-hoepker.de, Tel. 07541-41272

KUNST UND KULTUR

Gemäldesammlung im Zeppelinmuseum

Wer hätte gedacht, dass das Zeppelin-Museum mit seinem technischen Fokus eine so ungeheure Menge an Kunstschätzen beherbergt? Fast 4000 Exponate um-

fasst die stattliche Sammlung süddeutscher Meister vom Mittelalter bis hin zur Neuzeit. Vertreten sind unter anderem Werke der Künstlerfamilien Moosbrugger, Zimmermann und Erich Heckel, Max Ackermann und Otto Dix.

Zeppelin-Museum:
Seestr. 22, 88045 Friedrichshafen,
www.zeppelin-museum.de,
Tel. 07541-38010, zeppelinmuseum

Theater Bahnhof Fischbach

Schön, wenn Kunstgenuss, Essen und Barkultur so nahe beieinander liegen wie im historischen Gebäude des Fischbacher Bahnhofs. Das Theater ist schon seit Jahrzehnten eine verlässliche Adresse für anspruchsvolle Unterhaltung in Form von Live-Musik, Kabarett und Theater. Das neue Gastronomie-Konzept lässt es mit seiner schwäbisch-bayerischen Ausrichtung neuerdings deftig und regional werden.

Bahnhof Fischbach: Eisenbahnstr. 15,
88048 Friedrichshafen,
www.bahnhof-fischbach.de,
Tel. 07541-9811811,
bahnhoffischbach

Graf-Zeppelin-Haus

Wie es sich für eine technikaffine Stadt gehört, gibt es hier ein echtes Prestigeobjekt in Sachen Veranstaltungstechnik. Das Graf-Zeppelin-Haus ist ein bedeutendes Kultur- und Kongresszentrum der Region mit neuester Tagungs- und Bühnentechnik. Aufgrund seiner tollen Akustik sind besonders Konzerte und Opernaufführungen sehr beliebt.

Graf-Zeppelin-Haus:
Olgastr. 20, 88045 Friedrichshafen,
www.gzh.de, Tel. 07541-2880,
gzh_friedrichshafen

Foto: Achim Mende

SÜDWESTEN: HEGAU – HÖRI – SCHWEIZER UFER

Radolfzell

Ca. 25 Autominuten von Konstanz

Wichtige Adressen und Kontakte in Radolfzell

Apotheken (Auswahl):

Ratoldus Apotheke:
Schützenstraße 2, 78315 Radolfzell,
Tel. 07732-4033

Scheffel-Apotheke:
Haselbrunnstraße 48, 78315 Radolfzell,
www.scheffelapotheke.de,
Tel. 07732-2551

Flora Apotheke: Brühlstraße 2,
78315 Radolfzell,
www.flora-apotheke-radolfzell.de,
Tel. 07732-971991

Polizei

Polizeirevier Radolfzell:
Güttinger Str. 1, 78315 Radolfzell,
Tel. 07732 950660

Touri-Info

Tourismus- und Stadtmarketing
Radolfzell: Seestraße 30,
78315 Radolfzell,
www.radolfzell-tourismus.de,
Tel. 07732-81500,
radolfzell_tourismus

Obwohl aus dem ehemaligen Fischer- und Winzerdorf mittlerweile eine wohlhabende Uferstadt geworden ist, geht es hier selbst zur touristischen Hauptsaison weitaus gemütlicher zu als beispielsweise in Überlingen oder Konstanz. Wer hierher kommt, möchte auf der Halbinsel Höri den Spuren von Hermann Hesse und Otto Dix folgen oder auf der Halbinsel Mettnau mit einem Fernglas auf der Lauer liegen, um Wasservögel zu beobachten. Gläubige Touristen steuern direkt das Münster an, das sich inmitten einer schmucken Altstadt befindet und wertvolle Reliquien beherbergt, die dafür verantwortlich sind, dass Radolfzell auch zu einem beliebten Pilgerziel geworden ist. Es handelt sich um die Gebeine von Theopontus und Senesius sowie um einen Teil des Kopfes des Veroneser Bischofs Zeno. Auf dem damaligen Gelände der Kirche wurde 1436 das Münster „Unserer Lieben Frau" im spätgotischen Stil erbaut. Noch heute genießen die Reliquien der Heiligen in der wöchentlichen Wallfahrtsmesse große Verehrung.

Glück für all jene, die sich am dritten Juli-Wochenende in Radolfzell befinden. Dann wird das Hausherrenfest gefeiert, das den heiligen Stadtpatronen gewidmet ist. Der sicherlich beeindruckendste Teil der Festtage findet am Montag statt, wenn bei der „Mooser Wasserprozession" die Pilger auf ihren mit Blumen geschmückten Ruderbooten von Moos nach Radolfzell übersetzen. Nach ihrem musikalischen Empfang am Schiffsanleger folgt eine Prozession zum Münster, wo die Heilige Messe gefeiert wird. Die Tradition geht auf das Jahr 1797 zurück, als die Mooser Bauern das erste Mal nach Radolfzell ruderten, um den Stadtheiligen dafür zu danken, dass sie von einer Viehseuche verschont geblieben sind.

Stadtgeschichte

Um 1100 erhielt Radolfzell das Marktrecht, worauf sich die Stadt mehr und mehr zum bedeutenden Handelsplatz entwickelte. In den Jahren 1298/99 wurden Radolfzell und die umliegenden Gemeinden an das Haus Habsburg verkauft und blieben bis auf eine kurze Unterbrechung (Reichsfreiheit von 1415-1455) österreichisch. Was den rechtlichen Status Radolfzells betrifft, war die so genannte, im Jahre 1505 von König Maximilian I. verliehene eigene „Halsgerichtsordnung" von großer Bedeutung. Dieses Privileg – auch bekannt unter dem Namen Tiroler Malefizordnung – war das erste kodifizierte Strafrecht im deutschsprachigen Raum. Nach damaligem Rechtsverständnis durfte niemand ohne Geständnis verurteilt werden, wobei diese Geständnisse oft durch recht zweifelhafte Methoden erwirkt wurden, beispielsweise durch Folter. Das Radolfzeller Strafgesetzbuch gab genaue Anweisungen, wie man in der Stadt für Recht und Ordnung zu sorgen hatte.

Ab dem Jahre 1806 gehörte Radolfzell dem Königreich Württemberg an und ab 1810 dem Großherzogtum Baden. Über Jahrhunderte hinweg bildeten die Produktion und der Vertrieb landwirtschaftlicher Erzeugnisse die Grundlage der Radolfzeller Wirtschaftskraft. Der Anschluss an das Eisenbahnnetz 1862 brachte erneut eine Zäsur und bescherte der Stadt nicht nur einen Boom in der Tourismus-Branche, sondern sorgte auch dafür, dass sich bis heute namenhafte Firmen niederließen. In den letzten Jahrzehnten hat sich Radolfzell einen Namen als Kur-Stadt gemacht. Die Devise der nach der Halbinsel Mettnau benannten Kur-Einrichtung lautet bis heute: „Heilung durch Bewegung" und hat sich auf bewährte Heilsport-Therapien bei Herz- und Kreislauferkrankungen spezialisiert.

Sehenswürdigkeiten

Altstadt

Die wichtigsten Sehenswürdigkeiten können Sie während eines gemütlichen Bummels durch die Altstadt besichtigen oder im Rahmen einer Stadtführung. Der historische Kern ist geprägt von mittelalterlichen Häusern und gepflegten Fachwerkhäusern wie dem „Fürstenberger Torkel", der alten Domprobstei, der Forstei, dem Hotel Krone und dem ehemaligen Kapuzinerkloster. Besonders malerisch sind die Gassen des „Griener Winkels", dem ältesten Teil der Stadt mit den Resten einer Fischersiedlung am Seeufer. Ein beliebtes Fotomotiv ist das schmalste Haus der Altstadt in der Schmidtengasse 5, es ist gerade mal 2,50 m breit. In der Seetorstraße 5 befindet sich

das imposante Ritterschaftsgebäude, das bis zum 17. Jahrhundert Privatbesitz der Familie von Schellenberg war und später der Rittergesellschaft zum St. Jörgenschild überlassen wurde. Heute ist das Amtsgericht darin untergebracht.

Münster Unserer Lieben Frau

Das Gotteshaus ist aufgrund seiner bedeutenden Reliquien der heiligen Hausherren Theopont, Senesius und Zeno eines der beliebtesten Pilgerziele am Bodensee und besitzt obendrein den höchsten Turm am See (82 Meter). Dass die Kirche zudem das Grab des karolingischen Stadtgründers Radolf von Verona beherbergt, ist ebenfalls eine Besonderheit. Ein kleines Gotteshaus gab es hier schon im 9. Jahrhundert, als Radolf seine Cella Radoldi etablierte, die Wiege des heutigen Radolfzells. Von den Vorgängerkirchen des heutigen Münsters ist wenig bekannt, die im gotischen Stil erbaute Basilika, wie wir sie heute bewundern können, entstand zwischen 1436 bis 1520. Aus dieser Zeit kündet noch eine Wandmalerei im südlichen Seitenschiff, die eine Passionsszene zeigt. Teile des Münsterschatzes und des Chorgestühls sind jedoch viel älter und gehören zu den kostbarsten Kunstwerken im gesamten Bodenseeraum. So etwa das um 1300 entstandene, aufwändig mit einer Faltkuppel ausgestattete Dreiturm-Reliquiar in der Hausherrenkapelle, in dem sich das wichtigste Pilgerziel befindet: die Reliquien der Heiligen. An der Gestaltung des herrlichen Rokoko-Altares waren die besten ihrer Zeit beteiligt: Johann Caspar Bagnato und Joseph Spiegler.

Münster Unserer Lieben Frau:
Marktplatz. 4, 78315 Radolfzell,
www.kath-radolfzell.de, Tel. 07732-2016

Stadtmuseum Radolfzell in der alten Stadtapotheke

Die originale Offizin aus der Biedermeierzeit und weitere Apothekenräume lassen vergangene Zeiten vor dem Besucher auferstehen. Baufenster geben Einblick in die 300-jährige Hausgeschichte. Einzelne Themeninseln illustrieren wichtige Episoden aus der Vergangenheit Radolfzells und bringen Besuchern die Stadtgeschichte näher. Mit allerhand Objekten und Visualisierungen wird unter anderem das mittelalterliche Radolfzell thematisiert.

Stadtmuseum Radolfzell:
Seetorstr. 3, 78315 Radolfzell,
www.stadtmuseum-radolfzell.de,
Tel. 07732-81530,
Museum geöffnet: Do.-So. 11-17 Uhr

Mobilitäts-Tipp:
Seefahrer E-Car-Sharing

Mit mehreren E-Fahrzeugen versucht Radolfzell, die Bewohner und Touristen auf den Geschmack von Elektroautos zu bringen und ein Bewusstsein dafür zu entwickeln, ein Auto nur zu nutzen, anstatt es besitzen zu wollen.

Eine umweltfreundliche Möglichkeit für die Mobilität im Bodensee-Urlaub!

Alle weiteren Infos hier:
www.stadtwerke-radolfzell.de/mobilitaet/e-carsharing oder unter Tel. 07732-8008-90!

Alle Infos zum
E-Carsharing

Die schönsten Hotels

Hotel Bora HotSpa Resort

Das Design des Viersternehauses setzt auf Holz und jede Menge Licht. Berühmt ist das Wellness-Hotel für seine einmalige Saunalandschaft, das Restaurant Rubin und die komplett verglaste Bar Sky-Lounge, die einen weiten Blick über den Bodensee bietet. Auch als Fasten-Hotel hat sich das Haus einen Ruf gemacht. Wichtig zu wissen: Die Saunalandschaft sowie der Poolbereich sind textilfrei. Das hoteleigene Restaurant „Rubin" ist leider nur Hotelgästen vorbehalten, was wirklich schade ist, denn die gesunde, gehobene Küche mit asiatischen sowie europäischen Spezialitäten genügt hohen Ansprüchen.

Hotel Bora HotSpa Resort:
Karl-Wolf-Straße 35, 78315 Radolfzell,
www.bora-hotsparesort.de,
Tel. 07732-950400,
bora_hotsparesort

Hotel Aquaturm

Ein Traum für alle Öko-Touristen, denn das Gebäude versorgt sich selbst zu 100 Prozent über erneuerbare Energien (Hydrothermie, Photovoltaik, Solarthermie und Windkraft)! Das höchste Hotel am Bodensee punktet mit behaglichen Zimmern und sensationellen Ausblicken. Im elften Stock des ehemaligen Wasserturms genießt man ein köstliches Frühstück.

Aquaturm Radolfzell:
Güttinger Str. 15, 78315 Radolfzell,
www.aquaturm.de, Tel. 07732-52255,
aquaturm_radolfzell

Preiswerte Unterkünfte

Hotel K99

Ein einigermaßen preisgünstiges, zeitgemäßes Hotel, das sich mit seinen zweckmäßigen und stylischen Zimmern offiziell an Geschäftsurlauber richtet, aber im Grunde für Touristen jeder Art geeignet ist. Fantastisch ist der Ausblick vom Frühstücksraum des Hotels im achten Stock. Nette Leute, gutes Frühstück und leckere Cocktails an der Bar!

Hotel K99: Kasernenstr. 99, 78315 Radolfzell, Tel. 07732-9788899, www.hotel-k99.de, hotelk99

Radhotel am Gleis

Das brandneue Radhotel mit Einkehr liegt direkt am Bodensee-Radweg in Markelfingen am Untersee, einem der schönsten Ecken auf Ihrer Bodensee-Umrundung. Die preiswerten Zimmer sind einfach, aber freundlich gestaltet und urgemütlich. Küchenchef Christian Dierich verarbeitet nur hochwertige, regionale Zutaten und hat ein gutes Händchen für Weine, die er von den besten Winzern der Gegend bezieht.

Radhotel am Gleis: Unterdorfstr. 24, 78315 Radolfzell, www.amgleis.de, Tel. 07732-892710, radhoteleinkehramgleis

Campingplatz Markelfingen

Am Südhang des Bodanrücks zwischen Untersee und Mindelsee und umgeben von Naturschutz- und Landschaftsschutzgebieten liegt der Ortsteil Markelfingen. Der 2000-Seelen-Ort liegt direkt auf dem Bodensee-Fahrradweg und hat sich in den letzten Jahren zum Urlaubsparadies entwickelt. Er ist ein Ziel für Ruhesuchende, Wanderer, Radfahrer und Wassersportler. Wenn Sie die Freiheit des Camping-Lebens lieben und Ihnen ein Zelt zu unkomfortabel ist, bietet der Campingplatz Markelfingen besonders originelle Übernachtungsmöglichkeiten.

Campingplatz Markelfingen: Unterdorfstr. 25, 78315 Radolfzell, www.camping-markelfingen.de, Tel. 07732-9420731, camping_markelfingen

Die besten Restaurants

La Oliva

Direkt am See in traumhafter Lage bieten Eladio Rodriguez und sein Team eine kulinarische Reise durch Spanien und Italien mit einer Auswahl an Speisen besonderer Qualität an, z.B. Tapas, Fisch- und Fleischgerichte sowie hausgemachte Pasta. Wem das gefällt, der wird auch von der Weinkarte begeistert sein. Unter der Woche bietet das La Oliva einen täglich wechselnden, aber gleichbleibend schmackhaften 3-Gänge-Mittagstisch an.

La Oliva: Karl-Wolf-Str. 21, 78315 Radolfzell, www.la-oliva-radolfzell.de, Tel. 07732-8233646, restaurante_la_oliva

Wirtschaft zum Kranz Liggeringen

Verlassen Sie den Bodensee nicht, ohne die berühmten Dünnele probiert zu haben, eine leckere, regionale Spezialität, die am ehesten mit dem elsässischen Flammkuchen zu vergleichen ist. Echte Experten für Dünnele sind die Inhaber der Traditionswirtschaft „Kranz" in Liggeringen, hier gibt es die Fladenbrote in allen erdenklichen Variationen. Gespeist wird im urigen Lokal mit Kachelofen, im Biergarten oder auf der Dachterrasse.

Wirtschaft zum Kranz: Bergstr. 3, 78315 Radolfzell-Liggeringen, www.kranz-duennele.de, Tel. 07732-10366

Cobbler's Café

Mitten in der Radolfzeller Altstadt gibt es ein urgemütliches Café, in dem man nicht nur zur Teatime hervorragenden Tee und Kaffee bekommt. Lassen Sie sich nach einem ausgedehnten Stadtbummel in ein plüschiges Sofa fallen und genießen Sie köstliche Scones, Käsekuchen und einen Hafermilch-Flat White. Dazu ein Glas englische Limo von Fentiman's!

Cobblers Café: Schmidtengasse 9, 78315 Radolfzell am Bodensee, www.cobblers-cafe.de, Tel. 07732-9590193

Restaurant Levante

Am Rande der Altstadt, etwas verborgen in einer kleinen Gasse, befindet sich das wunderbare Restaurant Levante. Küchenchef Qasim Azoyaily bringt Feines aus dem östlichen Mittelmeerraum auf den Tisch. Veganer sollten unbedingt den „Levante Mix Teller“ versuchen, eine Variation aus fünf veganen Vorspeisen mit köstlichem Fladenbrot. Wichtig zu wissen: Alkohol gibt es hier nicht!

Levante: Löwengasse 30,
78315 Radolfzell,
Tel. 07732-9589075,
levante.restaurant

Erlebnisse und Aktivitäten

ERLEBNISSE

Halbinsel Mettnau

Hier kommt der Tipp für all jene, die nicht für lange Wanderungen zu haben sind und sich für einen Spaziergang auch nur dann begeistern können, wenn an dessen Ende eine schöne Einkehrmöglichkeit wartet. Die Erkundung der 3,5 km langen Halbinsel Mettnau, die sich östlich von Radolfzell in den See erstreckt, eignet sich hervorragend für ein solches Vorhaben. Spazieren Sie durch den Mettnaupark Richtung Strandbad und besuchen Sie das Restaurant „Strandcafé“, das sich etwas versteckt hinter einer Kurklinik direkt am Wasser befindet. Ein köstliches Felchenfilet und ein knackig frischer Salat sind genau die richtige Stärkung, um danach durch das Naturschutzgebiet hinüber auf die andere Seite der Halbinsel zu spazieren und auf den Mettnauturm zu steigen. Der 18 Meter hohe Turm bietet einen fantastischen Ausblick über das Naturschutzgebiet und lädt dazu ein, seltene Wasservögel zu beobachten. Auf der Halbinsel befindet sich auch das Scheffelschlösschen, die Sommerresidenz des Dichters Joseph Victor von Scheffel. Inzwischen ist die Kurverwaltung der Mettnau-Kur hier eingezogen, auf Anfrage können die Räumlichkeiten besichtigt werden (Strandbadstr. 106).

Strandcafé Mettnau:
Strandbadstraße 102, 78315 Radolfzell,
www.strandcafe-mettnau.de,
Tel. 07732-1511650

Mettnauturm:
Floerickweg, 78315 Radolfzell

Scheffelschlösschen:
Strandbadstraße 106,
78315 Radolfzell

Shoppingtipp Seemaxx Outlet

Endlich mal ein Outlet-Center, das nicht im Niemandsland vor den Toren der Stadt zu suchen ist, sondern mitten im Zentrum. Das seemaxx hat sich zu einem Einkaufsmagneten in der Bodenseeregion entwickelt und bietet ein umfassendes Angebot aus über 40 bekannten Modemarken. Mit der großen Erweiterung 2016 wurde die Einkaufsfläche der Mall auf rund 8.500 m² fast verdoppelt. Tommy Hilfiger ist ebenso vertreten wie Nike, Tom Tailor, s.Oliver, Marc O'Polo, Wellensteyn oder Jack Wolfskin, um nur einige zu nennen.

Seemaxx: Schützenstr. 50,
78315 Radolfzell,
www.seemaxxoutlet,
Tel. 07732-94099930,
seemaxxoutlet

ZIELE FÜR FAMILIEN

Kletterwerk

Das Kletterwerk bietet Herausforderungen an bis zu 18 m hohen Wänden im Innen- und Außenbereich. Auf 2.500 Quadratmetern Kletterfäche, zwei großen Boulderräumen, Trainings- und Slacklineraum, Kinderkletterraum und Spielecke können sich Jung und Alt so richtig austoben. Kletterneulinge probieren sich unter fachkundiger Anleitung beim Schnupperklettern.

Kletterwerk Radolfzell:
Werner-Messmer-Str. 12,
78315 Radolfzell, www.kletterwerk.de,
Tel. 07732-959848,
kletterwerk_radolfzell

BADEN, WELLNESS UND WASSERAKTIVITÄTEN

Bora-Sauna

Wellness- und Saunaliebhaber dürfen sich in Radolfzell über eine ganz besondere Saunawelt freuen. Architekt und leidenschaftlicher Saunagänger Bernd Schuler hat eine Saunalandschaft erschaffen, die Wellnessbereiche aus aller Welt unter einem Dach vereint. Die Kelosauna etwa, die mit uraltem finnischen Holz befeuert wird, oder die Rauchsauna, in der man sich auch unterhalten darf, eine fernöstliche Bambussauna, eine Erdsauna oder das japanische Onsenbad, dessen Steine man extra aus Japan importiert hat. Die traumhafte Saunawelt grenzt an ein Naturschutzgebiet und verfügt über einen eigenen Badestrand und einen herrlichen Garten mit altem Baumbestand.

Bora Sauna: Karl-Wolf-Str. 33,
78315 Radolfzell, www.bora-sauna.de,
Tel. 07732-9406330, borasauna

Foto: Achim Mende

Strandbad Mettnau

An heißen Tagen tummeln sich die Urlauber im schönen Strandbad auf der Halbinsel Mettnau. Es ist alles vorhanden, was es für einen vergnügten Badetag braucht: Erfrischungen im Restaurant und Kiosk, Beachvolleyball, Tischtennisplatten und ein toller Kinderspielplatz mit Clownsdusche. Das gute alte Boccia-Spiel ist beliebter denn je, auf 2 Boccia-Bahnen können Sie Ihre Zielsicherheit erproben!

Strandbad Mettnau:
Strandbadstr. 100, 78315 Radolfzell,
www.strandbad-mettnau.de,
strandbad.mettnau

Bodensee-Kanu-Toursbodensee kanu tours

Ob im Kajak, Kanadier oder Drachenboot, auf einem Stand-Up-Paddle oder Floß, alleine, zu zweit oder in der Gruppe: Varianten, den Bodensee zu entdecken, gibt es genug. Besucher holen sich einen Picknickkorb ab und unternehmen eine Spritztour zur Liebesinsel, paddeln zur Insel Reichenau oder legen direkt in der Schweiz an. Mit den verschiedensten Angeboten ist für jedermann das Passende dabei. Für all diejenigen, die lieber eine geführte Tour möchten, kann der Bodensee mit Hilfe von fachkundigen Guides erkundet werden. Wenn man schließlich geschafft und hungrig zurück an Land ist, kann man sich direkt vor Ort im Restaurant stärken und bei einem kühlen Getränk den Blick über den See schweifen lassen. Übernachtung ist im Naturfreundehaus möglich.

Bodensee-Kanu-Tours/
Naturfreundehaus Bodensee:
Radolfzellerstr. 1, 78315 Radolfzell,
www.bodensee-kanu-tours.de,
Tel. 07732-823770,
naturfreundehaus.bodensee

Foto: Achim Mende

Wassersportzentrum Wilde Flotte: Segeltörn für Genießer

Zu einem Urlaub am Bodensee gehört natürlich auch ein klassischer Segeltörn. Besonders stilvoll können Sie diesen auf der traditionellen Yacht „Seewiefke“ erleben, einem friesischen Plattboden-Segelschiff. Auch Nichtsegler sind hier willkommen, sie können an Segel-Schnupperkursen teilnehmen.

Wassersportzentrum Radolfzell:
Zeppelinstraße 23, 78315 Radolfzell,
www.wassersportzentrum-radolfzell.de,
Tel. 07732-971931,
wildeflotte

KUNST UND KULTUR

„Milchwerk“

Im Milchwerk ist immer was los und bestimmt für jeden etwas dabei. Die Veranstaltungen wechseln oft täglich, mal Comedy, mal Musical, Theater, Oper, Konzert oder Lesung.

Milchwerk: Werner-Messmer-Straße 14,
78315 Radolfzell am Bodensee,
www.milchwerk-radolfzell.de,
Tel. 07732-81362, milchwerk_radolfzell

Comedy mit den Kulissenschiebern

Dafür, dass der Verein aus Laiendarstellern besteht, liefert die Truppe eine erstaunliche Qualität! Spezialgebiet: Comedy.

„Die Kulissenschieber“ e.V.:
Hermann-Sernatinger-Straße 7,
78315 Radolfzell,
www.kulissenschieber-radolfzell.de

KULINARISCHES

Krabbenessen bei Zwirner’s

Seien wir mal ehrlich: Krabben-Pulen ist doch irgendwie immer eine Sauerei und zuhause gebraten, kriegt man den Duft der krossen Schalentiere tagelang nicht aus dem Haus. Da loben wir uns die Idee von Zwirner’s, jeden Donnerstag ein großes Krabbenessen zu veranstalten. Dazu gibt es köstliche Dips und frisch gebackenes Brot.

Zwirner’s Restaurant:
Kaufhausstraße 2,
78315 Radolfzell am Bodensee,
www.zwirners.de,
Tel. 07732-1306626

Halbinsel Höri: Gottes-Liebling und Künstlerheimat

10-15 Autominuten von Radolfzell

Müßiggang ist eine Kunst geworden. Auf der schönen Halbinsel Höri kann man sich bestens darin üben. Weite Teile der gut 45 Quadratmeter großen Peninsula sind unberührt und stehen unter Naturschutz. Hier kann man wirklich zur Ruhe kommen, lange Spaziergänge unternehmen, ein erquickendes Bad im See genießen und sich an den frischen, regionalen Leckereien laben, die in den gemütlichen Gasthäusern angeboten werden. Die Höri soll übrigens das letzte seiner Schöpfungswerke gewesen sein. Als Gott sah, wie gut ihm die Insel gelungen war, soll er sich zufrieden zurückgelehnt und gemeint haben: Jetzt HÖRI uff!". So jedenfalls erklären sich die Anrainer die Herkunft des Namens. Sie sind froh über ihr fruchtbares und besonders schönes Stückchen Erde, das im Volksmund auch „Bülleland" genannt wird, weil nur hier die berühmte „Höri-Bülle" wächst, eine gut gehütete, feine Zwiebelsorte, in deren Genuss Sie am Bodensee noch öfters kommen werden. Der Geschmack dieser Sorte zeichnet sich durch ein besonders zartes Aroma und eine milde Schärfe aus.

Geografie

Die Halbinsel im westlichen Bodensee befindet sich zwischen den sehenswerten Städten Stein am Rhein in der Schweiz und der deutschen Stadt Radolfzell. Zur Höri gehören das Nordufer des Untersees sowie das Südufer des Zeller Sees (Gaienhofen, Öhningen, Moos und Singens Randort Bohlingen). Der Schienerberg (715,6m) ist der höchste Punkt.

Ein Traum für Radler und Wanderer – Fernglas nicht vergessen!

Besonders beliebt ist die naturbelassene Halbinsel vor allem bei Fahrradfahrern und Wanderern. Keine Frage, dass die tourismusfreundliche Halbinsel dem Rechnung getragen hat und für die erholungssuchenden Naturfreunde eine ausgezeichnete Infrastruktur geschaffen hat. Sie können hier ohne große Vorbereitung ein perfekt ausgebautes Wegnetz nutzen und Natur pur auf etwa 18 km Schilfufer genießen, durch weite Wiesen spazieren, am Wasser entlang marschieren und im Sommer in die kühlenden Wälder des Schienerbergs eintauchen. Für das Beobachten seltener Vogelarten auf den etwa 100 km langen, beschilderten Wanderwegen empfiehlt sich ein Fernglas.
Tolle Wanderrouten finden Sie u.a. auf folgenden Internetseiten: ***www.outdooractive.com*** oder auf ***www.bodenseewest.eu***

Alle Infos zu **Outdoor Active**

Alle Infos zu **Bodensee West**

Als die Höri die Insel der Künstler wurde

Während der Nazi-Zeit „emigrierten" einige Künstler auf die Höri, deren Kunst im Dritten Reich als entartet galt und die deshalb Verfolgung, Verhaftung und sogar den Tod fürchten mussten. Die Höri war ihr Sprungbrett in die Schweiz, weil man von hier aus recht schnell in das Nachbarland gelangen konnte. Unter anderem wurden hier folgende berühmte Künstler ansässig: Max Ackermann, Erich Heckel, Otto Dix, Ferdinand Macketanz, Hans Sauerbruch, Walter Herzger, Rose Marie Stuckert-Schnorrenberg, Curth Georg Becker, Rudolf Stuckert, Jean Paul Schmitz und Verleger Curt Weller.

Schon vor dem Krieg ein Künstler-Refugium

Wollte man die Bedeutung der Höri auf einen Zufluchtsort für die emigrierte Moderne während der NS-Zeit reduzieren, so täte man dem schönen Fleckchen Erde allerdings unrecht. Denn die liebliche und weitgehend unberührte Landschaft am See, die Abgeschiedenheit und das ganz besondere Licht zogen schon vorher viele Kunstschaffende auf die Halbinsel und nicht nur Hermann Hesse, der hier schon vor dem ersten Weltkrieg acht Jahre gelebt hatte. Er und der Direktor der Düsseldorfer Kunstakademie Walter Kaesbach waren die treibende Kraft, die viele Künstler ermunterte, sich ebenfalls auf der Höri niederzulassen. Die beiden halfen den Neuankömmlingen auch bei der Suche von Unterkünften und Ateliers. Viele befreundete Künstler folgten seinem Ruf, darunter Max Bucherer, Otto Blümel und Ludwig Renner.

Wie man sich vorstellen kann, ist die Gemeinde Gaienhofen noch heute geprägt von den Künstlern, die hier einst in großer Zahl die Insel bevölkert haben. Einige Galerien sind hier ansässig und die Inselväter sind sehr bestrebt, das Erbe von Hesse, Dix und den anderen aufrecht zu erhalten.

Gaienhofen

Wichtige Adressen und Kontakte in Gaienhofen

Apotheke

See Apotheke: Hauptstraße 223, 78343 Gaienhofen, Tel. 07735-706

Touri-Info

Tourist-Information Gaienhofen: Im Kohlgarten 1, 78343 Gaienhofen, www.gaienhofen.de, Tel. 07735-9999123, gaienhofen

Gaienhofen ist mit rund 300 000 Übernachtungen im Jahr einer der Superstars in der baden-württembergischen Tourismusbranche, zumal die Gemeinde selbst ja gerade mal mit 3500 Einwohnern aufwarten kann. Obwohl die Höri an sich traditionell und brauchtumsorientiert ist, zeigt sie sich in Sachen

Tourismus und Marketing trendbewusst. So wurde die jüngst umgebaute Touristen-Information im ehemaligen Rathaus ultramodern gestaltet, mit neuester Technik und im Sinne von Nachhaltigkeit und Energieeffizienz umgerüstet. Kurz gesprochen: Die Touri-Info ist jetzt selbst zu einer Sehenswürdigkeit geworden, besonders mit ihrem dreidimensionalen Untersee-Modell, einer gleichzeitig praktischen Orientierungshilfe. Zu Gaienhofen gehören die Ortsteile Horn, Hemmenhofen und Gundholzen.

Tourist-Information Gaienhofen:
Im Kohlgarten 1, 78343 Gaienhofen,
www.gaienhofen.de,
Tel. 07735-9999123, gaienhofen

Aufgrund seiner prominenten Künstler-Vergangenheit steht in Gaienhofen alles im Zeichen der Kunst. So finden die Besucher hier auch gleich sechs der insgesamt elf aufgestellten Stehlen der länderübergreifenden Kunstroute. An diesen Stehlen blicken Sie aus Künstlerperspektive wie durch einen Bilderrahmen in die Landschaft und können selbst herausfinden, warum Maler wie Otto Dix, Adolf Dietrich oder Erich Heckel ausgerechnet hier ihre Staffelei aufgestellt haben. Auf der Seite ***www.gaienhofen.de*** gibt es genauere Informationen zur Kunstroute und noch andere Tipps für schöne Wandertouren.

Keine Frage, dass auch der berühmte Künstler Peter Lenk auf der Künstlerinsel seine Spuren hinterlassen hat. Gleich auf der Hauptstraße dient das Werk von Lenk als Wegweiser zum Otto-Dix-Haus in Hemmenhofen. Für den so genannten „Lenk-Brunnen“ hat sich der Künstler an dem berühmten Großstadt-Triptychon von Otto Dix orientiert.

Dix-Kurve von Peter Lenk:
Im Kohlgarten 1, 78343 Gaienhofen

Warum ausgerechnet Gaienhofen so beliebt ist bei den Touristen, liegt nicht nur an seiner traumhaften Lage, sondern sicherlich vornehmlich an den berühmten Residenten vergangener Tage. Wer die Abgeschiedenheit sucht und auf langen Spaziergängen vor sich hin sinnieren möchte, wird den verschlafenen Ortsteil Gundholzen lieben, der an weiten Streuobstwiesen liegt und fast nur von Bauern bewohnt wird, die ihre Früchte frisch verkaufen. Den Mittelpunkt des Ortes markiert ein von Friedhelm Zilly geschaffener Brunnen.

Im Ortsteil Horn befindet sich mit dem Wasserturm eine der schönsten Aussichtsmöglichkeiten der Höri. Von hier aus hat man bei guter Sicht einen fantastischen Blick auf den Untersee von Radolfzell, die Insel Reichenau und Konstanz bis zum Seerhein.

Wasserturm Grundholzen:
Weiler Str. 41, 78343 Gaienhofen

Der Ortsteil ist auch Treffpunkt für Wassersportler, hier wartet der Campingplatz mit Segelcamp und schönem Strandbad auf Naturfreunde und Wasserratten. Auch die Höri-Fähre hat hier ihren Heimathafen und steuert von hier aus Gaienhofen, Steckborn und Berlingen an.

Das Fischerdorf Hemmenhofen wartet nicht nur mit der früheren Werkstatt von Otto Dix auf, sondern ist auch Anlegestelle für die Schiffe der Schweizerischen Schifffahrtsgesellschaft Untersee und Rhein (***www.urh.ch***).

Alle Infos zur
Untersee und Rhein Schifffahrt

Sehenswürdigkeiten

Auf den Spuren von Hermann Hesse

Könnte man es sich aussuchen, zu welcher Zeit man dieses herrliche Fleckchen Erde am liebsten besucht hätte, dann würde man sich vielleicht das frühe 20. Jahrhundert aussuchen, als Hermann Hesse hier gelebt hat. Für Hesse, der sein Leben lang nach Selbsterkenntnis, Spiritualität und Authentizität strebte, muss dieser Ort überaus inspirierend gewesen sein. Freunde seiner Literatur können sich darüber freuen, den Spuren des Schriftstellers zu folgen. Im Dorfkern von Gaienhofen befindet sich sein erstes Domizil, das er mit seiner Frau Mia im Jahre 1904 bezogen hatte. Es ist heute Teil des Hesse-Museums, das nicht nur die Wohn- und Arbeitsräume des Literaten zeigt, sondern auch einige besonders schöne Bilder und Skulpturen bedeutender Maler.

Hesse Museum Gaienhofen:
Kapellenstr. 8, 78343 Gaienhofen,
www.hermann-hesse-hoeri-museum.de,
Tel. 07735-440949

Auch die von Hesse in Auftrag gegebene Villa – seine zweite Adresse auf der Höri – ist einen Besuch wert. Vor allem, weil hier auch der einzige noch erhaltene Garten des Dichters existiert, den er nach eigenen Vorstellungen angelegt hat. Das prachtvolle Haus befindet sich im Privatbesitz und kann nur im Rahmen einer Führung besichtigt werden (siehe Website!).

Mia- und Hermann-Hesse-Haus:
Hermann-Hesse-Weg 2,
78343 Gaienhofen,
www.mia-und-hermann-hesse-haus.de,
Tel. 07735-440653

Prominente Nachbarschaft – Otto Dix

Im Nachbardorf Hemmenhofen lebte der Maler Otto Dix, einer der großartigsten deutschen Künstler des 20. Jahrhunderts. Unter den Nazis verlor er als Maler „entarteter Kunst" seine Professur in Dresden, worauf er mit seiner Familie an den Bodensee übersiedelte. Die Beschäftigung mit seiner Vita nimmt einem regelrecht den Atem, einen Besuch seines Hauses, in dem er die letzten dreißig Jahre seines Lebens verbrachte, sollte man nicht versäumen. An den Wänden hängen Reproduktionen jener Meisterwerke, die vormals die Räume dekoriert und sich inzwischen auf verschiedene Museen weltweit verteilt haben. Besonders die Kellerräume haben es in sich. Die farbkräftigen Wandmalereien, die Dix für Fasnachtspartys entworfen hatte, wurden erst vor zwölf Jahren bei Sanierungsarbeiten entdeckt.

Museum Haus Dix: Otto-Dix-Weg 6,
78343 Gaienhofen-Hemmenhofen,
www.kunstmuseum-stuttgart.de,
Tel. 07735-937160,
kunstmuseumstuttgart

Kirche St. Johann und Vitus in Horn

Die hübsche spätgotische Saalkirche (mit romanischen Mauerresten) wird gerne von Ausflüglern angesteuert, weil sie höher gelegen ist und man von hier aus einen großartigen Blick auf den Untersee bis zur Insel Reichenau und Konstanz genießt. Erbaut wurde sie im Jahre 1717 unter dem Konstanzer Bischof Johann Franz Schenk von Stauffenberg. Zu ihren Schätzen gehören eine beeindruckende Barockausstattung, einige beachtenswerte Grabmäler und zwei kostbare Altarflügel, die um 1500 vom Konstanzer Maler Matthäus Gutrecht d. Ä. gefertigt wurden. Am nordwestlichen Ende des Friedhofs hat Hans Leip seine letzte Ruhestätte gefunden, der es einst mit dem Lied „Lili Marleen" zu Weltruhm gebracht hat.

St. Johann und Vitus:
Kirchgasse 6, 78343 Gaienhofen,
Tel. 07735-2034

Die schönsten Hotels

Hotel Hirschen

Vor allem der neue Teil der familiengeführten Edelherberge ist sowohl von der architektonischen Gestaltung als auch vom Farbkonzept umwerfend. Großartig auch die Fürsorge der sympathischen Mitarbeiter, die alle an einem Strang ziehen, wie es sich für eine Familie gehört. Das Wellness-Hotel verfügt über einen Innen- und Außenpool und befindet sich auf der Spitze der Halbinsel. Die exponierte Lage bietet einen Panoramablick über den westlichen Bodensee, den man auch von der Sauna aus genießen kann. Die geräumigen Zimmer sind allesamt gelungen, besonders hervorstechend die Wellness-Suite mit offenem Kamin und eigener Sauna. Bemerkenswert ist zudem das hoteleigene Restaurant, das Fleischprodukte aus der eigenen Metzgerei anbietet.

Hotel Hirschen Horn:
Kirchgasse 3, 78343 Gaienhofen,
www.hotelhirschen-bodensee.de,
Tel. +49 7735 93380, hirschenhorn

Seehörnle Hotel & Gasthaus

Direkt am Bodensee-Radweg und umgeben von geschützter Natur liegt das Hotel Seehörnle. Hier genießt man frische und regionale Küche in hellen Gasträumen oder auf der sonnigen Terrasse. Das Hotel verfügt über 31 Zimmer: Während die barrierefreien Zimmer im Galerie-Haus für natürliche Gemütlichkeit mit der Ausstattung eines Komfort-Hotels stehen, bieten die Räume im Atelier das passende Ambiente für gehobene Ansprüche.

Seehörnle Bio-Hotel:
Hörnliweg 14, 78343 Gaienhofen,
www.seehoernle, Tel. 07735-937700,
seehoernle

Seehotel HŒRI

Das familiengeführte 4-Sterne-Hotel HŒRI hat sich der Entspannung verschrieben, angefangen beim direkten Seezugang. Im Restaurant SEENSUCHT lässt es sich fürstlich speisen und auch die regionalen Leckereien im Biergarten Ufer24 sind nicht zu verachten. Highlight ist der schöne SPA-Bereich, in dem sich die Gäste in einem großen Panorama-Hallenbad samt Sauna entspannen können.

Hotel HOERI:
Uferstraße 20-23, 78343 Gaienhofen,
www.hoeri-am-bodensee.de,
Tel. 07735-8110, hotel_hoeri

Preiswerte Unterkünfte

Campingplatz Höristrand

Recht günstig lässt es sich auf dem schönen Campingplatz Höristrand übernachten. Man braucht nicht mal mit dem eigenen Zelt oder dem Campingwagen anzureisen, sondern kann es sich hier in umgestalteten Bauwägen, Mietwohnwägen oder den etwas geräumigeren Tiny-Houses bequem machen. Obendrein ist alles vorhanden, was man für einen vergnüglichen Tag am Wasser braucht: Trampolin und Buddelplatz für die Kleinen, Tischtennisplatte und eine Verleihstation für Kanus, Paddel- und Motorboote.

Campingplatz Höristrand:
Hauptstr. 237, 78343 Gaienhofen,
www.camping-hoeristrand.de,
Tel. 07735-9369834

Die besten Restaurants

Restaurant Hirschen

Die Küche des gleichnamigen Hotels ist schon seit Jahren eine Top-Adresse für Freunde würziger Hausmannskost. Aus der eigenen Metzgerei kommen Schlachtplatten vom Schwein, Innereien vom Kalb oder ein Ochsen-Kotelett. Unschlagbar ist die Wildhasenkeule mit Knödeln und Rotkraut, aber keine Bange, auch Vegetarier und Fischfreunde kommen auf ihre Kosten: Gemüse und Salat knackfrisch, der Bodensee-Fisch raffiniert arrangiert.

Hotel Hirschen Horn:
Kirchgasse 3, 78343 Gaienhofen,
www.hotelhirschen-bodensee.de,
Tel. 07735-93380,
hirschenhorn

Biergarten UFER 22

So stellt man sich einen entspannten Sommertag im Urlaub vor: Gemütlich im Biergarten bei einem Spätburgunder oder Hefeweizen und einer leckeren Brotzeit sitzen, dabei die Aussicht auf bequemen Sitzmöbeln genießen. Ausgesprochen nettes Personal!

UFER 22: Uferstr. 22,
78343 Gaienhofen-Hemmenhofen,
www.ufer22-am-bodensee.de,
Tel. 07735-8110

Nightlife

Auch abends geht es in Gaienhofen beschaulich zu, aber es gibt einige schöne Adressen, um den Tag angenehm ausklingen zu lassen.

Charly's Bar

Späte Gäste mit gehobenen Ansprüchen machen es sich in Charly's Bar im schicken Wellness-Hotel Hirschen gemütlich und finden dort bestimmt auch weltoffene Gesprächspartner für etwas Philosophie zu fortgeschrittener Stunde.

Hotel Hirschen Horn:
Kirchgasse 3, 78343 Gaienhofen,
www.hotelhirschen-bodensee.de,
Tel. 07735-93380,
hirschenhorn

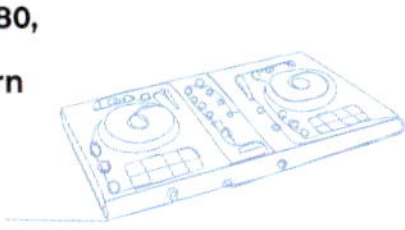

Café Bar Heimathafen

Lockerer geht's im Heimathafen in Gaienhofen zu. Der Laden ist auch bei jungen Leuten sehr beliebt, vor allem wegen der leckeren Smoothies und der trendigen, gespritzen Weine wie Aperol Spritz, Hugo, Martini Spritz und Lillet Wild Berry. Oder aber man kommt schon mittags für Kaffee und Kuchen vorbei – Im Heimathafen kann man jedenfalls getrost den Anker werfen.

Heimathafen Gaienhofen:
Schloßstraße 12, 78343 Gaienhofen,
www.heimathafen-gaienhofen.de,
Tel. 0176-21912321,
heimathafengaienhofen

Erlebnisse und Aktivitäten

ERLEBNISSE

Wanderausflug mit Kunst und Kulinarik

Gaienhofen ist der perfekte Start für ein Kunst- und Wandererlebnis. Das Motto lautet hier: „Pilgern mit Genuss“. Im Fokus stehen einerseits unser Künstler Otto Dix, und andererseits die Kunst der Bodenseelandschaft, die auf dem Panoramaweg ein weiteres Gemälde abliefert.

Das Angebot kann von Mai bis September von Dienstag bis Sonntag gebucht werden. Der Treffpunkt für die ca. 10 km lange Wanderstrecke ist das Museum Haus Dix.

Tourist-Information Gaienhofen:
Im Kohlgarten 1, 78343 Gaienhofen,
www.gaienhofen.de,
Tel. 07735-9999123,
gaienhofen

Schifffahrt Lang

Was wäre ein Besuch auf der Höri, ohne die schöne Halbinsel einmal vom Wasser aus zu erleben. Die MS-Seestern verkehrt regelmäßig zwischen Horn, Gaienhofen, Berlingen und Steckborn. Das Unternehmen ist auch für tolle Ausflugsfahrten bekannt. Von April bis Oktober im Programm: Abendrundfahrten, Geschichtsfahrten, Buffetfahrten, Weinreisen und vieles mehr. Die Tickets gibt es im Vorverkauf auch bei der Touristen-Info in Gaienhofen oder unter 07735-9999-122.

Schifffahrt Lang:
Erbringstrasse 24, 78343 Gaienhofen,
www.schifffahrtlang.de,
07735-8891

Atelier Heidi Reubelt

Nun wird es aber tatsächlich Zeit, selbst zum Kunstwerk zu schreiten! Zu den zeitgenössischen Höri-Künstlern gehört Heidi Reubelt, die nicht nur zu den Ausnahmetalenten im Bodenseeraum gehört, sondern ihr Wissen auch mit Freude und Begeisterung an andere weitergibt. Auf der Höri bietet die in Radolfzell geborene Malerin und Grafikerin professionelle Mal- und Zeichenkurse an, die in Gruppen von maximal 8 Personen stattfinden. Bei ihr kann man Intensivkurse zu bestimmten Themen buchen, z.B. experimentelles Aquarell, Porträts, Acrylmalerei, Kunst für Kids und vieles mehr. Ihre eigenen Werke können Sie auch bestaunen und erwerben.

Atelier Heidi Reubelt:
Weilerstr. 1, 78343 Gaienhofen,
www.heidireubelt.de,
Tel. 07735-1823, heidireubelt

BADEN, WELLNESS UND WASSERAKTIVITÄTEN

Strandbad Gaienhofen

Mitten im Naturschutzgebiet und an der äußersten Spitze der Halbinsel befindet sich ein schönes Strandbad, das gleichzeitig Sitz des Bodensee-Segelcamps ist. Besonders die Segelkurse für Kinder und Jugendliche sind sehr beliebt. Außerdem im Angebot: Minigolfplatz und ein schöner Spielplatz. Über einen Steg kommt man bequem ins tiefere Wasser.

Strandbad Horn:
Strandweg 3, 78343 Gaienhofen,
Tel. 07735-9389429

KULINARISCHES

Kuchengenuss: s'Plätzle am See

Claudi und ihr Team sind bekannt für ihre leckeren, hausgemachten Kuchen und den herzlichen Service. Der traumhafte Ort direkt am See ist aber genauso gut geeignet für ein herzhaftes Vesper, insbesondere den Wurstsalat!

s'Plätzle am See:
Uferstraße 32, 78343 Gaienhofen,
www.splaetleamsee.de,
Tel. 07735-8313015,
splaetzleamsee

Moos

Touristen-Information:
Bohlinger Str. 18, 78345 Moos,
www.moos.de, Tel. 07732-999617

Auch der 3200 Seelen zählende Erholungsort Moos mit seinen Ortsteilen Bankholzen, Iznang und Weiler befindet sich auf der schönen Höri. Wer Entschleunigung sucht, ist hier an der richtigen Stelle. Das schöne Fleckchen Erde mit seinen sanften Hügeln und dem See vor der Haustür erreicht man von Radolfzell aus über eine pappelgesäumte Allee. Wilde Partys und Powershopping sucht man hier vergebens, wobei es an Mitbringseln freilich nicht mangelt, denn die Früchte der Streuobstwiesen landen in köstlichen Marmeladen, Most und selbstgebrannten Schnäpsen. Die Besucher genießen die frische Luft auf langen Wanderungen am Ufer entlang, durch das Schilf des Aachrieds und durch die duftenden Wälder am Rande des Schienerbergs.

Sehenswert sind im Ortsteil Bankholzen einige alte Fachwerkhäuser aus dem 18. und 19. Jahrhundert und die Kirche St. Leonhard, die ein hübsches, gotisches Netzgewölbe von 1500 besitzt und ein Sakramentshaus aus der gleichen Zeit.

Zu den größten Schätzen gehört ein Kruzifix aus dem Jahre 1330, das aus dem Kloster Grünenberg stammt. Die Gemeinschaft von Franziskaner-Terziarinnen wurde in der Säkularisation 1808 aufgehoben und die Gebäude im Jahre 1830 abgerissen. Berühmt war dieses Kloster vor allem dank der wundertätigen Oberin und Klostergründerin Elsa, die der Überlieferung nach eine Gräfin von Habsburg gewesen ist und durch ihre Wundertätigkeit auf der Halbinsel große Verehrung fand.

St. Leonhard:
Hauptstraße 48, 78345 Moos,
Tel. 07735-2034

Auch der Yachthafen mit seinem weithin sichtbaren Metallsegel ist einen Besuch wert. Bei dem überdimensionalen Segel handelt es sich um einen 18 Meter hohen Solarturm, der Sonnenenergie ins Netz des Hafens einspeist und eine Jahresleistung von 900 kW erreicht.

Hafen Moos:
Hafenstraße 5A, 78345 Moos

Das zur Gemeinde gehörende Dorf Iznang bietet ebenfalls eine lange Uferanlage mit jeder Menge Sitzgelegenheiten, an denen man innehalten und auf den See blicken kann. Der einheimische Künstler Friedhelm Zilly hat sich hier mit einer Mädchen-Skulptur sowie einer Büste von Franz Anton Mesmer verewigt. Mesmer war ein berühmter Arzt und Psychotherapeut, der sich mit der Entdeckung des „tierischen Magnetismus“ einen Namen gemacht hat.

Mesmer-Büste von Zilly:
Uferweg, 78345 Moos

Die schönsten Hotels

Landgasthof zum Sternen

Der Landgasthof liegt zwar nicht direkt am Wasser, punktet aber mit günstigen Zimmerpreisen, badischer Gastlichkeit und einwandfreien Zimmern. Bei Chefin Brigitte und ihrem fleißigen Team sind Sie in den besten Händen, auch in Sachen Küche. Zu frisch gezapftem Bier und ausgesuchten Bodenseeweinen genießen Sie badische und schwäbische Spezialitäten. Man sitzt angenehm in der Gaststube oder im Biergarten unter dem Dach alter Kastanienbäume.

Zum Sternen:
Schienerbergstr. 23, 78345 Moos,
www.zum-sternen.de,
Tel. 07732-2422

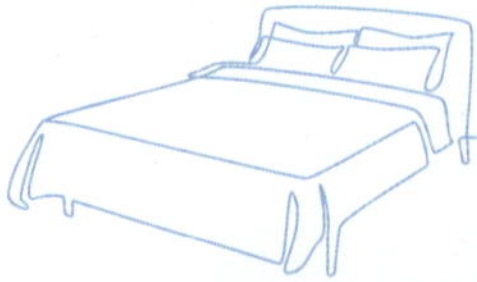

Die besten Restaurants

Restaurant Grüner Baum

2018 wurde der Gastronom Hubert Neidhart zum Genussbotschafter von Baden-Württemberg gekürt, denn schon lange vor dem „Nachhaltigkeits-Trend" war ihm der Erhalt bedrohter, regionaler Lebensmittel ein Anliegen. Seine Küche ist ein Paradebeispiel von köstlicher, schnörkelloser Heimatküche, sodass in seinem historischen Gasthaus nur Untersee-Fische und Gemüse von der Höri auf den Tisch kommen. Nun übernimmt seine Tochter Elena das Ruder des altbewährten Lokals. Wir sind zuversichtlich, dass die Qualität auch in der nunmehr 6. Generation exzellent bleibt.

Grüner Baum Moos:
Radolfzeller Str. 4, 78345 Moos,
www.gruenerbaum-moos.de,
Tel. 07732-54077,
gruenerbaummoos

Restaurant und Bar Felsenkeller

Eine gemütliche Kneipe, in der sich Einheimische und Touristen mischen, um gemeinsam Sport zu gucken oder Dart zu spielen. Richtig gute Stimmung und wichtiger Treffpunkt für die Youngsters der Gegend. Raucher haben einen Extra-Bereich. Als Unterlage gibt's einige Leckereien aus der heimischen und italienischen Küche, vom Schnitzel bis zur Pizza.

Felsenkeller:
Weiler Str. 1, 78345 Moos,
Tel. 07732-9827279

Erlebnisse und Aktivitäten

ERLEBNISSE

Mühlbachtal

Dass man aus einer Schutthalde und Müllkippe ein kleines Paradies schaffen kann, bewiesen die Dorfplaner im Jahre 1972, die das Bachtal zu einer Naturparkanlage umgestaltet haben. Der abwechslungsreiche Rundweg ist leicht zu bewältigen und dauert etwa drei Stunden. Er beginnt am Parkplatz in Bankholzen an der Kirche.

Bodensee (Lehr)Pfad

Für eine kürzere Runde empfiehlt sich die einstündige Wanderung auf dem 3,5 Kilometer langen Bodenseepfad, der zwischen Iznang und Moos mit neun informativen Schautafeln über die heimische Tier- und Pflanzenwelt bestückt ist. Mehr Infos zum Bodenseepfad finden Sie auf einem Flyer bei ***ww.moos.de***

Mehr Infos **Bodensee (Lehr)Pfad**

EVENTS

Büllefest

Am ersten Sonntag im Oktober ist viel los in Moos, dann dreht sich alles um die Höri-Bülle, eine Zwiebelsorte, die nur hier auf der Halbinsel angebaut wird. Das Anbaugebiet wurde von der EU geografisch geschützt und mit einem Gütesiegel versehen. Das Fest gibt es seit 1976. Die Einwohner präsentieren ihre kunstvollen Zöpfe und Kränze mit der gelben und roten Bülle und allerlei andere handgemachte Kunstwerke, die in irgendeinem Zusammenhang mit der Zwiebel stehen. Im Laufe der Jahre ist das Sortiment immer größer geworden, so dass sich nun auch einige alte Handwerksberufe wie Seiler, Filzer und Korbmacher die Ehre geben. Aber natürlich ist die Bülle hier nicht nur zum Anschauen da, sondern landet in allen erdenklichen Variationen in den Gerichten der Essensstände, unter anderem in der Büllesuppe, im Büllebrot oder auf der Bülledünne. Die Vereine richten zum Büllefest Besenwirtschaften ein, in denen Kesselfleisch und Schlachtplatten eine hervorragende Unterlage zum ausgiebigen Genuss des neuen Weins liefern, der hier natürlich in großen Mengen fließt.

Wasserprozession

Wenn Sie sich am Montag nach dem Pfingstmontag in Moos befinden, können Sie einem ganz besonderen Spektakel beiwohnen, das in der Bodenseeregion einzigartig ist. Gemeint ist die Wasserprozession, eine schon seit dem Jahre 1796 jährlich veranstaltete Pilgerreise der Einwohner nach Radolfzell, die seit 1926 auf dem Wasser stattfindet. Die in Trachten gekleideten Pilger fahren dann in prächtig mit Blumen geschmückten Booten nach Radolfzell, wo sie am Hafen empfangen und in einer Prozession zum festlich dekorierten Münster begleitet werden. Touristen können die Prozession auf den Ausflugsschiffen begleiten.

BADEN, WELLNESS UND WASSERAKTIVITÄTEN

Segelschule Iznang

Hier lernt man in kleinen Gruppen auf modernen Booten alles Nötige, um sich auf dem Wasser sicher zu fühlen. Das Segelschulgebäude mit Ausbildungsraum, Büro und Laden für die Versorgung der Schüler liegt direkt am Steg. In den Sommerferien können Kinder ab 8 Jahren Kindersegelkurse besuchen. Die Segelboote werden tageweise oder zum Feierabend

verchartert. Skipperstunden, Funkkurse, Scheine fürs Meer oder Törns am Mittelmeer zählen ebenfalls zum Programm.

Segelschule Iznang:
Seestr. 19, 78345 Moos,
www.segelschule-iznang.de,
Tel. 0152-52527942

Strandbad Moos

Das Strandbad besitzt neben einem Klettergerüst den größten Sandkasten auf der Höri – ein echter Buddeltraum! Außerdem im Angebot: Beach-Volleyball, Tischtennis und ein Selbstbedienungskiosk mit See-Terrasse. Für Fahrradfahrer gibt es eine E-Bike-Ladestation sowie eine Fahrrad-Reparatur-Station.

Strandbad Moos:
Strandweg 38, 78345 Moos,
Tel. 07732-53660

Öhningen

Touristen-Information:
Klosterplatz 1, 78337 Öhningen,
www.oehningen-tourismus.de,
Tel. 07735-81920

Der historisch interessanteste Teil der Höri ist die Gemeinde Öhningen mit ihren Ortsteilen Wangen und Schienen. Sie breitet sich am Südufer am Hang des Schiener Berges aus und ist die größte Gemeinde der Höri. Schon von weitem erkennt man das Wahrzeichen von Öhningen, das Konventsgebäude des ehemaligen Augustiner-Chorherrenstiftes und seine hübsche Renaissance-Kirche, die jede Menge Schätze beherbergt.

Ehem. Augustiner Chorherrenstift:
Klosterpl. 3, 78337 Öhningen

Auch die ältesten, noch gut erhaltenen Fachwerkhäuser sind in Öhningen zu finden und sehenswert. In einem denkmalgeschützten Haus – dem ältesten Fachwerkhaus aus dem Jahre 1618 – befindet sich heute das Museum Fischerhaus, das in die Ära der Pfahlsiedlungsbauer am Bodensee entführt und zahlreiche Versteinerungen präsentiert, die von den Anfängen unserer Erde künden.

Im Ortsteil Kattenhorn sollte man sich die hübsche Blasiuskapelle aus dem 16. Jahrhundert und die evangelische Petruskirche mit den berühmten Fenstern von Otto Dix anschauen. Der Ortsteil Schienen wartet mit einer schlichten, romanischen Kirche auf, die seit ihrer Entstehung gerne von Wallfahrern besucht wird.

St. Blasius:
Schloßstraße 15, 78337 Öhningen

Petruskirche:
Oberhaldenstraße 1, 78337 Öhningen

Sehenswürdigkeiten

Fischerhaus

Das Museum Fischerhaus befindet sich in einem denkmalgeschützten Fachwerkhaus, das im Jahre 1604 als Speicherbau errichtet wurde. Beinahe wäre das geschichtsträchtige Haus abgerissen worden, doch das beherzte Einschreiten des Fördervereins konnte dies verhindern und seiner Initiative ist es zu verdanken, dass dieses hübsche Haus im Jahre 1986 ans Seeufer umgesetzt und umfänglich renoviert wurde. Heute befindet sich das Museum in seinen Räumen, das zwei wertvolle archäologische und paläontologische Sammlungen beherbergt. Zu den Exponaten zählt neben Fischen, Schildkröten und Pflanzen auch ein Riesensalamander, der für einen skurrilen Irrtum gesorgt hat: Der Züricher Gelehrte Johann Jakob Scheuchzer hatte diesen 1725 als einen in der Sintflut ertrunkenen Sünder gedeutet.

Besonders interessant sind auch die Funde von Hinterlassenschaften jungsteinzeitlicher Siedler, die in den Pfahlbauten am Hinterhorn im Uferbereich des Bodensees an der Stelle des heutigen Wangen lebten.

Museum Fischerhaus:
Seeweg 1, 78337 Öhningen,
www.museum-fischerhaus.de,
Tel. 07732-4479,
Museum geöffnet:
Mi.-So. + feiertags 14-17 Uhr

Pfahlbauhaus Wangen

Anstoß zum Pfahlbauhaus Wangen lieferte die Ernennung zum UNESCO-Weltkulturerbe. Dadurch wurde der Wunsch, das verborgene steinzeitliche Wunder wieder auferstehen zu lassen, beflügelt. Ein präzises Nachbild aus Rundhölzern entstand, zu finden beim Museum Fischerhaus und der Westbucht von Wangen. Drei Pfahlreihen tragen die First- und Seitenpfetten sowie die Dachsparren und das Dach. Der Fußboden und die Wände werden von drei weiteren Pfahlreihen getragen, die mit Querstreben stabilisiert sind. Der Boden aus Eschen-Rundhölzern ist mit einer gemagerten Lehmmischung ausgekleidet. Die Wände bestehen aus geflochtenen Hasel- und Weidenruten. Sie sind auf dem Boden aufgesetzt und ebenfalls in mühevoller Handarbeit mit Lehm „verputzt". Das Dach ist mit dicken Lagen aus Schilf gedeckt worden, obwohl es in der Steinzeit vermutlich noch nicht so viel Schilf am See gab. Gefertigt wurde das Pfahlbauhaus unter der Leitung von Architekt und Archäologe Christian Maise aus Laufenburg (Infos s. Museum Fischerhaus).

Jacob Picard Gedenkstätte

Im Wangener Rathaus befindet sich eine kleine Gedenkstätte zu Ehren von Jacob Picard (1883-1967). Der in Wangen geborene Jurist und Schriftsteller gilt aufgrund seiner literarischen Werke als bedeutender Chronist des deutschen Landjudentums. Wie die meisten anderen Künstler, die zu seiner Zeit auf der Höri lebten und arbeiteten, gehörte auch Picard aufgrund seiner jüdischen Herkunft zu den Verfolgten. Auch reiht er sich in die Reihe betrogener Idealisten ein, die Deutschland im ersten Weltkrieg als Freiwillige an der Front dienten, um ein paar Jahre später vom Vaterland Verfolgung, Berufsverbot und Bedrohung von Leib und Leben zu ernten. In letzter Minute gelang Picard über Umwege die Flucht in die Vereinigten Staaten. All die Not und Bedrängnis vermochten den schöpferischen Geist des Dichters nicht zu brechen und obwohl er wenig Aufmerksamkeit mit seinen Werken auf sich zog, blieb er in seiner spärlichen Freizeit weiter schriftstellerisch tätig und widmete sich dem Verfassen von Geschichten und Gedichten, die gelegentlich in Zeitungen abgedruckt wurden. Im Jahre 1965 kehrte er nach Deutschland zurück und erhielt – kurz vor seinem Tod – die verdiente Anerkennung für sein Werk, den Bodensee-Literaturpreis der Stadt Überlingen. Zu seinen wichtigsten Werken zählen: „Das Ufer“, „Erschütterung“ und „Der Gezeichnete – Jüdische Geschichten aus einem Jahrhundert“.

Rathaus Wangen:
Hauptstraße 35,
78337 Öhningen-Wangen

Kloster Öhningen

Nach Überlieferung einer offenbar gefälschten Urkunde des 12. Jahrhunderts wurde das Kloster Öhningen im Jahr 965 zu Ehren der Heiligen Peter, Paul und Hippolyt von Graf Kuno als Benediktinerkloster gegründet. Die genauen Umstände der Klostergründung wären rein spekulativ, zumal sich die Historiker bis heute noch nicht einig sind über die Anfänge des Augustiner-Chorherrenstifts. Sicher ist, dass Öhningen zu den sehr frühen Klöstern an Rhein und Untersee gehörte. Eine erste Bautätigkeit ist für das 13. Jahrhundert nachgewiesen, nach den Wirren der Reformation und des Bauernaufstandes wurde das Kloster im 16. Jahrhundert dem Hochstift Konstanz einverleibt. In der Folge wurde fleißig gebaut und im 17. Jahrhundert entstanden dann die Kloster- und Kirchenbauten, wie wir sie heute noch bewundern können. Regelmäßig finden Führungen durch das gesamte Klosterareal statt (Termine: Öhninger-Touristeninformation).

Ehem. Augustiner Chorherrenstift:
Klosterpl. 3, 78337 Öhningen

Konventsgebäude

Besonders sehenswert sind die barocken Raumdekorationen mit Rokokostuck im Konventsgebäude, das mit der Kirche den Kreuzhof umschließt und die historisch wertvollsten Räume beherbergt. Obwohl hier in den letzten Jahrhunderten etliche Umbauphasen stattfanden, sind noch wesentliche Bauteile von der Spätromanik bis zur Barockzeit erhalten. Die prägendste Sanierung fand 1431 bis 1519 statt. Der Schlafteil der Stiftsherren diente fortan als Sakristei und der Konventssaal wurde in das erste Obergeschoss des Stammhauses umgezogen.

Stiftskirche St. Hippolyt und Verena

Ein erstes Gotteshaus stand hier schon Anfang des 12. Jahrhunderts. Ihr heutiges Aussehen verdankt die Kirche dem Neubau im Stile der Spätrenaissance, nachdem die alte Kirche so baufällig war, dass sie nicht mehr zu retten war. Die Einweihung, die für Maria Himmelfahrt im Jahre 1618 geplant war, ging erst einmal mit einer Katastrophe einher, denn plötzlich stürzte der neue Turm in sich zusammen und hinterließ einen erheblichen baulichen Schaden. Ob Personen dabei verletzt wurden, ist nicht weiter bekannt. Im Jahre 1620 konnten die Menschen ihre Kirche endlich taufen und man kann sich vorstellen, dass dieser Tag etwas Besonderes war in der Geschichte Öhningens. Die Stiftskirche stammt aus der Übergangszeit von der Renaissance zum Barock und wurde unter dem Konstanzer Bischof Jakob Fugger von 1604 – 1624 erbaut. Die Flachdecke aus altem Stuck und die Kanzel kamen erst im 18. Jahrhundert dazu. Hauptattraktion in dieser Kirche sind die drei großen Altäre.

Bemerkenswert ist die Tatsache, dass das Geläut der Kirche auf die Kirche Maria Himmelfahrt im schweizerischen Eschenz abgestimmt ist. So entsteht ein ländergreifender Gleichklang über den See.

Stiftskirche:
An d. Stalden 3, 78337 Öhningen

Wallfahrtskirche St. Genesius

Am Hang des Schienerbergs steht im Ortsteil Schienen die Wallfahrtskirche St. Genesius mit ihrem auffallend archaischen Innenraum. Vom Friedhof umgeben, sticht das im Vergleich zur Ortsgröße mächtige Gotteshaus sofort ins Auge.
Im Inneren der Kirche sticht die klare Geometrie hervor. Bei dieser schlichten und ruhigen Eleganz wird der Blick gleich auf ihren größten Schatz gelenkt, das Gnadenbild „Maria mit dem Kind“ von 1430. Über die genaue Entstehung dieses Gotteshauses sind sich die Historiker noch immer nicht einig, wohl aber hat hier schon zu karolingischer Zeit im 9. Jahrhundert eine Kirche existiert und auch ein von Graf Scrot von Florenz gegründetes Kloster, das von ihm mit den in Italien erworbenen Oberschenkelknochen des Märtyrers Genesius beschenkt wurde. Wie allerorts, wenn ein Kloster über eine bedeutende Reliquie verfügte, wurde es sehr bald zu einer beliebten Pilgerstätte, die laut Überlieferung auch

von König Pippin und Radolf von Verona besucht wurde. Eine Besonderheit weist der Kirchturm mit zwei Zifferblättern auf, eines für die Minuten und eines für die Stunden.

Der Tabernakel wurde vom Öhninger Metallbildhauer und Goldschmied Jan Dix (1928-2018) im Jahre 1963 umgestaltet. Sie können es sich schon denken: Jan Dix war der jüngste Sohn des berühmten Malers Otto Dix, der im benachbarten Hemminghofen lebte.

St. Genesius: Kirchstraße 10,
78337 Öhningen, Tel. 07735-2034

Kattenhorn

Am Nordufer des Untersees liegt das idyllische Kattenhorn, ein Ortsteil der Gemeinde Öhningen. Das Dorf „Cattenhorn" wurde im Jahre 1155 erstmals urkundlich erwähnt und gehörte zum Besitz des Klosters Öhningen. Anlässlich seines 850-jährigen Bestehens wurde durch den Ort ein Geschichtspfad angelegt, der den Besuchern einige Stationen der Ortsgeschichte im Wandel der Zeit nahebringt. Die Hotspots des Ortes sind zwei sakrale Bauten, die hübsche Blasiuskapelle aus dem 16. Jahrhundert und die evangelische Petruskirche mit ihren berühmten Fenstern, die nach Entwürfen von Otto Dix entstanden sind.

St. Blasius: Schloßstraße 15,
78337 Öhningen

Petruskirche:
Oberhaldenstr. 1, 78337 Öhningen,
www.evkirche-hoeri.de,
Tel. 07735-2074

Die schönsten Hotels

Hotel Restaurant Residenz Seeterrasse

Ein schönes Hotel mit eigenem Bootsanleger, Pizzeria und einem hervorragenden Restaurant (siehe unten).

Residenz Seeterrasse:
Seeweg 2, 78337 Öhningen,
www.residenz-seeterrasse.com,
Tel. 07735-93000,
residenzseeterrassewangen

Hotel Gasthaus Adler

Preiswerte und urbequeme Zimmer bietet das Gasthaus Adler, das gerne von Radlern besucht wird, weil man hier das E-Bike kostenlos aufladen kann und sich für die Weiterfahrt mit Leckereien aus gutbürgerlicher Küche stärken kann.

Hotel Gasthaus Adler:
Oberdorfstr. 14, 78337 Öhningen,
www.adlerrestaurant.de,
Tel. 07735-7582387

Die besten Restaurants

Hotel Restaurant Residenz Seeterrasse

Chefkoch Harald Leissner wurde bereits mehrmals von der „Tafelgesellschaft zum Goldenen Fisch" prämiert. Das erklärte Ziel dieser Gesellschaft ist die Förderung der Fischkochkunst. Ihr Hauptanliegen ist es, den edlen Fischen aus den heimischen Gewässern die gebührende kulinarische Ehre angedeihen zu lassen. Leissner versteht dies vortrefflich. Er kocht mit Fantasie und Hingabe und setzt seine Variationen für das „mitessende Auge" geschickt in Szene.

Restaurant Falconera

Eigentlich wollte Johannes Wuhrer nach seiner Tätigkeit als Küchenchef im Zwei-Sterne-Restaurant im Ahrtal ein Restaurant am Comersee eröffnen, doch sein Vater – seines Zeichens Architekt in Singen – gab ihm den Tipp von der alten Mühle am Ortsrand von Schienen. Ein großes Glück für die Leute auf der Höri und natürlich auch für die Touristen, denn das historische Ambiente im Wallfahrtsort Schienen ist wie geschaffen für einen glücklichen Schlemmer-Abend. Das Ensemble von Fachwerk, groben Rohsteinwänden und schneeweiß gedeckten Tischen ist einmalig und die Küche sensationell: bodenständig und raffiniert zugleich, qualitätsbewusst und nicht überteuert.

Falconera:
Zum Mühlental 1, 78337 Öhningen,
www.falconera.de,
Tel. 07735-2340,
restaurant_falconera

Erlebnisse und Aktivitäten

ERLEBNISSE

Bootsscheune Wangen

Die Floetemeyers betreiben das Bootsstüble Wangen schon seit 17 Jahren. Angeboten werden hier hauptsächlich Kanufahrten für Gruppen, Schulklassen, Betriebsausflüge und Familienfeiern auf dem Bodensee und dem Rhein. Ein einmaliges Erlebnis ist die naturkundliche Tour über Fische und Vögel, die von den Floetemeyers selbst geleitet wird. Eine andere Tour bietet Kulturfreunden einen fundierten Blick in die Geschichte der Halbinsel, Romantikern sei die Lampionfahrt bei Vollmond mit anschließender Übernachtung im Zirkuswagen empfohlen. Auch die Kulturscheune gehört zum Betrieb, hier finden freitags Konzerte, Tango-Aufführungen und Theatervorstellungen statt. Höhepunkt des Jahres ist das Weihnachtsspiel in der Scheune mit echten Schafen und stimmungsvoller Kerzenbeleuchtung.

Bootsscheune Wangen:
Seeweg 13, 78337 Öhningen,
www.bootsstueble-wangen.de,
Tel. 07735-440661

BADEN, WELLNESS UND WASSERAKTIVITÄTEN

Die Gemeinde Öhningen verfügt über zwei Strandbäder:

Strandbad Öhningen

mit Kinderspielplatz und feinem Sandstrand. Außerdem: Tischtennisplatten, Sprungturm und Beachvolleyball-Feld. Restaurant und große Seeterrasse.

Strandbad Öhningen:
Rheinstr. 38, 78337 Öhningen,
www.strandbad-oehningen.de,
Tel. 07735-3195

Strandbad Wangen

Befindet sich direkt am Campingplatz Wangen. Geboten sind ein langer Kiesstrand, Kinderspielplatz, Kiosk, Tischtennisplatten, Grillstelle und Beachvolleyball. Das Restaurant bietet deutsch-italienische Leckereien!

Strandbad Wangen:
Seeweg 34, 78337 Öhningen

EVENTS

Höri-Musiktage

Ein großes Renommee besitzen die Höri Musiktage, die jedes Jahr im August stattfinden und Spitzenmusiker aus ganz Europa auf die Halbinsel bringen. Obwohl die

Veranstaltung noch recht jung ist – die ersten Musiktage fanden im Jahre 2017 statt – schallt der Ruf ihrer exzellenten Darbietungen schon jetzt weit über die Landesgrenzen hinaus. Die historischen Mauern des ehemaligen Chorherrenstifts Öhningen bieten hierfür den optimalen Rahmen. Neben den Konzerten des Festivalorchesters werden genreübergreifende Formate geboten: Kammermusik, Zeitgenössisches, Jazz und Crossover. Den Veranstaltern liegt es am Herzen, vor allem jungen Musikern eine Plattform zu bieten, die frischen Wind in Althergebrachtes bringen, so dass sich Musikliebhaber auf mitunter fantastisch originelle und unkonventionelle Interpretationen freuen dürfen. Alle Informationen zu den aktuellen Veranstaltungen finden Sie hier: ***www.hoeri-musiktage.de***

Alle Infos zu den
Höri-Musiktagen

Hegau

Nur wenige Kilometer vom Bodensee entfernt befindet sich eine Landschaft von bizarrer Schönheit mit neun Bergen vulkanischen Ursprungs, die das Wahrzeichen des Hegaus sind. Des Herrgott's Kegelspiel – so nannte der Heimatdichter Ludwig Finckh das Hügel-Ensemble. Auf jedem dieser Berge stand einst eine Burg, von deren Wehrhaftigkeit heute nur noch die Grundmauern zeugen. Wer hinaufwandert auf diese Hügel, wird belohnt mit immer neuen, weiten Blicken in eine Landschaft aus Wäldern, Weinbergen und Weiden, malerischen Schluchten, fruchtbarem Bauernland und Streuobstwiesen.. Es ist ein Land, das von den meisten Touristen auf dem Weg an den Bodensee wenig Beachtung findet. Schade eigentlich, denn die Gegend hat ihren Reiz. Gerade für Erholungssuchende und Naturliebhaber hat der Hegau viel zu bieten. Wer hierher kommt, ist Abenteurer, Wanderer oder Mountainbiker. In der Regel sind es Menschen, die das Unberührte der Natur suchen, mit Freude über verlassene Dorfstraßen schlendern, in denen Neugierige die Hälse recken und nur darauf warten, dass man sich einlässt auf einen munteren Plausch unter Fremden.

Aach

Ca. 36 Autominuten von Konstanz

Inmitten der vulkanisch geprägten Hegau-Landschaft liegt auf dem steilen Bergkegel das Städtchen Aach mit rund 2300 Einwohnern. Trotz dicker Mauern, Stadtbefestigung und Torturm ist dieser Ort alles andere als abweisend und wartet nur darauf, von landschaftsliebenden Besuchern eingenommen zu werden. Die touristische Geheimwaffe der kleinen Stadt ist die Aachquelle, die als größte Karstquelle Deutschlands zu einer überregional bekannten Attraktion geworden ist. Ausgehend von der Aachquelle führt der Premiumwanderweg „Aacher Geißbock" nördlich Richtung Dornsberg. Auf der Wanderung erwarten die Naturfreunde herrliche Ausblicke auf die Hegauberge, die Alpen, den Überlinger See und auf den Untersee. Ebenfalls sehenswert auf dieser Wanderung sind die so genannten Dolinen, auch Sinkhöhlen oder Karstlöcher genannt: Runde oder elliptisch geformte Senken, die durch Erdeinstürze des unterirdischen Höhlensystems im Kalkgestein entstanden sind.

Sehenswürdigkeiten

Aachquelle

So klein der Ort auch ist: Die hier gelegene Aachquelle ist die größte Karstquelle Deutschlands. Das meiste Wasser bezieht sie aus der Donau. Bei Immendingen und Fridingen sickert es in den Boden, gräbt sich unter Tage durch das Karstgestein und kommt hier in Aach wieder an die Oberflä-

che. Durchschnittlich sprudeln hier pro Minute 9000 Liter Wasser aus der Quelle, das sich in einem Teich sammelt und dann ein Wiesenflüsschen bildet, welches sich durch den Hegau schlängelt und schließlich als Radolfzeller Aach in den Bodensee gelangt. Der Ausdruck „Aach" ist übrigens ein germanisches Flußnamenswort und bedeutet einfach nur „Wasser".

Der Quellteich lässt sich auf einem Pfad mit zwei Stauanlagen umrunden. Danach kann man es sich im schönen Biergarten der Jägermühle gemütlich machen und Schweinshaxe in Aspik oder einen leckeren Wurstsalat genießen.

Gasthaus Jägermühle an der Aachquelle: Oberdorfstraße 6, 78267 Aach, Tel. 07774-428

Die schönsten Hotels

Gasthaus Löwen

Die meisten Besucher, die eine Nacht in dem stillen Ort verbringen möchten, nutzen das Gasthaus Löwen, in dem man auch gutbürgerlich speisen kann.

Gasthaus Löwen:
Mühlhauser Str. 2, 78267 Aach,
Tel. 07774-406

Eigeltingen

Ca. 36 Autominuten von Konstanz, 5 Minuten von Aach

Von herrlichen Laub- und Tannenwäldern umgeben, liegt die sanfte Gemeinde Eigeltingen. Die intakte Natur mit ihren wunderschönen Aussichtspunkten wird gerne von Radlern und Wanderern für Touren genutzt. Besonders beliebt ist der Premiumwanderweg „Krebsbachputzer", der auf einer Strecke von ca. 15 Kilometern entlang des Krebsbaches durch eine wildromantische Landschaft führt. Zu den touristischen Lieblingsorten gehören die Lochmühle, der Krebsbach, das Hegi-Schloss und die Reste eines römischen Gutshofes mit der „Villa Rustica". Freunde dörflicher Kirchen sollten auch einen Blick in die St. Mauritius-Kirche werfen.

Natürlich sind Sie nicht der erste, der diesen Ort entdeckt, denn im 3. oder 4. Jahrhundert soll bereits ein Sippenführer mit dem Namen „Aigold" hier gehaust und die Namensgebung begründet haben. Der 4000-Seelenort mit seinen Ortsteilen Heudorf, Honstetten, Mönchshöf, Reute und Rorgenwies taucht ab 764 in einer Schenkungsurkunde des Klosters St.

Gallen auf. In den folgenden Jahrhunderten gab es viele Besitzerwechsel. 1806 geriet Eigeltingen an Württemberg, vier Jahre darauf an das Großherzogtum Baden.

Sehenswürdigkeiten

Villa Rustica

Beim römischen Gutshof von Eigeltingen handelt es sich um einen Komplex aus der römischen Kaiserzeit (ca. 2. Jhd.). Er besteht aus den – ehrlicherweise recht spärlichen – Überbleibseln der „Villa Rustica“ samt Nebengebäuden. Dank der Informationstafeln an der archäologischen Stätte kann man sich in etwa vorstellen, wie es hier einmal ausgesehen hat.

Römischer Gutshof Eigeltingen:
Gewann Erbentsäcker, 78253 Eigeltingen,
www.roemischer-gutshof-eigeltingen.de

Die besten Restaurants

Die meisten Besucher steuern in Eigeltingen gleich das Ausflugsziel Lochmühle an, wo es sich gut essen und übernachten lässt. Wer es etwas ruhiger liebt, bekommt in den Ortsteilen gutbürgerliche Küche in den rustikalen Landgasthöfen.

Gasthaus Kreuz

Empfehlenswert zum Übernachten und Speisen ist das Gasthaus Kreuz im Ortsteil Heudorf. Hier kann man sich recht günstig einmieten und Spezialitäten der Gegend genießen. Vor allem der für die Gegend so berühmte Wurstsalat ist zu empfehlen und auch der Rostbraten ist prima!

Gasthaus Kreuz:
Am Plätzle 2, 28253 Eigeltingen,
www.kreuz-heudorf.de, Tel. 07465-583

ZIELE FÜR FAMILIEN

Lochmühle

Unmittelbar an das Landschaftsschutzgebiet „Krebsbachtal" grenzt die beliebte „Lochmühle", die ein Paradebeispiel für Erlebnisgastronomie ist und vor allem Familien mit Kindern anlockt. Das Hotel in einer ehemaligen Mühle beherbergt ein gutes Restaurant, das frische Spezialitäten aus eigener Landwirtschaft nebst Forellenzucht anbietet. Auf dem Gelände eines alten Steinbruchs erfreuen sich kleine und große Kletterfreunde an Seilbahn, Seilbrücke und vielen weiteren Abenteuern. Zu den besonderen Highlights zählen unter anderem Traktor- und Motocrossrennen, Bullenreiten und Baumstammlaufen. Kinder lieben den Streichelzoo, Mini-Traktorfahren, Ponyreiten und den großen Abenteuer-Spielplatz.

Lochmühle: Hinterdorfstraße 44,
78253 Eigeltingen,
www.erlebnisgastronomie.de,
Tel. 07774-93930,
lochmuehle

Alpakahof Adventure Alpakas

In Eigeltingen wartet noch ein zweites besonders schönes Erlebnis auf die Kids, nämlich der Besuch des Alpakahofs in Eigeltingen-Guggenhausen. Schon die Inkas züchteten die Tiere mit dem „Vlies der Götter". Auf der Farm mit diversen Übernachtungsmöglichkeiten erfahren Sie viel Wissenswertes über die Kleinkamele aus den Anden Südamerikas mit ihrer besonders weichen Wolle. Dort können Sie auch Kleidung aus besagter Wolle erwerben. Besonders schön ist der Alpaka-Spaziergang, bei dem die Gruppe von mehreren Tieren begleitet wird. Die Tour dauert etwa 1,5 bis 2 Stunden, kann auch individuell angepasst und verkürzt werden.

Adventure Alpakas:
Hochbuchstraße 15, 78253 Eigeltingen,
www.adventure-alpakas.de,
Tel. 07465-929946

Engen

Ca. 36 Autominuten von Konstanz, ca. 45 Min. mit dem Zug, 5 Min. von Aach

Wichtige Adressen und Kontakte in Engen

Apotheken (Auswahl)

Christophorus Apotheke Engen:
Bahnhofstraße 3, 78234 Engen,
www.chrisapo-engen.de,
Tel. 07733-8886

City Apotheke Engen:
Breite Straße 8, 78234 Engen,
www.apotheke-engen.de,
Tel.07733-97033

Polizei

Polizeiposten Engen:
Hauptstraße 43, 78234 Engen,
www.ppkonstanz.polizei-bw.de,
Tel. 07733-94090

Touri-Info

Tourist-Information Engen:
Marktpl. 2, 78234 Engen,
www.touristik-engen.de,
Tel. 07733-7357, stadtengen

Es ist einfach unglaublich, wie viele gut erhaltene historische Städte es in der Bodensee-Region zu entdecken gibt. Die Stadt Engen mit ihren 10.200 Einwohnern begeistert mit einem malerischen Altstadt-Ensemble aus buckligen, schmalen Gassen, schiefen Häusern mit gotischen Stufengiebeln und südländischem Flair. Mit Recht wurde die Stadt 1983 für ihre besonders liebevolle und originalgetreue Marktplatzsanierung beim Landeswettbewerb „Bauen und Wohnen in alter Umgebung" mit einem Sonderpreis ausgezeichnet. Sämtliche Sehenswürdigkeiten befinden sich in Fußreichweite, die meisten Besucher lassen ihren Wagen im Parkdeck Maxenbuck und fahren mit einem Fahrstuhl direkt ins Herz der Altstadt.

Parkdeck Maxenbuck:
Am Maxenbuck, 78234 Engen

Doch nicht nur der Renaissancekern mit dem schönen Marktplatz und der Stadtkirche ist sehenswert. Auch der frei zugängliche Eiszeitpark ist Besuchermagnet und das Städtische Museum Engen + Galerie sowie die regelmäßig veranstalteten Sonderausstellungen zur „Klassischen Moderne" nach 1900.

Wahre Besuchermagnete sind mittlerweile auch der Engener Ostermarkt, der Weihnachtsmarkt und das Engener Altstadtfest im Juli, bei dem alljährlich „die Gass' wackelt"! (Weitere Infos unter ***www.altstadtfest-engen.de***).

Alle Infos zum **Altstadtfest**

Die schöne Stadt und vor allem die reizvolle Landschaft des Hegaus hat schon den durchreisenden Goethe begeistert: „Von Morgen her gesehen giebt Engen ein artig topographisches Bild, wie es unter dem bedeutenden Berge auf einem Hügel sich ins Thal verliert."

Geschichte

Bei seiner ersten urkundlichen Erwähnung 1086 gehörte Engen den Freiherren von Hewen. Im Süden von Engen entstand im 13. Jahrhundert die Burg Neuhausen, später Altdorf genannt. Im Spätmittelalter begann die Blütezeit des Ortes, aufgrund seiner verkehrsgünstigen Lage wurde Engen zu einem wichtigen Handelsplatz für Stoffe, Gewürze und viele andere Waren. Aus dieser Zeit stammen die herrschaftlichen Häuser der vom Wohlstand geprägten Stadt.

Wer mehr über die schöne Stadt und ihre Geschichte in Erfahrung bringen will, kann an einer Stadt- oder Erlebnisführung teilnehmen oder mit dem Audioguide „Lauschtour" die Stadt auf eigene Faust erkunden (Infos bei der Touristen-Information).

Altstadt Engen

Fast hat man das Gefühl, als wäre die Zeit hier stehen geblieben, so schön restauriert präsentiert sich dieser Ort mit den vielen historischen Gebäuden und Brunnen. Für einen kleinen Rundgang empfiehlt sich das spätmittelalterliche Rathaus als Ausgangspunkt. Über dem Eingang begegnen Sie erstmals dem fünfzackigen Stern des Stadtwappens, der sich auf das Wappen der einstigen Herren von Hewen bezieht. Hier wurde schon vor 1500 getagt, und das bis heute. Nur herein in die „große Stube", wie der historische Ratssaal dereinst hieß, er ist wirklich sehenswert.

Rathaus Engen:
Hauptstraße 11, 78234 Engen,
www.engen.d, Tel. 07735-5020,
stadtengen

Weiter geht es in die südlich gelegene Spendgasse, deren Name sich auf das frühere Armenhaus „Spendhaus" bezieht und in der

Sie gleich zu Beginn das „Stadthaus“, seines Zeichens Fachwerkhaus des 17. Jahrhunderts, erwartet. Nebenan erblickt man die Befestigungsanlage der Hochwacht. Im weiteren Straßenverlauf folgt linkerhand das Kornhaus und ehemaliges Gerstenlager („Haberhaus“), das einen faszinierenden Erker mit Spottmasken trägt. Am Ende der Gasse kommen Sie zum Krenkinger Schloss mit seinem runden Treppenturm, das etwa um 1200 errichtet wurde und vermutlich eine stauferzeitliche Anlage ist. Der Hauptstraße entlang geht es nun weiter, bis Sie links in die Lupfengasse einbiegen, an deren Ende sich die ehemalige Badstube mit ihrem schönen Kreuzgewölbe befindet – mangels privater Bäder eine wichtige Institution. Gleich daneben stoßen Sie auf den Sebastiansbrunnen von Wolfgang Bier, der ebenfalls auf die historische Wasserversorgung verweist.

Nach dem Brunnen geht es links in die Klostergasse, an deren Ende sich die Anlage des ehemaligen Dominikanerinnenklosters St. Wolfgang befindet. Seine Kirche erhielt es 1629. Auch nach der Säkularisation blieben die Nonnen in dem Gebäudekomplex wohnen, der in die Folgezeit als Schule und Gefängnis fungierte und heute als Museum. Richtung Kirche wartet schon die nächste Sehenswürdigkeit: Der Vorstadtbrunnen des Darmstädter Künstlers Lutz Brockhaus. Der Brunnen mit den großen Marmorfiguren wurde zur Verkehrsberuhigung platziert. Weiter der Vorstadt folgend, kommt linkerhand die Stadtapotheke, die schon seit 1827 die Kranken der Stadt mit Medikamenten versorgt. Nächste Station ist die sehenswerte, katholische Stadtkirche Mariä Himmelfahrt, die laut ihrer Inschrift „ohne Schwierigkeiten“ von Rudolf dem Maurer erbaut wurde, und zwar zwischen 1200 und 1250. Bei ihren Grabplatten wird es etwas gespenstisch: Die älteste zeigt ein von Schlangen umwundenes Kleinkind mit ungeklärten Todesumständen, das dem Mythos nach nicht verwest war, als man Jahrhunderte später nachforschte. Noch mehr bedeutsame Grabmäler finden sich im südlichen Seitenschiff.

Mariä Himmelfahrt:
Hauptstraße 1, 78234 Engen

AUSFLUGSZIELE

Sehenswürdigkeiten

Weiter Richtung Markplatz gelangen Sie zu dem wahrscheinlich im 15. Jahrhundert erbauten Haus „Pappenheimer“. Nach der Kompletterneuerung 1979 zog das Gasthaus „Pappenheimer“ in diese ehrwürdigen Hallen. Wappen der Engener Herrschaften zieren den Giebel des Hauses.

Pappenheimer Haus:
Hauptstraße 4, 78234 Engen

Hier auf dem Marktplatz mit seinen beeindruckenden Fassaden lohnt sich ein genauerer Blick. Auf der Spitze des Hügels residierten im 11. Jahrhundert die Edelleute von Hewen. Nach deren Umsiedelung auf den Hohenhewen wurde die verwaiste Burg zum Grundstein der Stadtbefestigung.

Eine weitere Augenweide des Markplatzes ist das frühere Wirtshaus zum Adler mit Bestandteilen aus dem 12. Jahrhundert. Die Fassadenbemalung ist ein bewunderswertes Prunkstück der Sanierungsarbeiten.

Städtisches Museum Engen + Galerie

Das Museum befindet sich in den erhabenen Mauern des ehemaligen Klosters St. Wolfgang, das um 1300 als Niederlassung von Beginen entstand. Es beherbergt eine beeindruckende archäologische Sammlung an Fundstücken aus der Umgebung und gibt Einblicke aus dem Leben der Menschen, die vor 15.000 Jahren hier angesiedelt waren.

Städtisches Museum Engen + Galerie:
Klostergasse 9, 78234 Engen,
www.museum-engen.de,
Tel. 07733-502246

Oldtimer- Und Fahrzeugmuseum

Das hübsche, kleine Museum ist leider nur am Sonntag und feiertags geöffnet. Es zeigt einige historische Autos, Traktoren und Motorräder, unter anderem eine Hoco aus den 1920er Jahren.

Oldtimer & FahrzeugMuseum:
Hegaustraße 18, 78234 Engen,
www.oldtimermuseum-engen.de,
Tel. 0172-7186356

Die schönsten Hotels

Hotel der Rastanlage im Hegau Ost

Ein Hotel an einer Raststätte klingt nicht besonders einladend, aber lassen Sie sich nicht abschrecken, denn dieses brandneue Hotel direkt an der Autobahn ist tatsächlich ein Insidertipp und bietet alles, was der Reisende für einen angenehmen Aufenthalt benötigt und noch einiges mehr. Die Idee ist im Grunde genial, ein Hotel mit bezahlbaren Zimmern an einer Stelle anzubieten, die ohnehin 24/7 für die Kunden geöffnet ist. Morgens um 4 noch Lust auf ein Bier, die Zeitung praktisch frisch aus der Presse oder verspätete Anreise wegen Stau? Alles kein Problem in diesem Hotel, das man ohne weiteres in die gute Mittelklasse zählen darf, mit seinen hellen Zimmern, schönen Bädern und einer tollen Aussicht!

Rastanlage im Hegau Ost:
Ernsthofen 2, 78234 Engen,
www.rastanlagenimhegau.de,
Tel. 07733-94010

Die besten Restaurants

Restaurant Hegaublick

Der Name des Restaurants sagt schon alles, der Blick von der Terrasse oder durch die Panorama-Fenster ist großartig. Das Lokal ist besonders bei Wanderern beliebt und ist gleichzeitig Lieblingstreffpunkt von Rockern und Motorradfahrern, die sich hier mit Freude Wild- und Fischgerichte, Maultauschen, Schnitzel oder Hasenkeulen einverleiben. Auch die Kuchen und Torten sind zu empfehlen!

Restaurant Hegaublick:
Hegaublick 6, 78234 Engen,
www.hegaublick.de,
Tel. 07733-8755,
hegaublick

Restaurant Stadtkrone

Ein Paradies für Freunde von Grillfleisch und saftigen Schweinesteaks. Ein durch und durch uriges, bodenständiges Lokal, unkompliziert und lecker. Achtung, hier ist Cash angesagt, Karten werden nicht akzeptiert!

Restaurant Stadtkrone:
Klostergasse 1, 78234 Engen,
www.stadtkrone-restaurant-engen.de,
Tel. 07733-9826019

Erlebnisse und Aktivitäten

ERLEBNISSE

Eiszeitpark

Ein ganz besonderes Erlebnis ist der Besuch des Eiszeitparkes, der auch für Kinder interessant ist. Das Freilichtmuseum vermittelt eine Vorstellung vom Leben der Menschen vor 15.000 Jahren. Anhand archäologischer Grabungen hat man herausgefunden, dass die beiden Höhlen am Petersfels in der Eiszeit als Jagd- und Lagerplatz von Rentierjägern genutzt wurden. Eine originalgetreue Rekonstruktion der damaligen Vegetation und der Lebensverhältnisse bilden den Schwerpunkt der Ausstellung. Das Gelände ist frei zugänglich. Ein 1,5-stündiger Rundweg mit interessanten Schautafeln führt durch das rund drei Hektar große Gelände.

Eiszeitpark Engen:
Robert-Bosch-Str. 1, 78234 Engen,
Tel. 07733-502211

Engener Planetenweg

Für Radfahrer und Wanderer, die sich für die unendlichen Weiten unseres Universums interessieren, hält die Stadt mit dem Planetenweg ein intergalaktisches Erlebnis bereit. Das Ziel dieses Lehrpfades, der im Verhältnis 1:1 Mrd aufgebaut ist, ist die Vermittlung von astronomischem Wissen und der Fähigkeit, Distanzen im Weltraum einschätzen zu können. Das Besondere: Von jeder Planetenstation hat man freie Sicht zur vergoldeten Kugel auf der Kirchturmspitze, die das Zentrum bildet. Weil die Schautafeln als Reliefs gestaltet sind und die Infos auch in Blindenschrift verfasst sind, können auch Sehbehinderte dieser Wanderung etwas abgewinnen. Weitere Infos wie immer bei der Touristeninformation und unter:

www.planetenlehrpfad-engen.de

Alle Infos zum **Engener Planetenweg**

KUNST UND KULTUR

Hotspot für Selfies – Lichtinstallation Orbiter

Warten Sie, bis es dunkel ist, und dann nichts wie hin zur Stadthalle und nicht vergessen, das Handy vorher ausreichend zu laden. Der so genannte „Orbiter" ist ein Werk des Konstanzer Künstlers Markus Brenner und eine Art überdimensionale Diskusscheibe, die durch einen Lichtprojektor vom Dach der Stadthalle aus angestrahlt wird.

Das Objekt verwandelt sich dann in einen kosmischen Lichtdiamanten mit den unterschiedlichsten Motiven von Wurmlöchern, über galaktische Spiralnebel bis hin zu Mondkratern. Setzen Sie sich einfach drauf und knipsen Sie sich mal in einem ganz anderen Licht.

Stadthalle Engen:
Hohenstoffelstraße 3, 78234 Engen

Friedenszeichen

Ein weiteres Kunstwerk im öffentlichen Raum stammt von der Mannheimer Künstlerin Madeleine Dietz. Die Einwohner der Stadt wurden dazu aufgerufen, den Satz „Ich will Frieden" auf ein Blatt Papier zu schreiben. Diese Textfragmente wurden dann aus einer großen Stahlplatte ausgeschnitten und zu einer skulpturalen Papierrolle geformt. Das Kunstwerk steht nun auf dem Friedhof in der Nähe der Kriegsgräber und ehrt die Opfer des Krieges – ein zum öffentlichen Denkmal gewordener Friedensappell.

Friedhof Engen:
Jahnstraße 32, 78234 Engen

Friedenszeichen von Madeleine Dietz; Foto: Gunar Seitz

Gailingen am Hochrhein

Ca. 45 Autominuten von Konstanz, etwa 20 Autominuten von Singen

Touri-Info

TIBS Gailingen:
Hauptstraße 7, 78262 Gailingen,
www.gailingen.de, Tel. 07734-930342

Rund 3.000 Einwohner sind in der Gemeinde Gailingen beheimatet. Zum Entspannen lädt besonders der Rheinuferpark ein, im Sommer ist am Hochrhein zwischen Bodensee und Stein am Rhein jede Menge los. Mit dem Erholungsort ist man gut bedient, um zur Ruhe zu kommen oder Ausflüge in der Umgebung zu unternehmen. Das Wahrzeichen Gailingens ist die imposante Holzbrücke über den Rhein nach Diessenhofen. Fachwerkhäuser spiegeln sich im Wasser und Kanufahrer ziehen gemächlich an den Ufern vorbei. Mit dem Premiumwanderweg „Grenzgänger", dem 3 Welten-Radweg und den vielen Wanderstrecken ist Gailingen zudem ein Paradies für Radfahrer und Wanderer.

Der Name Gailingen geht zurück auf das alemannische Sippenoberhaupt Gailo, der sich hier ungefähr im 5. Jahrhundert niederließ. Besitzer des Ortes waren lange Zeit

die Herren von Gailingen. Als Zeugnis ihrer Herrschaft ist das Bürglischloss geblieben.

Nach dem Dreißigjährigen Krieg und vor dem Zweiten Weltkrieg florierte hier eine Gemeinschaft von Juden. Es handelte sich um Schutzjuden, denen man eine grundlegende Rechtssicherheit gewährte. Eine Synagoge gehörte schon seit 1830 zum Stadtbild und auch das Bezirksrabbinat war hier ansässig. Mitte des 19. Jahrhunderts gab es sogar Zeiten, in denen sich der Bevölkerungsanteil von Juden und Christen die Waagschale hielt, einige Jahre lenkte die Geschicke der Stadt ein jüdischer Bürgermeister. Erst der Nationalsozialismus setzte dem Frieden ein promptes Ende.

Es ist äußerst bedrückend, sich die Situation der Bürger während des aufkeimenden Judenhasses im Dritten Reich vorzustellen. Das jüdische Museum und der jüdische Friedhof bieten Gelegenheit, dieser langen gemeinsamen und dann so brutal zerstörten Gemeinschaft von Juden und Christen nachzuspüren.

Sehenswürdigkeiten

Bürglischloss

Das Bürglischloss oder Burg Gailingen erhebt sich auf dem Rauhenberg im Norden von Gailingen. Viele Informationen gibt es zu dieser Ruine einer Spornburg leider nicht, man vermutet, dass sie um 1278 von den örtlichen Adelsherren von Gailingen erbaut wurde und im 14. Jahrhundert durch einen Umweg über die Habsburger an die Herren von Randegg gelangte. Das Gemeindewappen trägt heute noch den Kopf eines Löwen, in Erinnerung an die Herren von Randegg.

Immer wieder wird die Ruine in Zusammenhang mit einem Sensationsfund neueren Datums gebracht. Gemeint ist die so genannte Bürgli-Glocke, die diesen Namen allerdings zu Unrecht trägt. Sie wurde kürzlich ganz in der Nähe des Schlosses gefunden, ist wesentlich älter als die Burg und wurde im Kloster Reichenau gefertigt.

Jüdisches Museum

Lange besaß Gailingen eine der größten jüdischen Landgemeinden Süddeutschlands. Das Museum vollzieht mit seinen Exponaten den Lebensalltag der hier ansässigen und anderer jüdischer Gemeinden der Umgebung nach. Es veranschaulicht, wie das Dorfleben „multireligiös" aussehen kann, ergänzt durch eine thematische Anbindung zu den jüdischen Gemeinden Badens, Deutschlands und der Schweiz. Den Besuchern werden Synagoge, Religion und Kultur, Vereinsleben, Arbeit und Feierlichkeiten nähergebracht, aber auch das dunkelste Kapitel: Die Entrechtung, Verfolgung und Deportation im Dritten Reich.

Jüdisches Museum Gailingen:
Ramsener Straße 12, 78262 Gailingen,
www.jm-gailingen.de,
Tel. 07734-934226, jmgailingen

Pfarrkirche St. Dionysius

Im Jahre 1903 protestierten zahlreiche Katholiken beim Bischof in Freiburg gegen den miserablen Zustand ihrer Kirche. Sie machten auch lauthals ihrem Ärger Luft, dass die Kirche für die wachsende Gemeinde zu klein geworden war, so dass viele Gläubige den Gottesdienst nur noch im Freien vor geöffnetem Portal mitfeiern konnten. Der Bischof zeigte Erbarmen und weihte das neue Gotteshaus ein

paar Jahre höchstpersönlich ein. Eine große Finanzspritze für das Projekt kam von einer jüdischen Familie, die im benachbarten Liebenfelsischen Schlösschen beheimatet war.

St. Dionysius:
Kirchstraße 4, 78262 Gailingen

Rheinbrücke Diessenhofen–Gailingen

Um an dem Warenverkehr zwischen Norden und Süden ordentlich mitzuverdienen, gab es hier schon im Jahre 1180 eine Zollbrücke, es folgten einige Neubauten im Laufe der Jahrhunderte, die heutige Holzbrücke stammt aus dem Jahre 1814 und wurde unter der Leitung des Schaffhauser Stadtwerkmeisters Andreas Widmer errichtet. Bemerkenswert ist, dass diese beeindruckende Zimmermannsarbeit die einzige vollständig erhaltene Holzbrücke am Hochrhein ist, sie zählt zu den seltenen Pfahljochbrücken. Die Brücke hat eine sehr niedrige Durchfahrtshöhe, was die Passage der Kursschiffe – je nach Rheinpegel – mitunter recht umständlich werden lässt.

St. Nikolauskapelle

Am Rheinufer befindet sich leicht erhöht das St. Nikolauskirchlein. Das Gotteshaus war im Mittelalter ein bedeutender Ort für die Rheinschiffer, die sich hier Glück und Segen für die Weiterfahrt erflehten, weshalb sie auch dem Schifferpatron Sankt Nikolaus geweiht ist. Ihren prächtigen Renaissancealtar und eine Vergrößerung bekam die Kirche vom Dominikanerkloster St. Katharinental, in dessen Besitz sie eine Zeitlang war. Die größte und umfangreichste Sanierung fand 1971/72 statt. Die Leitung hatte damals der Star-Architekt Likteig vom Erzbischöflichen Bauamt Konstanz übernommen, für die herrliche Kirchenmalerei war Hermann Wirth aus Fulda verantwortlich. Interessant ist auch die Geschichte der Bürgli-Glocke, die hier einst vom Berg hinab erscholl und die Bewohner zur Andacht rief und die gläubigen Fluss-Fahrer begrüßte. Die Kapelle befindet sich auf einem Privatgrundstück. Sie ist von außen von 9:00 bis 17:00 Uhr zugänglich.

Nikolaus Kapelle:
Obergailingen 1, 78262 Gailingen

Die besten Restaurants

Hotel Restaurant Rheingold

Während die Dame des Hauses für die Gestaltung der ausgesprochen liebevoll eingerichteten Zimmer des Hotels zuständig ist, kocht sich Stefan Dobler mit feiner Heimatküche in die Herzen seiner Besucher. Glück, wer hier während der Wildwochen in den Genuss seiner Leckereien kommt, ansonsten empfehlen wir die geschnetzelte Kalbsleber oder das Rumpsteak! Selbstverständlich verlassen hier auch die Vegetarier das Lokal mit einem Lächeln, Weinkenner ohnehin.

Hotel Restaurant Rheingold:
Hauptstraße 21, 78262 Gailingen,
www.hotelrheingold.de,
Tel. 07734-306010

Gasthof Hirschen

Der Traditions-Gasthof nebenan ist gleichermaßen zu empfehlen, die Zimmerpreise ähneln sich, das Ambiente ist nur weniger modern, sprich die Zimmer und die Gaststube im rustikalen Landhausstil. Kein Wunder, das renommierte Haus existiert schon seit 1836. Grandiose Küche und tolle Weinkarte!

Gasthof Hirschen:
Hauptstraße 19, 78262 Gailingen,
www.gasthofhirschen.eu,
Tel. 07734-6334

Erlebnisse und Aktivitäten

ERLEBNISSE

Zu Pferde durch Gailingen: Criollo-Ranch

Wer die traumhafte Natur rund um Gailingen einmal auf dem Rücken des Pferdes erkunden möchte, ist auf der Criollo-Ranch genau richtig. Selbst wer überhaupt keine Erfahrung mit Pferden hat, ist hier gut aufgehoben, denn die Pferdezüchter sind „alte Hasen" im Reitsport und bilden Ross und Reiter gleichermaßen aus.

Criollos im Hegau:
Dörflinger Str. 33, 78262 Gailingen,
www.criollos-im-hegau.de,
Tel. 07734-9367193

Rheinuferpark

Einer der beliebtesten Aufenthaltsorte von Bürgern und Touristen ist der herrliche Rheinuferpark. Der kostenlos nutzbare Park verfügt über eine große Liegewiese, Sitzstufen, Beachvolleyball, Tischtennis, einen Wasserspielplatz und einen Extrabereich für die Kinder mit einem eigenen Planschbecken und Spielgeräten. Alles hier ist barrierefrei gestaltet. Hunde sind nicht erlaubt!

Rheinuferpark:
Strandweg 8, 78262 Gailingen

Gottmadingen

Ca. 40 Autominuten von Konstanz, etwa 12 Autominuten von Singen

Apotheke

Bahnhof Apotheke: Poststraße 2, 78244 Gottmadingen, Tel. 07731-72224

Gottmadingen ist eine tapfere, kleine Gemeinde am Rande des Hegaus und in unmittelbarer Nachbarschaft zur Schweiz. Fast 10.900 Einwohner leben in Gottmadingen mit den Ortsteilen Bietingen, Ebringen und Randegg. Tapfer deshalb, weil sie in den letzten Jahrzehnten einige herbe Rückschläge hinnehmen musste, denn sowohl ihre legendäre Landmaschinen-Produktionsstätte – gegründet von Johann Georg Fahr im Jahre 1870 – als auch die Bilger-Brauerei als zweiter Großbetrieb mussten hier ihre Pforten schließen. Diese beiden Unternehmen als Hauptbrötchengeber hatten der Gemeinde den Ruf eines Industriedorfes eingebracht, was den Tourismus weitgehend fernhielt. Als 2007 der letzte Besitzer der einst weltberühmten Landmaschinenfabrik seine Tore schloss, stand Gottmadingen vor der großen Aufgabe, das riesige, verwaiste Fabrikareal zu verwalten.

Zum Glück hat die einstige Großindustrie der Gemeinde nicht nur leere Produktionshallen hinterlassen, sondern auch eine ausgezeichnete Infrastruktur, was die Gegend für künftige Unternehmen durchaus interessant macht. So hat sich das frühere Fabrikgelände im Laufe der letzten Jahre in einen Gewerbepark verwandelt. Dank der vielen Schweizer Nachbarn, die Gottmadingen als Einkaufsstadt nutzen, setzt die Gemeinde neuerdings vermehrt auf das Handels- und Dienstleistungsgewerbe. Aber auch diese Einnahmequelle steht auf wackeligen Beinen, denn die Schweizer versuchen momentan alles, um das mit dem Einkaufstourismus einhergehende Ladensterben in den grenznahen Kantonen zu stoppen. Im Jahre 2023 wurden erstmals Pläne auf den Tisch gelegt, die Wertgrenze von aktuell 300 Schweizer Franken auf 50 Schweizer Franken abzusenken. Auf den Handel könnte das katastrophale Auswirkungen haben, selbstverständlich nicht nur in Gottmadingen, sondern in allen grenznahen Städten auf deutscher Seite.

Im Grunde bleibt der Gemeinde perspektivisch gar nichts anderes übrig, als doch mehr auf die Tourismusbranche zu setzen und trotz der Randlage zu versuchen, am ertragreichen Bodensee-Tourismus mitzuverdienen. Mit der guten Infrastruktur, der herrlichen Hegau-Landschaft mit den vielen interessanten Ausflugszielen drumherum sind die Bedingungen im Grunde sehr gut. Vielleicht gäbe es dann auch bald wieder ein paar Vergnügungsstätten, Restaurants und Bars mehr in der Gegend, denn das Fehlen derselben macht vor allem der jungen Bevölkerung seit Jahren schon zu schaffen.

Sehenswürdigkeiten

Immerhin gibt es drei Orte, die schon jetzt mit Begeisterung von Einheimischen und Urlaubern gleichermaßen angesteuert werden: Das Schloss Randegg, das modernisierte Höhenfreibad Gottmadingen und das urige Hotel „Auberge Harlekin". Das Hotel samt Galerie ist mit seinen Live-Musik-Events zu einer kulturellen Institution in der Gegend geworden und beherbergt obendrein eines der besten Restaurants in der Gegend.

Schloss Randegg

Von kulturhistorischer Bedeutung ist das Schloss Randegg, das allerdings nicht besichtigt werden kann, weil es sich im Privatbesitz befindet. Es wurde zwischen 1000 und 1100 auf den Mauern eines römischen Kastells errichtet und gehörte ab 1275 dem Ritter Heinrich von Randegg. Die Herren von Randegg waren Ministerialen des Grafen von Montfort und besaßen Anteile an den Burgen Langenstein, Heilsberg und Gebsenstein. Die Randegger waren ein angesehenes Geschlecht, das im 14. und 15. Jahrhundert auch zwei Konstanzer Bischöfe stellte.

1499 wurde das Schloss im Schweizer Krieg, bekannt als Schwabenkrieg, fast komplett zerstört, und erst 1556 von Gebhart von Schellenberg von Grund auf instandgesetzt.

Im Dreißigjährigen Krieg wurde das Schloss von den Schweden in Brand gesetzt, In der Folge gab es unzählige Besitzerwechsel.1923 kaufte der Düsseldorfer Arzt Dr. Hans Koch das Schloss, das sich bis heute in Familienbesitz befindet. Hans Koch war ein großer Kunstliebhaber, er eröffnete in Düsseldorf das Grafische Kabinett von Bergh & Co. mit Ausstellungen von Otto Dix, Emil Nolde und Erich Heckel. Durch seine Exfrau Martha, mit der er zwei Kinder hatte – später auch Exfrau von Otto Dix – fand der von den Nazis verfolgte Maler Otto Dix mit seiner Familie Zuflucht auf Schloss Randegg, wo er einige Jahre lebte, bevor er auf der Höri ein Haus bezog. Es existiert übrigens ein berühmtes Bild von Otto Dix aus dem Jahre 1921, das den Urologen in seiner Praxis mit Spritze und Katheter zeigt. Der Arzt trennte sich aber schon zwei Jahre später nach Entstehung dieses Werkes von dem Bild, was vermutlich daran lag, dass sich seine Frau dem Maler zugewandt hatte.

Der jetzige Besitzer und Bewohner von Schloss Randegg ist Titus Koch, der ebenfalls ein großer Kunstkenner und leidenschaftlicher Kunstsammler ist. So leitet er die vom Gottmadinger Verein „Förderkreis für Kultur und Heimatgeschichte“ veranstaltete und angesehene Kunstausstellung „Experimentelle“.

Galerie Titus Koch:
Otto Dix Straße 52,
78244 Gottmadingen,
www.schloss-randegg.de,
www.galerie-titus-koch.de,
Tel. 07734-97255

Die besten Restaurants

Restaurant Auberge Harlekin

Bekannt ist Küchenchef Karl J. Graf und „König der Saucen“ für seine ausgezeichneten Lammkoteletts und sein köstliches Chateaubriand „Bonne Auberge“ an Merlot-Portweinjus. Auch die Filetspieße vom irischen Ochsen haben eine große Fangemeinde. Man speist im originellen, rustikalen Ambiente eines alten Bauernhauses und kann sich über herzlichen Service freuen.

Auberge Harlekin: Gailingerstr. 6,
78244 Gottmadingen,
www.restaurant-harlekin.de,
Tel. 07734-6347

Hilzingen

Ca. 40 Autominuten von Konstanz, etwa 12 Autominuten von Singen, 5 Min. von Gottmadingen

Apotheke

Hilzinger Marien-Apotheke:
Hauptstraße 61, 78247 Hilzingen,
www.hilzinger-marien-apotheke.de,
Tel. 07731-99540

Hilzingen besitzt etwa 8800 Einwohner. Besonders für Naturliebhaber hat dieser Ort seinen Reiz. Als ob Dorfidylle, Wiesen, Felder und der nahegelegene Bodensee noch nicht genug wären, ermöglichen die Vulkankegel eine grandiose Sicht bis zu den Alpen. Urlauber und Sportler erwählen sich Hilzingen für schöne Touren in die umliegenden Wälder oder hinauf auf die Burgruinie Hohenkrähen und Hohenstoffeln. Die Hilzinger Pfarrkirche St. Peter und Paul ist zudem eine fulminante Rokoko-Schönheit.

Ebenso interessant wie lehrreich ist das Museum im Schlosspark, das sich der Geschichte der Bauernkriege von 1524/25 widmet. Zu seinen Kostbarkeiten zählen unter anderem zwei aufwändig verzierte gusseiserne Öfen, die auf der Festung Hohentwiel standen und nach deren Zerstörung durch napoleonische Truppen nach Hilzingen kamen.

Museum im Schlosspark:
Hauptstr. 36, 78247 Hilzingen,
www.museum-hilzingen.de,
Tel. 07731-38090

Sie haben Glück, wenn Sie Ende Oktober in Hilzingen sind, dann können Sie das schöne Kirchweih- und Erntedankfest erleben. Es findet immer am dritten Oktober statt, und selbst wenn Sie dem Besuch einer Kirche nichts abgewinnen können, sollten Sie sich die festliche geschmückte Kirche an diesem Wochenende anschauen.

Sehenswürdigkeiten

St. Peter und Paul Kirche

Besonders stolz sind die Bewohner auf ihre Kirche St. Peter und Paul. Sie wurde von 1747 bis 1753 von Peter Thumb entworfen, der etwa zur gleichen Zeit auch an der berühmten Basilika Birnau arbeitete. Thumb hatte ein gutes Händchen für seinen Mitarbeiterstab, zu dem die besten Künstler und Handwerker ihrer Zeit gehörten. Als Maler heuerte er Benedikt Gambs an, einen der gefragtesten Barockmaler des 18. Jahrhunderts. Nach dem Tod vom Gambs wurde Franz Ludwig Hermann nach Hilzingen geholt, der gerade als fürstbischöflicher Hofmaler in Konstanz arbeitete und in Hilzingen die Gemälde der Nebenaltäre in Angriff nahm. Hätte man dem damals dreißigjährigen Künstler gesagt, dass in seinem Todesjahr 1791 seine Enkelin Marie Ellenrieder auf die Welt kommen sollte, die eines Tages zu den ersten weiblichen und äußerst erfolgreichen Kirchenmalerinnen in Konstanz aufsteigen sollte – er hätte dies vermutlich gar nicht geglaubt.

St. Peter und Paul:
Hauptstr. 51, 78247 Hilzingen,
www.kath-hilzingen.de

Wandertipps:

Burgruine Hohenkrähen

Wer gut zu Fuß ist und steile Aufstiege auf schmalen Pfaden liebt, kann sich an den Aufstieg zur Burgruine Hohenkrähen wagen, die weithin sichtbar auf einem 644 Meter hohen Phonolith-Kegel die flache Landschaft überragt (Zwischen den Hilzinger Ortsteilen Duchtlingen, Schlatt unter Randen und der Gemeinde Mühlhausen-Ehingen).
Die Burg wurde zwischen 1180 und 1190 von den Herren von Friedingen erbaut und hinterblieb im Dreißigjährigen Krieg als Ruine. Seit 1956 ist diese im Besitz der Pfadfinderschaft Grauer Reiter, die sich um den Erhalt der Anlage kümmert. Der Weg zum Gipfel führt vom Wanderparkplatz in Mühlhausen-Ehingen über einen schmalen Pfad, teilweise ist der Aufstieg mit Stahlseilen gesichert.

Ruine Hohenstoffeln

Auch die Ruine Hohenstoffeln östlich des Ortsteils Binningen ist ein beliebtes Wanderziel. Sie besteht aus drei Burganlagen: Vorderhohenstoffeln, Mittelhohenstoffeln und Hinterhohenstoffeln. Früher gab es einen Mauerzug, der die drei Teilburgen verband und sie gemeinsam zugänglich machte.

Erstmals wurde die Burg Hohenstoffeln 1034 urkundlich erwähnt, die beiden Burgen Vorderstoffeln und Mittelstoffeln kamen in den folgenden 200 Jahren hinzu. Die gesamte Anlage, die zur Landgrafschaft Nellenburg gehörte, wurde im Dreißigjährigen Krieg zerstört. Die Bauern wurden zur Schleifung der Burgen gezwungen, so dass heute buchstäblich kaum noch ein Stein auf dem anderen steht.

Bis 1939 dienten Teile des Berges als Basaltsteinbruch. Dass dieser Abbau gestoppt wurde, ist dem Einsatz des Dichters Ludwig Finckh geschuldet. Er war ein glühender Verfechter der nationalsozialistischen Naturschutz-Ideologie und gilt als Initiator der so genannten „Stoffler"-Bewegung, die sich die Rettung des Hohenstoffeln auf die Fahne geschrieben hatte. Mit Erfolg: 1935 wurde der Hohenstoffeln zunächst unter Naturschutz gestellt und 1939 der Basaltabbau per Dekret von Reichsforstmeister Generalfeldmarschall Hermann Göring verboten.

Die schönsten Hotels

Hotel Restaurant Am Kellhof

Das Hotel befindet sich in der Nähe des Freibads und bietet moderne Zimmer und ein wunderbares Frühstück. Der Service und die Hilfsbereitschaft sind vorbildlich in diesem familiengeführten Hotel, das ein gutes Preis-Leistungs-Verhältnis bietet. Auch das zum Hotel gehörende Restaurant DiVino ist empfehlenswert, hier gibt es italienische Spezialitäten, Steinofenpizza und leckere Steaks!

Hotel Am Kellhof:
Dietlishofer Str. 13, 78247 Hilzingen,
www.hotelkellhof.de,
Tel. 07731-98900,
hotel_am_kellhof_divino

Die besten Restaurants

Restaurant „Schlupfwinkel"

Die Kreationen sind hochwertig, die Saucen schwer zu toppen. Geboten wird saisonale Heimatküche mit dem Besten, was in der Umgebung gedeiht. Wenn es auf der Karte steht, probieren Sie unbedingt das Zweierlei vom heimischen Strohschwein.

Schlupfwinkel:
Roseneggstr. 17, 78247 Hilzingen,
www.schlupfwinkel-hilzingen.de,
Tel. 07731-62554

Erlebnisse und Aktivitäten

ERLEBNISSE

Syringa Duftgarten

Westlich von Singen wartet der 6000 m^2 große Duft- und Schaugarten der Kräutergärtnerei Syringa auf Botanik-Freunde und Kräuterkundler. Mehr als 500 verschiedene Duft-, Würz- und Heilpflanzen verströmen ihre betörenden Gerüche, darunter sind einige Raritäten wie etwa die Schokoladenduftpflanze, die Gummibärchen- oder Mohnbrötchenblume. Auch die Sammlung zitronenduftender Pflanzen, die historischen Rosen und die Stinkpflanzenecke zeigen pflanzliche und olfaktorische Kuriositäten. Mystisch sind die im Sommer stattfindenden Mondschein-Führungen.

Syringa Kräutergärtnerei:
Untere Gräben 1, 78247 Hilzingen,
www.syringa-pflanzen.de,
Tel. 07739-1452, syringa_pflanzen

KULINARISCHES

Bio-Weingut Vollmayer

Das Familienunternehmen baut schon seit 1928 Wein am Elisabethenberg unterhalb des Hohentwiels an, es ist mit dem Jahrgang 2013 als Bio-Weingut zertifiziert und räumt mit seinen Spitzenweinen in zuverlässiger Regelmäßigkeit alle erdenklichen Preise ab. Zum Glück packt hier die ganze Familie mit an, wenn es mal brenzlig wird und die Natur selbst zur Gefahr wird. Wenn Spätfröste die austreibenden Reben bedrohen, müssen alle raus aus dem Bett und mit Feuer und Wärmegebläse gegen den Frost kämpfen. Die Leidenschaft für den Wein steckt den Vollmayers im Blut. Ganz neu ist die Weinvilla inmitten der Rebhänge, die den Gästen Zimmer mit himmlischen Betten nach dem Weingenuss anbietet. Das Weingut kann in der Vinothek besucht werden, hier finden auch Weinproben statt.

Foto: Weingut Vollmayer

Weingut Vollmayer:
Weingut Elisabethenberg 1,
78247 Hilzingen,
www.vollmayer-weingut.de,
Tel. 07731-64147, weingutvollmayer

Rielasingen-Worblingen

Ca. 45 Autominuten von Konstanz, etwa 12 Autominuten von Singen

Apotheke

Rosenegg Apotheke:
Hauptstraße 5, 78239 Rielasingen,
Tel. 07731-22965

Die Gemeinde mit ihren etwa 12.000 Einwohnern befindet sich direkt an der Schweizer Grenze. Neben zauberhafter Natur bietet der Ort einige architektonische Highlights und ein schönes Naturbad.

Sehenswürdigkeiten

Burg Rosenegg

Die Burgruine Rosenegg befindet sich am Hang der gleichnamigen Erhebung, gerade mal anderthalb Kilometer von Rielasingen entfernt. Zugegeben, einige Fantasie braucht es schon, um beim Anblick der Ruine in die Vergangenheit einzutauchen.

Die Burg Rosenegg wurde aller Wahrscheinlichkeit nach zu Beginn des 13. Jahrhunderts errichtet. Dokumentiert wurde sie 1250 als Eigentum der Herren von Rosenegg. Von ihnen wanderte sie an die Herren von Lupfen weiter, die ihre Zerstörung im Schweizerkrieg bezeugen mussten. 1639 machten Hohentwiehler Truppen das Bauwerk endgültig zur Ruine. Nach dem Besuch lohnt zur Stärkung ein Besuch im Berggasthof Burg Rosenegg mit eigenem Hofgut. Hand aufs Herz: Die jagdabhängigen Wildgerichte des Gasthofs, der schöne Wald und der Blick vom Rosenegg sind das eigentliche Ziel dieses Ausflugs – denn Sie haben Recht, die Burgruine kann man schnell mal übersehen.

Berggasthof Burg Rosenegg:
Rosenegg 1,
78239 Rielasingen-Worblingen,
www.burg-rosenegg.de,
Tel. 07731-22445, burgrosenegg

Die schönsten Hotels

Hotel-Restaurant Krone

Das 1899 gegründete Hotel Krone, zentral an der Hauptstraße in Rielasingen gelegen, bietet gute Zimmer und großzügige Suiten. Im Restaurant genießt man bodenständige Küche. Probieren Sie das Rehgoulasch mit hausgemachten Kässpätzle, es gibt kaum ein besseres in der Gegend!

Hotel Restaurant Krone: Hauptstraße 3, 78239 Rielasingen-Worblingen, www.kroneonline.de, Tel. 07731-87850, kronerielasingen

Erlebnisse und Aktivitäten

BADEN, WELLNESS UND WASSERAKTIVITÄTEN

Naturbad Aachtal

Mit südländisch gestalteter Sonnenterrasse und Strohschirmen im Hawaii-Stil holt das Naturbad Aachtal Urlaubsfeeling an den Schienerberg. Versorgt wird es fast ausschließlich über natürliches Quellwasser. Seit 2013 gibt es einen über 370 qm großen Strandbereich, einen besonders schönen Kleinkinderbereich und für die Großen einen Sprungfelsen. Außerdem im Angebot: Tischtennis, Kinderspielplatz und ein Kiosk. Besonders schön finden wir, dass die komplette Anlage barrierefrei ist und auch ein Wasser-Rollstuhl und ein behindertengerechter Strandkorb zur Verfügung stehen. Eine Ladestation für E-Bikes ist ebenfalls vorhanden.

Naturbad Aachtal: Herdweg 20, 78239 Rielasingen-Worblingen, www.rielasingen-worblingen.de, Tel. 07731-24033

Singen

Ca. 40 Autominuten von Konstanz

Wichtige Adressen und Kontakte in Singen

Krankenhaus:

Hegau-Bodensee-Klinikum Singen: Virchowstraße 10, 78224 Singen, www.glkn.de, Tel. 07731-890

Apotheken (Auswahl):

Apotheke am Berliner Platz: Überlinger Str. 4, 78224 Singen, Tel. 07731-93340

Apotheke im Cano Singen: Bahnhofstraße 25, 78224 Singen, www.apotheke-im-cano-singen.de, Tel. 07731-169250

Central Apotheke: Hegaustraße 26, 78224 Singen, www.centralapotheke.com, Tel. 07731-64317

Ring Apotheke: Ekkehardstraße 59c, 78224 Singen, www.ringapo-singen.de, Tel. 07731-62252

Polizei

Polizeirevier Singen: Julius-Bührer-Straße 6, 78224 Singen, www.polizei-bw.de, Tel. 07731-8880

Touri-Info

Tourist-Information Singen: Marktpassage, August-Ruf-Straße 13, 78224 Singen, www.singen-kulturpur.de, Tel. 07731-85262, singen_kulturpur

Foto: Stadt Singen Büro-Klare

Rathaus

Stadtverwaltung Singen:
Hohgarten 2, 78224 Singen,
www.singen.de, Tel. 07731-850,
stadt.singen

Eingebettet in eine Vulkanlandschaft von bizarrer Schönheit liegt die heimliche Hauptstadt des Hegaus. Die Rede ist von Singen, einer modernen, geschäftigen und kunstsinnigen Stadt, die nach Konstanz mit ca. 45.000 Einwohnern die zweitgrößte Stadt des Landkreises Konstanz ist.

Der Wirtschaftsraum der Stadt Singen ist geprägt von globalen Größen im produzierenden Gewerbe, wie etwa Constellium, Fondium, Takeda und Nestlé. Architektonisches Symbol dieser Wirtschaftskraft ist der Hegau-Tower, der womöglich das Markenzeichen Singens wäre, stünde er nicht im Schatten des alles überrragenden Vulkanberges. Mit der Bildungsakademie der Handwerkskammer Konstanz ist in Singen schon länger der größte Bildungsdienstleister der Region ansässig, brandneu ist aber das so genannte „Reallabor" in Singen, eine Außenstelle der Konstanzer Hochschule für Technik, Wirtschaft und Gestaltung (HTWG). Es soll den Studierenden die Möglichkeit geben, in den ansässigen Großunternehmen Projekt-, Seminar-, Bachelor- und Masterarbeiten zu schreiben, so dass im Idealfall künftig noch mehr Fach- und Führungskräfte die Geschicke des Wirtschaftsstandortes lenken. Singen arbeitet zielstrebig, auch im Sektor Kultur und Tourismus.

Kaum ein anderer Ort am Bodensee hat in den letzten Jahren eine derartige Dichte an Veranstaltungen und Kulturstätten dazugewonnen. Alleine die Ausstellungen der beiden Museen MAC Art & Cars in ihren architektonischen Wunderbauten laufen der Konstanzer Kunstszene zumindest im Bereich Modern Art den Rang ab.

Superstar und Besuchermagnet ist natürlich immer noch und bis in alle Ewigkeit der Singener Hausberg Hohentwiel, der mächtige Vulkankegel, der eine der größten und besterhaltenen Burgruinen Deutschlands auf seinem Rücken trägt. Doch nicht nur Geschichtsfans und Kunstbegeisterte können in Singen jede Menge Highlights erleben, auch für Radfahrer und Wanderer hat die Stadt einiges zu bieten, wie etwa eine Tour am Flüsschen Aach oder der Premiumwanderweg „Hohentwieler".

Wer mit dem Mountainbike unterwegs ist, kann sich auf der Weltmeisterschaftsstrecke von 2017 probieren. Hier ist alljährlich beim Hegau Bike-Marathon die Elite der weltbesten Biker unterwegs.

Sehenswürdigkeiten

Hegau Museum

Ein besonders interessantes Museum ist das archäologische Hegau-Museum im Singener Schloss, das sich mit dem Leben bis zurück zu unseren prähistorischen Vorfahren auseinandersetzt. Zu sehen sind Funde aus der letzten Eiszeit bis ins Mittelalter. Die teilweise interaktive Ausstellung ist auch für Kinder geeignet, das Wissen wird spielerisch und kurzweilig vermittelt.

Hegau-Museum: Am Schlossgarten 2, 78224 Singen, www.hegau-museum.de, Tel. 07731-85268

Hohentwiel

Es steht mehr oder weniger gesetzlich fest, dass bei einem Besuch von Singen die Besichtigung des 686 m hohen Hohentwiels nicht fehlen darf, von dessen Spitze man einen atemberaubenden Blick bis zum Bodensee genießt. Eine Burg samt Kloster gab es auf dem Gipfel des Hegau-Vulkans schon im 10. Jahrhundert. Herzog Ulrich von Württemberg baute sie im 16. Jh. zur Landesfestung aus und weitere Umbauten im 17. und 18. Jh. sorgten dafür, dass die Burg lange als uneinnehmbar galt. Wie sich herausstellen sollte, war dies ein Irrtum, denn im Jahre 1801 wurde sie von Napoleon eingenommen und gesprengt. Heute erinnern die Ruinen des 9 Hektar großen Festungsbaus an die einst so mächtige Burg. Die App Monumente 3D lässt die Festung aus den Ruinen wieder auferstehen. Die interaktiven, plastischen Modelle der App, die einem Videospiel ähnelt, basieren auf historischen Vorlagen und wurden digital rekonstruiert. Die geführte Tour integriert auch Porträts historischer Persönlichkeiten. Selbst eine geführte Tour könnte nicht spannender sein, zumal die App eine virtuelle Zeitreise in die Vergangenheit ermöglicht und alle technischen Möglichkeiten ausschöpft.

Festungsruine Hohentwiel: Hohentwiel 2a, 78224 Singen, www.festungsruine-hohentwiel.de, Tel. 07731-69178, schloesser_bawu

Hohentwiel; Foto: Stadt Singen Büro-Klare

Museum MAC; Foto: Stadt Singen Büro-Klare

Glanzvoller Höhepunkt des Jahres ist das Hohentwiel-Festival, das zu den ältesten Freiluftfestivals des süddeutschen Raumes zählt und sich zu einem der beliebtesten Musikereignisse der Region entwickelt hat. Das Fest wartet mit Pop-Größen wie Chris de Burgh, Nena, Silbermond und Philipp Poisel auf. Neben den Konzerten mit hochkarätigen Stars ist auch das Burgfest mit Musik und Kleinkunst auf 13 Bühnen und einem umfangreichen Kinderprogramm zu einem Besuchermagneten geworden. Alle Infos zu den Veranstaltungen gibt es hier:

www.hohentwielfestival.de

Alle Infos zum **Hohentwielfestival**

Kunstmuseum Singen

Eine stattliche Sammlung von Werken der Höri-Künstler bietet das Kunstmuseum Singen. Unter anderem sind hier im Wechsel herausragende Werke von Erich Heckel, Max Ackermann, Curth Georg Becker, Helmuth Macke und Jean Paul Schmitz zu sehen. Weiterer Schwerpunkt der Ausstellung sind Landschaftsbilder des Bodensees und Hegaus seit 1900.

Kunstmuseum Singen:
Ekkehardstr. 10, 78224 Singen,
www.kunstmuseum-singen.de,
Tel. 07731-85271, singen_kulturpur

Museum MAC Art & Cars

Mit den beiden privat geführten Museen MAC Art & Cars besitzt Singen nicht nur eine Sammlung hochkarätiger Oldtimer- und Kunstgegenstände, sondern auch zwei ganz außergewöhnliche Bauten, die zu den architektonischen Prestigeobjekten Deutschlands zählen. Schon der Bau des Museums MAC 1 mit seinen weichen Rundungen und der homogenen Oberfläche hat Aufsehen erregt. Mit dem Bau des zweiten MAC-Museums hat der Architekt Daniel Binder noch einen oben drauf gesetzt. Das erklärte Ziel war die Erschaffung eines Gebäudes, das die Optik des Hausberges Hohentwiel samt Burg widerspiegelt. Binder hat diese Vorgabe perfekt umgesetzt, entstanden ist ein 18 Meter hohes Gebäude, das mit seinen kantigen Zügen einer aus der Zukunft kommenden Trutzburg ähnelt. Genau so würde vermutlich eine Burg aussehen, würde man sie heute bauen: Wehrhaft, kühl, distanziert und gleichzeitig mondän. Alleine schon wegen dieser beiden Ausnahmebauten lohnt sich ein Besuch der Stadt.

MAC Museum Art & Cars:
Parkstr. 1-5, 78224 Singen,
www.museum-art-cars.com,
Tel. 07731-9693510,
mac.museum.art.cars

Die schönsten Hotels

Hotel Hegauhaus

Mini-Hotel, das über einige sehr angenehme Zimmer und ein großes Appartement mit Seeblick verfügt. Langschläfer werden diesen Ort lieben, denn im Gegensatz zu großen Luxushotels sind die Wirtsleute hier äußerst flexibel, so dass man nicht nur ein spätes Frühstück genießen, sondern sich auch mit dem Check-out Zeit lassen kann. Sympathisch!

Hotel Hegauhaus:
Duchtlinger Str. 55, 78224 Singen,
www.hotel-hegauhaus.de,
Tel. 07731-44672

Hotel Hohentwiel

Auf halber Höhe zur imposanten Festungsruine und mit einem herrlichen Ausblick liegt das Hotel Restaurant Hohentwiel. Aufgrund der Lage wird es gerne als Ausflugslokal genutzt, in dem gutbürgerliche Küche mit frischen Produkten aus der Region kredenzt wird. Obendrein gibt es eine gute Auswahl an Hohentwieler Weinen von Deutschlands höchster Reblage. Die köstlichen Speisen genießt man auf der mediterranen Panoramaterrasse oder im Biergarten unter schattigen Kastanienbäumen. Auch übernachten kann man hier, entweder in bequemen Zimmern oder geräumigen Apartments.

Hotel Hohentwiel:
Hohentwiel 1, 78224 Singen,
www.hotel-hohentwiel.com,
Tel. 07731 99070, hohentwielsingen

Aussicht Hohentwiel;
Foto: Stadt Singen Büro-Klare

Hotel TREZOR

Das Hotel besticht durch modernes Design, viel Kunst und gepflegte Zimmer. Neben einem Fitnessraum und einer Sauna steht dem Gast auch eine gemütliche Lounge mit Terrasse zur Verfügung. Außerdem gibt es ein Spiel-Zimmer mit Billard, Dart, Tischkicker und Tischtennis-Platte. Hotelgäste erhalten vergünstigte Green-Fees auf den Golfplätzen in der Umgebung. Besonders freundliche Atmosphäre, Hunde willkommen!

Hotel Trezor:
Forststraße 16, 78224 Singen,
Tel. 07731-939690,
www.hotel-trezor.de, hotel.trezor

Die besten Restaurants

Hotel Restaurant Zapa

Schade, dass es die Martinsgans nur einmal im Jahr gibt, denn sowohl die Qualität als auch die Zubereitung des Federviehs aus eigener Zucht ist überragend. Auch wegen des Lamms und der Wildgerichte kommen die Gäste gerne ins Zapa. Die Küche ist badisch-mediterran und hat auch einiges für Vegetarier zu bieten. Dem Restaurant ist ein kleines, feines Hotel angeschlossen. Nach der Sauna macht man es sich auf der Liegewiese inmitten des Streuobstgartens bequem – umgeben von Gänsen, Hühnern und Schafen.

Hotel Restaurant Zapa:
Bohlinger Dorfstr. 48, 78224 Singen,
www.restaurant-zapa.de,
Tel. 07731-796161

Gasthaus Kreuz

Neben dem historischen Stadtgarten befindet sich im schmucken Fachwerkhaus das Gasthaus Kreuz, eines der ältesten Gasthäuser der Stadt. Küchenchef Sebastian Kopitzki zaubert hier seit 2019 kulinarische Meisterwerke. Der Fokus liegt auf deutsch-französischen Spezialitäten, doch Kopitzki probiert sich auch erfolgreich an asiatischen Gerichten. Man darf gespannt sein, welche Auszeichnungen der Koch nach Singen holen wird!

Gasthaus Kreuz:
Mühlenstr. 13, 78224 Singen,
Tel. 07731-5919706,
www.kreuz-singen.de, kreuzsingen

Restaurant Park1

Im Restaurant des MAC1-Museums gibt es die besten Schnitzel der Stadt und auch die Burger sind legendär. Vegetarier kommen hier ebenfalls nicht zu kurz und loben die Käsespätzle oder das Gemüse-Pilz-Risotto. Unschlagbar auch der Kaiserschmarrn mit Rosinen,

Apfelmus und Vanillesauce. Witzige „Restrooms“ und schöne Weinkarte!

PARK 1 Restaurant:
Parkstr. 1, 78224 Singen,
www.park1singen.de,
Tel. 07731-9693530, park1restaurant

Nightlife

Café-Bar Schroeder

Dieses Traditionshaus der Stadt ist zwar seit 2023 unter neuer Führung, aber den Charme hat das Schroeder nie verloren. Hier trifft sich Jung und Alt und alle, die etwas von Genuss verstehen.

Café-Bar Schroeder:
Hadwigstraße 11, 78224 Singen,
www.schroeder-cafebar.de
Tel.: 07731-64340,
schroeder_cafebar

Un-Fassbar

Die kultige Soundkneipe wird hauptsächlich von jungen Leuten bevölkert, die es am Wochenende richtig krachen lassen wollen. Angesichts der großen Cocktailkarte auch gar kein Problem!

un-FassBar:
Freiheitstraße 50, 78224 Singen,
www.fass-kneipe.de,
Tel. 07731-61870

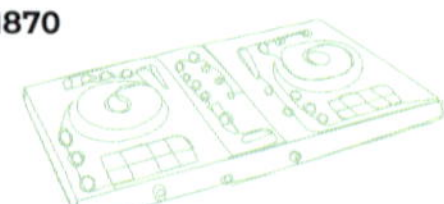

Erlebnisse und Aktivitäten

ERLEBNISSE

Radfahren und Wandern

Die hügelige Landschaft rund um Singen ist ein Paradies für Mountainbiker und Wanderer. Einige schöne Wanderwege führen durch romantische Schluchten und entlang an idyllischen Flussläufen zu den burgengekrönten Vulkankegeln. Zwei „Premiumwanderwege“ beginnen direkt in Singen, der „Albertinesteig“ und der „Hohentwieler“ (Mehr dazu siehe ***www.outdooractive.com***). Singen ist auch regelmäßiger Veranstaltungsort der Deutschen Marathon Meisterschaft der Mountainbiker (***www.hegau-bike-marathon.de***).

Mehr Infos zu **Outdoor Active**

Mehr Infos zum **Hegau Bike Marathon**

„Cano"- Shoppingcenter

Das junge Einkaufszentrum gibt es seit Ende 2020. Inzwischen ist das Cano ein begehrter Jugendtreffpunkt und ein Fixstern am Shoppinghorizont des Hegaus geworden. „Cano" heißt es übrigens in Anlehnung an den Singener Vulkan Hohentwiel. Beliebte Markenklassiker und Shops aus den verschiedensten Sparten haben sich hier einen Platz gesichert. Für jeden Geschmack gibt es auch etwas Passendes im food corner. Praktisch auch die Lage nahe Bahnhof und Innenstadt.

CANO Singen:
Bahnhofstr. 29, 78224 Singen,
www.cano-singen.de,
Tel. 07731-7940930,
canosingen

ZIELE FÜR FAMILIEN

Erlebnisweg am Aachufer

Seit Ende April 2023 können Familien mit ihren Kindern auf dem Erlebnisweg am Aachufer nicht nur die schöne Landschaft genießen, sondern obendrein auch jede Menge lernen. An jeder der sieben Tafeln erfahren Kinder etwas Neues zu den unterschiedlichsten Themen, die in jeder Saison anders ausfallen und immer wieder überraschen! Der Weg beginnt am Eingang des historischen Stadtgartens am MAC Museum Arts and Cars und verläuft am Aachufer entlang. Zu den Reizen des Weges gehören Spielplätze, Kunstwerke sowie die teuerste Brücke der Welt (Baukosten 1,5 Billiarden Mark!). Die Scheffelbrücke wurde während der Inflationszeit im Jahre 1923 erbaut. Ihr Name kommt nicht von „Geldscheffeln", sondern geht zurück auf den Schriftsteller Joseph Victor Scheffel, dessen Roman „Ekkehard" auf dem Singener Hausberg Hohentwiel spielt.

BADEN, WELLNESS UND WASSERAKTIVITÄTEN

Aachbad Singen

Baden und dabei den Hohentwiel bewundern kann man im Freibad Aachbad, das mit Schwimmer- und Nichtschwimmerbecken sowie Strömungskanal ausstaffiert ist. Zusätzlich bieten die Wasserrutsche und mehrere Sprungtürme unterschiedlicher Höhe viel Spaß. Beliebt ist auch der Beachsoccer-Platz und für Familien stehen ein Kinderspielplatz und die Abenteuerwasserlandschaft mit Kinderrutschbahn bereit.

Aachbad Singen:
Schaffhauser Str. 34, 78224 Singen,
Tel. 07731-907888

KUNST UND KULTUR

Die Färbe

Vom klassischen Repertoire bis zu besonderen Fundstücken, die ur- oder erstaufgeführt werden: Mit der professionellen Privatbühne „Die Färbe" ist vor etwa 40 Jahren ein buntes Programm in die ehemalige Textilfärberei von Singen eingezogen. Die Spielstätten verteilen sich auf das Theater in der Schlachthausstraße und die Basilika im ehemaligen Umspannwerk.

Theater „Die Färbe":
Schlachthausstr. 249, 78224 Singen,
www.diefaerbe.de, Tel. 07731-64646,
theaterdiefaerbe

Stadthalle Singen

Wer in Singen eine schöne Abendveranstaltung erleben möchte, sollte sich im Veranstaltungskalender der Stadthalle umsehen, hier ist fast jeden Tag etwas geboten. Die Event-Location befindet sich am Stadtpark zu Füßen des Hohentwiels und bietet Raum und Rahmen für Theater, Musik-Konzerte, sowie Ballett, Oper, Musical und Shows, Kabarett, Lesungen, Vorträge, Kongresse, Tagungen, Seminare, Messen und Feiern.

Stadthalle Singen:
Hohgarten 4, 78224 Singen,
www.stadthalle-singen.de,
Tel. 07731-85504, stadthalle_singen

Wandbild von Otto Dix im Rathaus

Kunstfreunde sollten sich die Wandbilder von Otto Dix im Singener Rathaus nicht entgehen lassen, die nicht nur zu seinen größten, sondern auch den wenigen von ihm erhaltenen Repräsentativwerken zählen.

Die Auftragsarbeit für das Rathaus im Jahre 1960 war seine dritte Wandmalerei. Die zwei vorangegangenen waren während der NS-Zeit entstanden und von den Nazis zerstört worden. Vorbild für das Projekt in Singen war Picassos weltberühmtes Gemälde „Guernica". Die Stadtväter wollten ein ebenso gigantisches wie bedeutsames Werk über ihrem Sitzungstisch hängen haben und genau wie „Guernica" sollte das Gemälde einen Kriegsbezug haben, oder wie der damalige Oberbürgermeister Theopont Diez betonte, „die Arbeit und Verantwortung der Politiker zwischen Krieg und Frieden" versinnbildlichen.

Der Zufall wollte es, dass Diez mit Dix befreundet war. Der Oberbürgermeister setzte sich massiv für Dix ein, der die Schrecken des Krieges im Schützengraben des ersten Weltkrieges hautnah miterlebt hatte. So entstand dieses einzigartige Gemälde „Krieg und Frieden", in dem der Künstler unter anderem Adolf Hitler darstellte, wie dieser auf einen gefesselten Mann einschlägt. Melden Sie sich einfach an der Infothek des Rathauses, sollte nicht gerade ein Meeting im Sitzungszimmer stattfinden, kann das Wandbild kostenlos besichtigt werden!

Stadtverwaltung Singen:
Hohgarten 2, 78224 Singen,
www.singen.de, Tel. 07731-850,
stadt.singen

Stockach

Ca. 20 Autominuten von Singen, etwa 40 Autominuten von Konstanz

Wichtige Adressen und Kontakte in Stockach

Krankenhaus

Krankenhaus Stockach:
Am Stadtgarten 10, 78333 Stockach,
www.krankenhaus-stockach.de,
Tel. 07771-8030

Apotheken (Auswahl)

Kuony-Apotheke:
Goethestraße 16, 78333 Stockach,
www.kuony-apotheke.de,
Tel. 07771-7021

Die Obere Apotheke:
Hauptstraße 20, 78333 Stockach,
www.die-obere-apotheke.de,
Tel. 07771-2349

Touri-Info

Tourist-Information Stockach:
Salmannsweilerstraße 1
(in der Stadtbücherei), 78333 Stockach,
www.stockach.de, Tel. 07771-802300

Polizei

Polizeirevier Stockach:
Winterspürer Str. 27, 78333 Stockach,
www.ppkonstanz.polizei-bw.de,
Tel. 07771-93910

Nur fünf Kilometer nordwestlich des Bodensees liegt das hübsche Städtchen Stockach mit seinen gut 17.000 Einwohnern. Vor allem die malerische Altstadt mit ihren Sehenswürdigkeiten zieht viele Touristen an. Überregionale Bekanntheit genießt das Stockacher Narrengericht, das immer zur Weiberfastnacht abgehalten wird.

Sehenswürdigkeiten

St. Oswald

Beim Bummel durchs Stadtzentrum sollte man nicht versäumen, der Kirche St. Oswald einen Besuch abzustatten. Sie wurde zwar erst 1932 anstelle der ursprünglichen Kirche erbaut, kann aber doch mit einigen Besonderheiten aufwarten. So ist das gesamte Kirchenschiff eine Einheit, ohne Abtrennung zum Altarraum.

St. Oswald:
Pfarrstraße 1, 78333 Stockach,
Tel. 07771-2398

Stadtmuseum Stockach

Zurück in der Innenstadt sollten Sie auch dem Stadtmuseum noch einen Besuch abstatten. In den Räumlichkeiten des „Alten Forstamtes" aus dem Jahr 1706 wird die reiche Geschichte Stockachs wieder lebendig. An Multimediastationen können Verhandlungen des Stockacher Narrengerichts verfolgt werden.

Stadtmuseum Stockach:
Salmannsweilerstraße 1,
78333 Stockach, Tel. 07771-802300

Die schönsten Hotels

Gasthof Zum Adler

Wer Stockach nicht nur für einen Tagesausflug erleben möchte, findet im Gasthof „Zum Adler" im Stadtteil Wahlwies eine gute Adresse für die Nacht. Den Besucher erwarten wohnliche Zimmer, die teilweise auch über Balkone verfügen. Im hauseigenen Restaurant kann der Gast nach Herzenslust schlemmen.

Gasthof zum Adler:
Leonhardstraße 29, 78333 Stockach,
www.adler-wahlwies.de,
Tel. 07771-3527,
gasthofadlerwahlwies

Foto: Stadtmuseum Stockach

Ringhotel „Zum Goldenen Ochsen“

Eine ebenso lohnende Adresse ist das zuverlässige Ringhotel „Zum Goldenen Ochsen“, das seine Gäste schon seit 1931 beherbergt. Die Zimmer lassen wenige Wünsche offen, im Restaurant werden regionale sowie internationale Spezialitäten aufgetischt.

Ringhotel Zum Goldenen Ochsen:
Zoznegger Straße 2, 78333 Stockach,
www.ochsen.de, Tel. 07771-91840,
goldenerochsenstockach

Die besten Restaurants

Restaurant Alt Stocken

Liebhaber traditioneller Gerichte werden im Restaurant „Alt Stocken“ in der Altstadt fündig. Hier gibt es noch die gutbürgerliche Hausmannskost in großen Portionen, an denen sich hungrige Wanderer nach langen Touren erfreuen.

Alt Stocken:
Kronengasse 4, 78333 Stockach,
Tel. 07771-9177196

Nightlife

Café Wunderbar

Empfehlenswert ist das Café Wunderbar mit seinem gemütlichem Ambiente und den leckeren Cocktails. Am Wochenende wird hier bis 2:00 Uhr morgens gefeiert.

Wunderbar:
Kaufhausstraße 7, 78333 Stockach,
Tel. 0152-25622808

Erlebnisse und Aktivitäten

ZIELE FÜR FAMILIEN

Heidenhöhlen

Vom Zentrum aus sind die Heidenhöhen knappe drei Kilometer entfernt und lassen sich sowohl mit dem Auto als auch zu Fuß gut erreichen. Gutes Schuhwerk ist für die Erkundung der verwinkelten Höhlengänge Voraussetzung.

Heidenhöhlen:
Startpunk ist der Wanderparkplatz am
Berlingerweg 1, 78333 Stockach

SCHWEIZER UNTERSEE

Was es beim Grenzübertritt aus Deutschland zu beachten gibt:

Wer am Bodensee auch die schöne Schweiz auf der Agenda hat, sollte sich auf ein paar kleine, aber feine Besonderheiten bei der Länderüberquerung einstellen, und natürlich unbedingt einen gültigen Pass/Personalausweis dabeihaben.

Währung: Obwohl in Grenznähe sehr oft auch Euro akzeptiert werden, ist der Schweizer Franken die offizielle Währung. Das gilt im Übrigen auch für den ebenso besuchenswerten „Bodensee Anrainerstaat" Liechtenstein. Die Münzen zeigen den Libertas-Kopf, die Helvetia und einen Alphirten, zumeist interpretiert als Wilhelm Tell, dem berühmten Freiheitskämpfer und Symbolfigur der Schweiz. Franken und Euro halten sich in etwa die Waage, aktuell (Kurs März 2024) entspricht 1 CHF = 1,04 EUR.

Verkehr: Wenn Sie mit dem Auto unterwegs sind, nehmen Sie die Regelungen der Schweiz unbedingt zur Kenntnis: Es gibt ein generelles Tempolimit von 120 km/h auf Autobahnen, 100 km/h auf Autostrassen, ansonsten 80 km/h außerhalb und max. 50 km/h innerhalb von Ortschaften. In der Schweiz herrscht ganztägig Lichtpflicht (Tagfahrlicht oder Abblendlicht), und gilt für alle Motorfahrzeuge inklusive E-Bike. Für die Nutzung vieler Autobahnen und – strassen wird eine Vignette benötigt (40 CHF, 1 Jahr gültig), die es an den Tankstellen, Zollstellen und auch in rein elektronischer Form gibt. In der Schweiz werden Regelüberschreitungen deutlich strenger geahndet als in Deutschland, weshalb man es auf keinen Fall darauf ankommen lassen sollte. Die schönen Ersparnisse oder gar das Fahrzeug können sonst weg sein!

Zoll: Im Normallfall dürfte man als Urlauber nicht großartig von den Einfuhrbestimmungen tangiert werden, aber man sollte sich, z.B. was Alkohol, Tabakwaren und dergleichen betrifft, vorher informieren: ***www.bazg.admin.ch***. Immerhin handelt es sich bei der schweizerischen Grenze um eine EU-Außengrenze!

Telefon & Netz: Für die Schweiz gilt kein automatisches EU-Roaming, man sollte sich über Kosten informieren.

Vorsicht: Auch in Konstanz bzw. Grenznähe neigen die Geräte dazu, sich gerne mal ungebeten in das Schweizer Netz einzuwählen!

Gottlieben

Ca. 10 Autominuten von Konstanz entfernt

Dafür, dass dieses verschlafene Dorf mit seinen gerade mal 300 Einwohnern so klein ist, birgt es erstaunlich viele historische Schätze. Sein Ortsbild ist geprägt von idyllischen Winkeln, einer schönen Platanenallee an der Uferpromenade und Fachwerkhäusern aus dem 17. Jahrhundert. Die historischen Gebäude „Drachenburg und Waaghaus" im Dorfkern sind besonders sehenswert, leider aber von einem zeit- und kostenintensiven Renovierungsprozess begriffen. Für die Stiftung ist noch allerhand zu tun, in den Genuss des namenhaften Hotel- und Gastrobetriebs kommt man derzeit also nicht. In Gottlieben legt man dennoch viel Wert auf kulinarische Freuden, jedes einfache Wirtshaus bietet eine bürgerliche Küche von guter Qualität. Und das muss auch sein, denn die Konkurrenz ist groß: Neben zwei Bootswerften und der berühmten Hüppenbäckerei ist die Gastroszene der größte Arbeitgeber von Gottlieben.

Hotel Drachenburg + Waaghaus:
Am Schlosspark 7+10, 8274 Gottlieben,
www.stiftung-drachenburg.ch,
Tel. +41 716781010

Dürften sie es sich aussuchen, hätten Kunstsinnige vermutlich gerne Ende des 19. Jahrhunderts hier gelebt, als in Gottlieben eine Künstlerkolonie existierte, die von dem Schriftsteller Emanuel von Bodman und dem Schriftsteller, Maler und Bildhauer Heinrich Ernst Kromer initiiert wurde. Wenn Sie in einem der schönen Gasthäuser speisen, ist es gut möglich, dass auf Ihrem Stuhl schon Thomas Mann, Hermann Hesse oder Rainer Maria Rilke gesessen haben. Wie gerne wäre man mit einem von ihnen ins Gespräch gekommen!

Auch mit dem Entertainer Udo Jürgens hätte man hier einst ein Pläuschchen halten können. Er bewohnte ein schönes Haus mit Blick auf den Seerhein und ging gerne durch den Ort spazieren. Bei seinem letzten Rundgang in Begleitung seines Freundes und Chauffeurs Billy Todzo brach er unweit seines Hauses plötzlich zusammen. Er wurde dann mit dem Krankenwagen ins Kantonsspital Münsterlingen gebracht, doch der Kampf der Ärzte um sein Überleben war vergeblich, sein Herz wollte einfach nicht mehr, obwohl eine Routine-Untersuchung ein halbes Jahr vorher überhaupt keine Auffälligkeiten gezeigt hatte. Zwei Tage vor

Heiligabend im Jahre 2014 verstarb er. Und als hätte er sein kommendes Ende gespürt, hatte er sich kurz vor seinem Tod noch ausgiebig bei seinen Freunden bedankt und seinen Freund Todzo gebeten, bei ihm zu bleiben, obwohl dieser eigentlich – wie gewöhnlich an Weihnachten – zu seiner Familie nach Afrika reisen wollte. Der ganze Ort trauerte um seinen berühmten und sympathischen Residenten, ohne Frage gehörte Udo Jürgens zu den ganz großen Poeten, Zeitkritikern und Musikern unserer Zeit.

In Gottlieben gab es zur Zeit des Konstanzer Konzils auch einige prominente Gäste, die nicht freiwillig hier waren. In dem von Bischof Eberhard II. erbauten Wasserschloss wurden sowohl der abgesetzte Papst Johannes XXIII. als auch der verurteilte Reformator Jan Hus gefangen gehalten. Das verwunschene Schloss, das Bischof Eberhard im Jahre 1251 erbauen ließ, ist sicherlich das beeindruckendste Gebäude des Ortes. Am besten kann man seine Pracht vom Wasser aus bewundern.

Leider befindet es sich in Privatbesitz und kann nicht besichtigt werden.

Schloss Gottlieben:
Am Schlosspark (Seerheinufer),
8274 Gottlieben

Die schönsten Hotels

Hotel Porto Sofie

Das kleine Boutique-Hotel im historischen Gebäude direkt am Wasser ist ein Geheimtipp für Genießer. Die Zimmer sind hochwertig und großzügig gestaltet und auch das Restaurant lässt keine Wünsche offen. Die Einrichtung des Seezimmers Deluxe erinnert an die eines französischen Schlosses, in den Betten lässt es sich königlich schlafen. Die hoteleigene Bar dürfte in der Umgebung die beste ihrer Art sein. Es finden hier regemäßig Jazzkonzerte auf hohem Niveau statt, dann wird's mitunter eng.

Hotel Porto Sofie: Am Schlosspark 9, 8274 Gottlieben, www.portosofie.ch, Tel. +41 715446600, portosofie

Erlebnisse und Aktivitäten

KULINARISCHES

Gebäck-Legende „Gottlieber Hüppen“

Verlassen Sie die Stadt nicht, ohne die berühmten Gottlieber Hüppen probiert zu haben. Das Gebäck gehört schon lange zu den Schweizer Exportschlagern. Es entsteht nach alter Backtradition, indem zuerst hauchzarte Crêpes hergestellt werden, die nicht dicker als 0,7 mm

sein dürfen. Diese werden dann vorsichtig wie eine Zigarre gerollt und in den Ofen geschoben. Die Gottlieber Hüppen sind im doppelten Sinne ausgezeichnet, immer wieder heimsen ihre Produzenten Goldmedaillen für die süßen Versuchungen ein.
Im Seecafé samt Manufakturgeschäft kann man die Gottlieber Hüppen als Mitbringsel erwerben und verzehren.

Gottlieber Seecafé & Manufakturladen:
Espenstrasse 9, 8274 Gottlieben,
www.gottlieber.ch, Tel. +41 716670177,
gottlieber_seecafe

KUNST UND KULTUR

Das Bodmanhaus

Kunst und Kultur haben in Gottlieben einen hohen Stellenwert. In dem Literaturhaus, das gleichzeitig Gedenkstätte für den Dichter und Schriftsteller Emanuel von Bodman ist, werden regelmäßig Lesungen und Ausstellungen veranstaltet. Neben einer Buchbinderei beherbergt es die Bodman-Werkauswahl, die seit 2000 herausgegeben wird.

Bodmanhaus:
Am Dorfplatz 1, 8274 Gottlieben,
www.bodmanhaus.ch,
Tel. +41 716693480,
literaturhausthurgau

Stein am Rhein

Ca. 35 Minuten von Konstanz entfernt (Mit Auto oder ÖPNV)

Wichtige Adressen und Kontakte in Stein am Rhein

Apotheke

Apotheke zum Mohrenkönig:
Rathauspl. 8, 8260 Stein am Rhein,
www.apoclick.ch, Tel. +41 527412133,
apoteam

Touri-Info

Tourismus Stein am Rhein:
Oberstadt 3, 8260 Stein am Rhein,
www.tourismus.steinamrhein.ch,
Tel. +41 526324032,
schaffhauserlandtourismus

Genau an der Stelle, wo der Bodensee wieder zum Rhein wird, liegt die märchenhafte Stadt Stein am Rhein. Kaum ein anderer Ort am Bodensee dürfte eine derart ästetische Kulisse bieten wie dieses etwa 3600 Einwohner zählende Städtchen mit seiner gut erhaltenen, einzigartigen Altstadt, um deren spätmittelalterlichen Marktplatz sich spitzgiebelige Patrizier- und Fachwerkhäuser mit Erkern und bunten Fassadenmalereien gruppieren. Der friedliche Ort wirkt, als sei er direkt einem Bilderbuch entsprungen, beinahe realitätsentrückt. Sobald man den Stadtführern begegnen, die in ihren mittelalterlichen Kostümen als Nachtwächter, Krämerin, Henker, Mönch oder fromme Betschwester die Touristen gutlaunig durch die Stadt führen, fühlt man sich tatsächlich für einen Moment ins Mittelalter zurückversetzt.

Noch heute wird die Altstadt von der mittelalterlichen Stadtmauer umgeben, man betritt den historischen Kern durch eines der Stadttore, durch das Unter- oder das Obertor, beide stammen aus dem 14. Jahrhundert.

Sehenswürdigkeiten

Rathaus

Eindrucksvoller Mittelpunkt der Altstadt ist das Rathaus aus dem 16. Jahrhundert, dessen Fachwerkbau in den Jahren 1745/46 entstand. Seine prächtigen Erker und Malereien an der Außenfassade wurden erst Ende des 19. Jahrhunderts hinzugefügt. Sehenswert ist auch das im gotischen Stil gestaltete Innere: Im großen Ratssaal kann man unter anderem eine Sammlung alter Wappenscheiben und Waffen besichtigen.

Rathaus Stein am Rhein:
Oberstadt 4, 8260 Stein am Rhein

Historische Häuser: Weißer Adler, Stadt-Schenke und Bürger-Asyl

Das älteste Haus der Stadt heißt „weißer Adler“, seine Wandmalereien aus dem frühen 16. Jahrhundert gehören sogar zu den ältesten noch erhaltenen Schweizer Fresken aus der Renaissance. Zu sehen sind Darstellungen aus der spätmittelalterlichen Geschichtensammlung „Die Taten der Römer“ und Illustrationen aus dem Decamerone, einer Novellensammlung von Giovanni Boccaccio. Ein Faszinosum, dass sowohl Einheimi-

sche als auch Fremde an diesem Ort schon vor so langer Zeit fröhliche Stunden mit Wein und Essen erlebt haben. Danach ging die Zecherei sicher in der Stadt-Schenke weiter, dem „Roten Ochsen", der sogar noch älter ist und erstmals 1446 in den Chroniken erscheint.

Haus zum Weissen Adler:
Oberstadt 1, 8260 Stein am Rhein

Weinstube zum Rothen Ochsen:
Rathauspl. 9, 8260 Stein am Rhein,
www.weinstube-rotherochsen.ch,
Tel. +41 527412328

Wer zu viel getrunken hatte und Streit anfing, die Zeche prellte oder beim Falschspielen erwischt wurde, landete ab dem 18. Jahrhundert in der Ausnüchterungszelle oder im dazugehörigen Gefängnis des „Spitals zum heiligen Geist", einem insgesamt fünf Gebäude umfassenden Areal, das zum St.Georgen-Kloster gehörte und schon im 13. Jahrhundert Armen, Kranken und Waisenkindern Unterschlupf gewährte. Die Bettlerstube des Bürgerasyls ist noch erhalten. Mit Figuren hat man hier eine Szene nachgestellt, wie sie in der Bettlerstube zu jener Zeit ausgesehen haben mag. Heute befinden sich in seinen aufwändig restaurierten Gemäuern unter anderem die Touristen-Information und das Stadtarchiv.

Altes Klosterspital/Bürgerasyl:
Oberstadt 5, 8260 Stein am Rhein
Eingang über Oberstadt 3, wo sich das
Tourismusbüro befindet

Hexenturm

Zu jeder mittelalterlichen Stadt gehören auch schaurige Geschichten, die dem Aberglauben der Menschen jener Zeit geschuldet waren. Der Hexenturm ist ein solch gruseliges Zeugnis aus finsteren Tagen. Bis zum 18. Jahrhundert wurde der Turm als Gefängnis verwendet. Insgesamt wurden in Stein am Rhein 17 Menschen der Zauberei oder der Hexerei beschuldigt, gefoltert und hingerichtet.

Hexenturm: Schiffländi 10,
8260 Stein am Rhein

Sämtliche Geschichten zu den herrlichen Häusern zu erzählen, würde hier den Rahmen sprengen, außerdem sei es den kostümierten, munteren Stadtführern herzlich gegönnt, den Besuchern die

Geheimnisse ihrer Stadt zu offenbaren. Eine der Führungen widmet sich im Besonderen den schönen Häuserfassaden. Mit vielen anderen Angeboten auf folgender Seite zu finden:

www.tourismus.steinamrhein.ch

Alle Infos zum **Tourismus in Stein am Rhein**

Krippenwelt

Auch das Museum „Krippenwelt" zieht Besucher an, und dies nicht nur zur Weihnachtszeit. Das ganze Jahr über kann man in dem ältesten, noch originalen, im Jahre 1302 erbauten Haus an die 600 Krippen aus aller Welt bewundern.

Krippenwelt AG:
Oberstadt 5, 8260 Stein am Rhein,
www.krippenwelt-ag.ch,
Tel.+41 527210005

Ehemaliges Kastell Tasgetium

Abseits der Touristenströme verbirgt sich am anderen Rheinufer auf dem Gelände des ehemaligen Kastells Tasgetium eine Johanneskirche aus dem 6. Jahrhundert. Seit über 1400 Jahren wird in ihren Mauern Gottesdienst abgehalten. Noch gut erhalten sind die Wandmalereien aus dem Jahr 1420, die Szenen aus der Schöpfungsgeschichte und Bilder aus dem Leben Jesu und Johannes des Täufers zeigen.

Kirche Burg:
Burg 3, 8260 Stein am Rhein

Klostermuseum St. Georgen

Kloster St. Georgen war einst eine Benediktinerabtei und überrascht durch seinen außergewöhnlich guten baulichen Zustand. Bei einem Rundgang durch die Klausurgebäude, den Konvent und die Abtstuben bekommt man eine Vorstellung davon, wie wohlhabend und gebildet die letzten Mönche dieses Klosters waren. Zu den Höhepunkten des Rundgangs zählen der wunderschöne spätgotische Kreuzgang und der Festsaal. Die Wände dieses Festsaals zieren kostbare Fresken aus der Zeit um 1500, sie sind der größte Schatz des Museums und die bedeutendsten Malereien jener Zeit, die nördlich der Alpen zu finden sind.

Museum Kloster St. Georgen:
Fischmarkt 3, 8260 Stein am Rhein,
www.klostersanktgeorgen.ch,
Tel.+41 527412142

Burg Hohenklingen

Hoch über der Altstadt thront majestätisch die wehrhafte Burg Hohenklingen. Ihr Erscheinungsbild hat sich seit dem 13. Jahrhundert nicht groß geändert, von kriegerischen Zerstörungen ist sie verschont geblieben. Genauso, wie wir sie heute sehen, konnten sie schon unsere Vorfahren bewundern. Auch die Burgvögte, die in ihren dicken Mauern residierten und eine lange Zeit die Geschicke der Stadt lenkten, genossen die gleiche atemberaubende Aussicht wie wir. Der Blick schweift weit über den südlichen Bodensee, den Hegau und die Rheinlandschaft.

Burg Hohenklingen: Hohenklingenstrasse 1, 8260 Stein am Rhein, www.burghohenklingen.com, Tel. +41 527412137, burghohenklingen_steinamrhein

Die schönsten Hotels

Ausflugs- und Übernachtungs-Tipp: Kartause Ittingen

Das ehemalige, wirklichkeitsgetreu erhaltene und restaurierte Kartäuserkloster ist ein Kraftort für Geist und Seele inmitten von Rebbergen und Obstbäumen. Über Jahrhunderte ist das Kloster gewachsen und gediehen, denn ein Generalplan hat nie existiert.

Seine Entstehung geht auf das Jahr 1150 zurück, als hier von der Familie von Ittingen, dem Konstanzer Bischof und den Welfen ein Chorherrenstift gegründet wurde. Die Geschichte der Kartause ist geprägt von vielen wirtschaftlichen Auf und Abs, von Plünderung und Brandschatzung während der Reformation und dem Wiederaufbau zur Zeit der Gegenreformation. Im Jahre 1848 wurde das Kloster geschlossen, das Gebäude ging in Privatbesitz über. In den Folgejahren wurde die Kartause durch die St. Gallener Kaufmanns- und Bankiersfamilie Fehr zum Landwirtschaftsbetrieb. Letzter Besitzer aus der Fehr-Familie war Edmund Fehr, der die deutsche Schriftstellerin und jüdische Exilantin Käthe Vordtriede hier vor den Nationalsozialisten verbarg.

Heute gehört die Kartause der „Stiftung Kartause Ittingen“, getragen vom Kanton und privaten Investoren. Sie ist im Kanton einer der größten Landschaftsbetriebe, der dazugehörige Klosterladen ist Bioladen par excellence: Eigene Reben, eigener Hopfen, eigene Käserei. Was früher von Mönchen gepflegt wurde, obliegt heute den Bewohnern eines Behindertenwohnheims, das ebenfalls zur Stiftung gehört. Zum Betrieb gehören auch zwei Hotels und das Restaurant „zur Mühle“. Was hier auf die Teller kommt, stammt aus eigenem Anbau und könnte frischer und bekömmlicher nicht sein.

Unser Übernachtungstipp für Naturfreunde und Romantiker: In einer Seifenblase mitten im Grünen

Neben 68 makellosen Zimmern bietet das Hotel noch ein besonderes Faszinosum: das Bubble-Hotel. Inmitten einer herrlichen Natur übernachtet man in durchsichtigen Kugeln mit unverstelltem Blick in den Sternenhimmel. Näher kann man der Natur gar nicht kommen.

Kartause Ittingen:
8532 Warth-Weiningen,
www.kartause.ch,
Tel. +41 527484411,
kartauseittingen

Hotel Rheinfels

Das Gredhaus mit seinem Satteldach und den gotischen Fensterfluchten an der Ostfassade ist eine Institution in Stein am Rhein. Es wurde 1517 errichtet und diente der Stadt als Zoll-, Kauf- und Lagerhaus und in seiner Anfangszeit sogar als Rathaus. Heute befindet sich ein schönes Hotel in den historischen Mauern. Wer große Zimmer schätzt und eine wunderbare Aussicht auf den Rhein genießen möchte, ist hier genau richtig.

Hotel Rheinfels:
Rhigass 8, 8260 Stein am Rhein,
www.rheinfels.ch, Tel. +41 527412144

Die besten Restaurants

Restaurant Hotel Rheinfels

Das Restaurant des Hotels Rheinfels mit seiner herrlichen Terrasse direkt am Rhein ist eine verlässliche Adresse für vorzügliche Heimatküche mit französischem Einschlag. Stammgäste kommen von weit her, um sich hier einen ganzen, in Butter gebratenen Hecht einzuverleiben oder die hervorragende Fischsuppe. Die ebenfalls grandiosen Wildgerichte stammen aus eigenem Jagdrevier, die Weine vom Rebberg der Eignerfamilie.

Hotel Rheinfels:
Rhigass 8, 8260 Stein am Rhein,
www.rheinfels.ch, Tel. +41 527412144

Burg-Restaurant Hohenklingen

Eine schönere Aussicht als in diesem romantischen Burg-Restaurant ist kaum vorstellbar. Auch die ebenso hübsch angerichteten Speisen sind ausgezeichnet.

Burg Hohenklingen: Hohenklingenstrasse 1, 8260 Stein am Rhein,
www.burghohenklingen.com,
Tel. +41 527412137,
burghohenklingen_steinamrhein

Ilge

Das Restaurant Ilge findet sich im Herzen von Stein am Rhein, direkt am Rathausplatz, und verwöhnt seine Gäste mit einer Küche, die als Mischung französisch-schweizerischer Küche mit mediterranem Einschlag bezeichnet werden kann. Das Menü ist übersichtlich, aber wechselhaft, neben einigen wunderbaren Klassikern des Hauses. Bei aller Liebe zum Bodenseefisch und der Regionalität, ist es doch auch schön, dass hier überregionale Köstlichkeiten probiert werden können.

Ilge: Rathauspl. 14, 8260 Stein am Rhein, www.ilgesteinamrhein.ch Tel. +41 527412272, restaurant_ilgesteinamrhein

Nightlife

Underbar

Am Abend mischen sich Einheimische und Touristen in der coolen Location von Lukas, der die Einrichtung selbst gestaltet hat und bei den Gästen mit seiner herzlichen und lockeren Art gut ankommt. Leckere Drinks, es darf geraucht werden.

Underbar: Understadt 21, 8260 Stein am Rhein, www.underbar.ch, Tel. +41 787884900, underbar_stein_am_rhein

Erlebnisse und Aktivitäten

EVENTS

Sie haben Glück, wenn Sie zur Weihnachtszeit nach Stein am Rhein kommen. Die Kulisse des Klosters St. Georgen ist wie gemacht für das jährlich stattfindende Mittelalterspektakel. Tonflöten begleiten dann die festlichen Klänge, Krämerinnen preisen ihre Waren an und bei der Kartenlegerin lässt man sich die Zukunft voraussagen. Besorgen Sie sich bei der Gewandmacherin ein Kostüm, dann können Sie selbst Teil der Kulissen werden. Weitere Infos hier: ***www.maerlistadt.ch/highlights/mittelaltermarkt***

Mehr Infos zum **Mittelaltermarkt**

KULINARISCHES

La p’tite crêperie

Wer süße oder deftige Crêpes liebt, ist in der „La p’tite crêperie“ gut aufgehoben. In dem charmanten Café kann man auch nach ein paar hübschen Mitbringseln stöbern.

La p’tite crêperie: Understadt 10, 8260 Stein am Rhein, Tel. +41 527415955

Diessenhofen

Ca. 10-15 Autominuten von Schaffhausen oder Stein am Rhein entfernt (etwa 45 Min. von Konstanz)

Wichtige Adressen und Kontakte in Diessenhofen

Apotheke

Stadt-Apotheke:
Hauptstrasse 6A, 8253 Diessenhofen,
www.apotheke-diessenhofen.ch,
Tel. +41 526573707

Touri-Info

Tourist-Info Diessenhofen:
Museumsgasse 11 (Im Museum),
8253 Diessenhofen,
www.diessenhofen.ch/tourismus,
Tel. +41 525331167

Zwischen Stein am Rhein und Schaffhausen liegt das Städtchen Diessenhofen, das knapp 4000 Einwohner besitzt. Die wundervolle Flusslandschaft am Rhein lockt viele sportbegeisterte Feriengäste an, die hier schwimmen gehen, über Rebberge wandern oder die Umgebung mit dem Fahrrad oder per Schiff erkunden.

In der mittelalterlichen Stadt gruppieren sich Bürgerhäuser und historische Bauten um das markante Wahrzeichen, den 1545 errichteten Siegelturm, der bereits im 16. Jahrhundert der Aufbewahrung von Urkunden und Siegeln diente. Den Turm schmückt eine Uhr, deren Schlagwerk Seltenheitswert genießt: Noch heute wird es von Gewichten bewegt, die jeden Tag händisch vom Glöckner zu bedienen sind.

Siegelturm Diessenhofen:
Hauptstrasse 34, 8253 Diessenhofen

Ein weiteres Wahrzeichen ist die holzgedeckte Rheinbrücke aus dem 19. Jahrhundert. Eine Rheinüberquerung gab es hier schon im 13. Jahrhundert. Ab 1460 waren der Brückenzoll und der Schifffahrtszoll eine der wichtigsten Einnahmequellen der Stadt.

Sehenswürdigkeiten

Stadtkirche Diessenhofen

Besonders sehenswert ist auch die Stadtkirche, deren Ursprünge auf das Jahr 757 zurückgehen. Sie ist somit die erste urkundlich bezeugte Kirche Thurgaus, und eine der allerältesten ihrer Art in der Umgebung. 1200 erhielt die Stadt eine größere Kirche. Als sie im 14. Jahrhundert einem Stadtbrand zum Opfer fiel, wurde die romanische Basilika in eine gotische Staffelhalle verwandelt.

Stadtkirche St. Dionys:
Kirchgasse, 8253 Diessenhofen

Historische Bauwerke

Zu den weiteren historischen Gebäuden zählen das Schwaderloch, eines der beiden Amtshäuser von 1657, das vordere Amts- und Färberhaus (auch Toggenburgerhaus genannt) aus dem 14. Jahrhundert, das Rathaus (18 Jh.) und der Hänkiturm am Rhein, den man hier 1391 als Geschützstellung errichtete und der später ein Gefängnis war.

Museum kunst+wissen

Eine besondere Bedeutung kam dem Oberen Amtshaus zu. Zur Entstehungszeit im 16. Jahrhundert war es Verwaltungssitz des Klosters Petershauen-Konstanz. Später wurden hier Stoffe bedruckt, die eine riesige Käuferschaft fanden. Interessant ist das hier seit 1962 untergebrachte Museum „kunst + wissen", das eine große Kunstsammlung zeigt und jährlich bis zu 4 Wechselausstellungen.

Museum kunst + wissen:
Museumsgasse 11, 8253 Diessenhofen,
www.diessenhofen.ch,
Tel. +41 525331167,
museumkunstwissen

Kloster St. Katharinental

Eines der wichtigsten spirituellen Zentren am Oberrhein war das Dominikanerinnen Kloster St. Katharinental, in dessen Räumen sich heute eine Rehabilitationsklinik befindet. Das Kloster ging unbeschadet durch die Jahrhunderte, selbst die Wirren der Reformation konnten ihm nichts anhaben. Seine Ursprünge reichen bis in das 13. Jahrhundert zurück.

Im Kornhaus des ehemaligen Klosters wartet eine volkskundliche Sammlung von über 10.000 Objekten auf geschichtsinteressierte Besucher, eine Besichtigung sowie Führungen sind nach Voranmeldung möglich.

Schaudepot St. Katharinenthal:
Franzosenstraße, 8253 Diessenhofen,
Anmeldung unter:
www.historischesmuseumthurgau.ch

Die besten Restaurants

Gasthaus Schupfen

Einer der besten Orte, um eine große Feier zu veranstalten, ist die Rhyschüür vom Gasthaus Schupfen, regelmäßig zum besten Partyraum der Schweiz gekürt. Das Anwesen direkt am Rhein mit seinem historischen Haupthaus und den urgemütlichen Jäger- und Rhystuben eignet sich bestens für ein köstliches Mittag- oder Abendessen mit Blick auf das Wasser.

Gasthaus Schlupfen:
Steinerstr. 501, 8253 Diessenhofen,
www.schupfen.ch,
Tel.+41 526571042,
gasthausschupfen

Restaurant Unterhof

Historiker lockt es in Diessenhofen zum Restaurant in der Burg aus dem 12. Jahrhundert. Wo einst der Ritteradel zuhause war, bekommt man heute gehobene Küche, egal ob im Rittersaal, im Gewölbekeller, in der Gourmet- oder Fischerstube. Die jungen Wirtsleute geben Vollgas, was Bewirtung und Küche betrifft. Vielseitige Weinkarte, extrem kinderfreundliches Personal!

Restaurant Unterhof:
Rheinstrasse 23, 8253 Diessenhofen,
www.unterhof.ch, Tel. +41 526463883,
unterhof

Schaffhausen

Ca. 50 Autominuten von Konstanz entfernt, 20 Minuten von Stein am Rhein.

Wichtige Adressen und Kontakte in Schaffhausen

Krankenhaus:

Kantonsspital Schaffhausen/Spitäler Schaffhausen: Geissbergstrasse 81,
8208 Schaffhausen,
www.spitaeler-sh.ch,
Tel. +41 526343434

Apotheken (Auswahl):

Bahnhof-Apotheke P.Bollinger:
Bahnhofstrasse 27,
8200 Schaffhausen,
www.bahnhofapotheke.ch,
Tel. +41 526252686

Volksapotheke Schaffhausen:
Schwertstrasse 9, 8200 Schaffhausen,
www.volksapotheke.ch,
Tel. +41 526340110

Apotheke Roter Ochsen:
Vorstadt 50, 8200 Schaffhausen,
www.apotheke-roter-ochsen.ch,
Tel. +41 526340120

Polizei

Polizei Schaffhausen:
Beckenstube 1, 8200 Schaffhausen,
Tel. +41 526242424

Touri-Info

Schaffhauserland Tourismus:
Vordergasse 73, 8200 Schaffhausen,
www.schaffhauserland.ch,
Tel. +41 526324020,
schaffhauserlandtourismus

Schaffhausen (etwa 38 000 Einwohner) entstand etwa um das Jahr 1000. Der Rhein war auf der Höhe von Schaffhausen sehr flach und für Pferdegespanne eine der seltenen Passierungsmöglichkeiten. Diese Furt sowie der nahegelegene Rheinfall und die gefährlichen Stromschnellen zwangen die Kaufleute, ihre Waren von den Booten und Floßen auf Fuhrwerke umzuladen. Für die Bürger ein glücklicher Umstand, der dazu führte, dass sich im Mittelalter ein blühender Warenumschlagplatz entwickelte und die Stadt schon früh das Münzrecht erhielt.

Güterhof Schaffhausen:
Freier Pl. 10, 8200 Schaffhausen,
www.gueterhof.ch,
Tel. +41 526304040

Sehenswürdigkeiten

Munot

Das machtvolle Wahrzeichen der Stadt – die Festung Munot – entstand erst im 16. Jahrhundert, sie wurde als runde Verteidigungsanlage mit mächtigen Kasematten ausgestattet. Noch heute lebt in ihren alten Mauern der Munot-Wächter – beziehungsweise aktuell die Munot-Wächterin – und läutet um 9 Uhr abends per Hand fünf Minuten lang das berühmte „Glöggli“. Auf der Zinne der Festung ist im Sommer viel geboten, dann finden hier Open-Air-Kinos, Feste und viele andere Veranstaltungen statt. Schön ist auch der Rosengarten Munot, der sich direkt neben der Festung befindet. Der etwa 2000 qm große Garten bietet zahllose Rosenarten und betört zur Blütezeit mit einzigartigen Düften.

Festung Munot:
Munotstieg 17, 8200 Schaffhausen,
www.munot.ch,
Tel. +41 526254225, munotverein

Altstadt

Dass Schaffhausen schon immer eine sehr wohlhabende Stadt war, sieht man ihr an. In der historischen Altstadt findet man noch etliche Bürgerhäuser mit Fassadenmalereien und kunstvoll verzierten Erkern. Von diesen Erkern gibt es hier übrigens mehr als in jeder anderen Schweizer Stadt. Die prachtvollste Häuserfassade besitzt das 1492 erbaute Haus „Zum Ritter". Die Malereien entstanden 1668/70 von der Hand des Schaffhauser Künstlers Tobias Stimmer. Man spricht bei ihnen häufig von den bedeutendsten Renaissance-Fresken nördlich der Alpen.

Haus zum Ritter:
Vordergasse 65, 8200 Schaffhausen.

Nur einen Steinwurf davon entfernt gelangt man zu dem hübschen gotischen Kirchlein St. Johann.

St. Johann:
Kirchhofpl. 7, 8200 Schaffhausen

Statt Autos beherrschen kleine Boutiquen und Designergeschäfte die Altstadt. Am schönsten ist es hier natürlich im Sommer, dann kann man den Tag mit einem Kafi und einem Gipfeli in einem der schönen Straßencafés beginnen, zum Beispiel auf dem Fronwagplatz, dem früheren Marktplatz der Stadt. Den Fronwagturm, in dem einst die Marktwaage hing, schmückt eine astronomische Uhr aus dem Jahre 1564. Ein für die damalige Zeit erstaunliches Kunstwerk, das nicht nur die Zeit, sondern auch Jahreszeiten, Mondphasen, Tag- und Nachtgleichen und Finsternisse anzeigt.

Fronwagturm:
Fronwagpl. 4, 8200 Schaffhausen.

Kloster zu Allerheiligen

Unbedingt sehenswert ist das „Kloster zu Allerheiligen" mit seinem schönen Kreuzgang – dem größten der Schweiz – und dem hübschen Klostergarten, in dem nicht nur der Heilkräutergarten zu finden ist, sondern auch – etwas versteckt – die im Jahre 1486 gegossene „Schillerglocke".

Die Inschrift der prächtigen, 4,5 Tonnen schweren Glocke nahm Schiller in seinem berühmten Lied von der Glocke auf.

» Vivos voco, mortuos plango, fulgura frango" Zu Deutsch: „Die Lebenden rufe ich, die Toten beklage ich, die Blitze breche ich." Der Kreuzgang-Garten ist übrigens auch als „Junkerfriedhof" bekannt. Zwischen den Jahren 1582 bis 1874 fanden dort hohe Schaffhauser Magistrate ihre letzte Ruhestätte.

Das 1049 von Eberhard VI. von Nellenburg gestiftete Benediktinerkloster Allerheiligen gehörte bis zu seiner Schließung im Jahre 1529 zu den mächtigsten Klöstern der Gegend, seine ersten Mönche kamen von der nahe gelegenen Insel Reichenau, zu der die Stifter familiäre Beziehungen pflegten. In den Räumen des ehemaligen Klosters befindet sich ein interessantes Museum, das dem Besucher die Geschichte, Archäologie, Kunst und Naturkunde der Region näher bringt. Die bedeutende Kunstsammlung umfasst unter anderem Werke von Hodler, Cranach, Vallotton, Otto Dix und Adolf Dietrich.

Kloster zu Allerheiligen:
Klosterstrasse 16, 8200 Schaffhausen,
www.allerheiligen.ch,
Tel. +41 526330777,
museumzuallerheiligen

Museum Stemmler

Der Kürschner und Tierforscher Carl Stemmler war ein gleichermaßen beeindruckender wie gefürchteter Mann. Er setzte sich vehement – und teilweise auch aggressiv – für den Tierschutz und insbesondere für den Schutz der heimischen Greifvögel ein, als dieses Thema noch kaum jemanden interessierte. Der überzeugte Vegetarier war unerschrocken: Als Impfgegner legte er sich mit Ärzten an, weil er Impfungen als Vergiftung des Körpers betrachtete, und als Sportringer verteidigte er das Naturreservat Eschheimer Weiher mitunter sogar gewaltsam gegen Natursünder. Das Schaufenster seines Geschäftes nutzte er als Podium für seine kritische Weltanschauung, im Winter legte er erfrorene Vögel hinein, um seine Botschaft zu veranschaulichen. Sein Haus glich teilweise einer Tierklinik, die Menschen brachten ihre versehrten Lieblinge lieber zu ihm als zum Tierarzt und schätzten seinen Rat. Dem unermüdlichen Kampf Stemmlers für den Naturschutz haben es die Schweizer letztendlich zu verdanken, dass ihre Greifvögel schon früh unter Artenschutz und schützenswerte Gebiete unter Naturschutz gestellt wurden.

Museum Stemmler:
Sporrengasse 7, 8200 Schaffhausen,
www.allerheiligen.ch,
Tel. +41 526258846

IWC Museum Schaffhausen

Schon das Gebäude des Manufakturzentrums ist beeindruckend. Für Fans der weltweit bekannten Luxus-Uhren ist der Besuch ein MUSS, denn auf dem Rundgang lernt man die komplexe Technik und die Handwerkskunst der berühmten Uhrmacher kennen. Man begibt sich auch auf eine Zeitreise, auf der man die historischen Uhren und die interessante Vergangenheit von IWC kennen lernt.

IWC Schaffhausen Museum:
Baumgartenstrasse 15,
Tel. +41 522357676,
www.iwc.com/en/company/museum

Die schönsten Hotels

Hotel Kronenhof

Direkt im Zentrum und mit Aussicht auf die Festung Munot befindet sich das Hotel Kronenhof mit gleich zwei guten Restaurants. Während Steakliebhaber sich im Steakhouse Ox einfinden, verspeisen die Besucher in der Kronenstube mediterrane und Schweizer Spezialitäten. Besonders schön ist auch der Wellnessbereich mit verschiedenen Saunen und einem Fitnessraum.

Hotel Kronenhof:
Kirchhofpl. 7, 8200 Schaffhausen,
www.kronenhof.ch,
Tel. +41 526357575,
kronenhof.schaffhausen

Sorell Hotel Rüden

Jedes der 30 Zimmer dieses Boutique-Hotels ist individuell gestaltet. Die Gastgeber-Familie hat ein gutes Händchen für Innenarchitektur und hat bei der Renovierung des historischen Gebäudes aus dem 18. Jh. das Beste herausgeholt. Das reichhaltige Frühstück sowie der Service sind makellos. Besonderheit: Extrem kinder- und hundefreundlich!

Sorell Hotel Rüden:
Oberstadt 20, 8200 Schaffhausen,
www.sorellhotels.com,
Tel. +41 526323636, sorellhotels

Die besten Restaurants

Restaurant Beckenburg

Das Restaurant setzt auf marktfrische und innovative Küche mit regionalen Zutaten. Hier fühlt man sich sofort wohl, die Bedienung ist freundlich und weinversiert. Sollte es gerade Hummer geben, lassen Sie sich diesen nicht entgehen, er ist vorzüglich! Kunstsinnige freuen sich über regelmäßig stattfindende Vernissagen.

Restaurant Beckenburg:
Neustadt 1, 8200 Schaffhausen,
www.beckenburg.ch,
Tel.+41 526201212, beckenburg.ch

Hotel Restaurant Hohberg

Die Genussstube am Ortsrand ist auch bei Vegetariern sehr beliebt, die hier bevorzugt Veggiburger bestellen. Fleischessern sei das Lumasteak besonders empfohlen. Das Besondere am Luma-Fleisch ist, dass es noch am Knochen abgehangen wird und etwa 4-7 Wochen reift. Außerdem wird es mit einem besonderen Schimmelpilz versehen, der für eine besondere Zartheit des Fleisches sorgt.

Hotel Restaurant Hohberg:
Schweizersbildstrasse 20,
8207 Schaffhausen,
www.hotel-hohberg.ch,
Tel. +41 526434249, resthohberg

Restaurant Villa Sommerlust

In diesem Edel-Lokal mit Orangerie und Wintergarten lässt es sich auch im Winter lustvoll schmausen. Probieren Sie als Aperitif den köstlichen Promesa, einen Schaumwein, den Gastgeber Lorenz Messora eigens vom Weingut Hedinger für dieses und sein anderes Lokal Hohberg produzieren lässt. Der junge Küchenchef Dan Rodriguez kombiniert heimische Delikatessen gerne mit asiatischem Touch und mitunter auch mit Leckerbissen aus der Molekularküche.

Villa Sommerlust: Rheinhaldenstr. 8,
8200 Schaffhausen,
www.sommerlust.ch,
Tel. +41 525335533, villasommerlust

Wirtschaft zum Frieden

In Sachen Dienstleistung ist die Chefin des Hauses ein Naturtalent. Bei ihr fühlt man sich sofort willkommen, während der Chef in der Küche des Patrizierhauses traumhafte Spezialitäten zaubert. Während der Jagdsaison sollte man beizeiten reservieren, denn in Sachen Wildgerichte ist das Lokal lange kein Geheimtipp mehr. Egal ob Rehragout, Hirschfilet oder Fasanenterrine im Wildschweinmantel: Jedes Gericht ist umwerfend und die empfohlenen Weine absolut stimmig.

Wirtschaft zum Frieden:
Herrenacker 11, 8200 Schaffhausen,
www.wirtschaft-frieden.ch,
Tel. +41 526254767, frieden8200

Gastronomie am Rheinfall:

Schloss Laufen – linksrheinisch

Sollten Sie einen Hochzeitsantrag planen oder einen geliebten Menschen mit einer ganz besonderen Location überraschen wollen, dann sei Ihnen ein Dinner im Panorama-Glaslift im Schloss Laufen empfohlen. Ein intimerer Rahmen für ein Candlelight-Dinner ist kaum denkbar, einen spektakuläreren Ausblick muss man lange suchen.

Areal Schloss Laufen:
8447 Dachsen, www.schlosslaufen.ch,
Tel. +41 526596767, schlosslaufen

Schlössli Wörth am Rheinfall – rechtsrheinisch

Auch dieses Restaurant ist ein ganz besonderer Ort für Genie-

AUSFLUGSZIELE

ßer. Man speist in den ehrwürdigen Mauern einer Burg aus dem 12. Jahrhundert und kann sich auf ein Dinner freuen, das eines Königs würdig wäre. Der Ausblick auf den Rheinfall ist fantastisch und auch die moderne Küche lässt nichts zu beklagen.

Schlössli Wörth:
Rheinfallquai 30,
8212 Neuhausen am Rheinfall,
www.rheinfall-gastronomie.ch,
Tel. +41 526721821,
rheinfallgastronomie

Erlebnisse und Aktivitäten

Gesamterlebnis und Highlight: Rheinfall von Schaffhausen

Alle Infos zum
Rhyfall Express

Tipp für Nostalgiker: Die Fahrt mit dem Rhyfall-Express

Eine der schönsten Möglichkeiten, den nahe gelegenen Rheinfall zu besuchen, bietet der Rhyfall-Express, eine nostalgische Bahn, die von der Altstadt bis zum Rheinfall 20 Minuten braucht:

www.rhyfall-express.ch

Unumgänglich ist die 23 Meter hohe und 150 Meter breite Hauptattraktion westlich des Untersees: Der Rheinfall. Er ist nicht nur die größte Sehenswürdigkeit bei Schaffhausen, sondern auch einer der größten Wasserfälle in ganz Europa!

Im Sommer stürzen durchschnittlich 700 Kubikmeter Wasser pro Sekunde tosend zwischen den Felsen hinunter, ein wirklich atemberaubendes Naturschauspiel, das man auf mehreren Plattformen aus allernächster Nähe erleben kann. Besonders zu erwähnen ist der Aussichtspunkt „Känzeli", der ein wenig in den tosenden Wasserfall hineinragt. Möchte man dem Naturschauspiel noch näher kommen, gelangt man durch eine Höhle zu dem Aussichtspunkt „Fischet". Hier kann man ob des tosenden Wassers sein eigenes Wort nicht mehr verstehen und spürt, wie alles bebt und wie machtvoll sich die Natur mancherorts präsentiert.

Rheinfall: 8212 Neuhausen am Rheinfall
Koordinationsstelle: Herrenacker 15,
8200 Schaffhausen,
www.rheinfall.ch, rheinfallofficial

Eine weitere Möglichkeit, dem Wasserfall so nahe wie möglich zu kommen, ist eine Bootsfahrt hinüber zum Rheinfelsen. Auf den ersten Blick sieht es ziemlich abenteuerlich aus, wie die Touristenboote mitten in das tosende Wasser hineingesteuert werden, aber keine Sorge, die versierten Kapitäne wissen, wie sie ihre Boote sicher durch die Strömung lenken.

**Werner Mändli AG: Rheinfallquai 30,
8212 Neuhausen am Rheinfall,
www.rhyfall-maendli.ch,
Tel. +41 526724811**

Wer noch mehr über den Rheinfall in Erfahrung bringen möchte und auf den Spuren seiner berühmten Besucher wie Kaiser Ferdinand I., Zar Alexander und Johann Wolfgang von Goethe wandeln möchte, dem sei ein Besuch von Schloss Laufen in Dachsen ans Herz gelegt.

**Schloss Laufen/Historama:
8447 Dachsen, www.schlosslaufen.ch,
Tel. +41 526596767, schlosslaufen**

Rheinfall-Feuerwerk

Am 31. Juli heißt es „Fire on the rocks“ am Rheinfall. Um etwa 21.45 Uhr findet ein spektakuläres Feuerwerk statt und der größte Wasserfall Europas verwandelt sich in eine in allen Farben leuchtende Traum-Kulisse (Infos auf der Webseite des Rheinfalls).

Miniaturwelt Smilestones

Klein aber fein zeigt sich die Miniaturwelt Smilestones dem riesenhaften Besucher. Hier ist es möglich, innerhalb von einer Stunde hunderte Kilometer durch die Schweiz zu laufen! Obwohl alles winzig erscheint, oder gerade deswegen, hat man „das große Ganze“ im Blick. Ob für Erwachsene oder Kinder – die moderne Miniaturwelt zeigt die bekanntesten Schweizer Destinationen wie das Matterhorn, das Berner Oberland mit Interlaken, Stein am Rhein, den Rheinfall und vieles mehr.

**Miniaturwelt Smilestones:
Industriepl. 3,
8212 Neuhausen am Rheinfall,
www.smilestones.ch,
Tel. +41 525112000,
smilestonesrheinfall**

Ruine Neuburg

In Neuhausen am Rheinfall befindet sich auch die Ruine Neuburg, die neben dem Schlösschen Wörth und dem Schloss Laufen noch eine dritte Burg beim Rheinfall ist. Diesen Rang bekleidet sie allerdings auch in puncto Bekanntheit. Sie liegt im Südwesten des Schlösschens Wörth auf dem Ottersbühl und wird auch „Räuberschloss“ genannt.

Ruine Neuburg: Auf dem Ottersbühl,
8212 Neuhausen am Rheinfall

Schlösschen Wörth

Die Burg aus dem 12. Jahrhundert sitzt auf einem kleinen Inselchen im Becken des Rheinfalls. Hier wurden Waren umgeladen, die Richtung Basel weitertransportiert werden sollten. Spätestens hier war für die Schiffe und Floße Schluss, danach musste die Reise mit Fuhrwerken weiter gehen. Das Schloss beherbergt heute ein elegantes Restaurant und wird für Veranstaltungen genutzt.

Schlössli Wörth: Rheinfallquai 30,
8212 Neuhausen am Rheinfall,
www.rheinfall-gastronomie.ch,
Tel. +41 526721821,
rheinfallgastronomie

Adventure Park Rheinfall

Spaß für alle, die sich gerne in Baumwipfeln herumtreiben, verspricht der Seilgarten Adventure Park am Rheinfall. Neben der Meisterung diverser Parcours unterschiedlicher Schwierigkeitsgrade kann man sich von einer über 13 Meter hohen Plattform stürzen – gesichert durch den so genannten Powerfan.

Adventure Park: Nohlstrasse,
8212 Neuhausen am Rheinfall,
www.ap-rheinfall.ch,
Tel. +41 526701960,
adventure_park_rheinfall

ERLEBNISSE

Sommerliches Glühwürmchenspektakel: Liebesfreuden auf dem Friedhof

Wenn Sie sich zwischen Mitte Juni und Mitte Juli in Schaffhausen aufhalten, sollten Sie sich ein ganz besonders Spektakel nicht entgehen lassen. Das heißt, wenn es Ihnen auf dunklen Friedhöfen nicht zu unheimlich ist, denn genau dort sollten Sie sich nach Sonnenuntergang einfinden. Im Waldfriedhof Schaffhausen begeben sich dann Tausende von Leuchtkäfern auf Brautschau und senden auf der Suche nach paarungsbereiten Partnern ihre Leuchtsignale aus.

Weil der Friedhof weitgehend naturbelassen ist, hat sich dort die größte Glühwürmchen-Population des Landes entwickelt.

Waldfriedhof Schaffhausen:
Rheinhardstrasse 3, 8200 Schaffhausen

BADEN, WELLNESS UND WASSERAKTIVITÄTEN

Rhybadi

Beliebtester Badeort von Touristen und Einheimischen gleichermaßen ist das berühmte Rhybadi, das älteste Kastenbad der Schweiz. Das historische Flussbad bietet alles, was Freibadfreunde lieben: Sprungbretter, verschiedene Becken, eine finnische Sauna samt Solarium und, was besonders sympathisch ist, sogar eine Bücherausleihe. Eine vom Bademeister gehisste Fahne zeigt an, ob das Schwimmbad geöffnet ist.

Rhybadi: Rheinuferstrasse 1,
8200 Schaffhausen, www.rhybadi.ch,
Tel. +41 526251990,
rhybadi_schaffhausen

KULINARISCHES

Gourmet-Festival

Von Ende April bis Anfang Juni findet das Schaffhauser Gourmet-Festival statt. Die besten Lokale aus Stadt und Umland nehmen mit eigens zu diesem Anlass kreierten Gourmet-Menüs daran teil. Keine Frage, dass auch einige prämierte GaultMillau-Lokale darunter sind. Unter dem Stichwort „Gourmet-Festival" finden Sie auf der Seite ***www.blauburgunderland.ch*** kurz vor dem Start des Events die aktuell teilnehmenden Restaurants mit ihren angekündigten Menüs.

Mehr Infos zum **Gourmet-Festival**

Confiserie Reber

Für Freunde der Patisserie ist die Confiserie Reber das reinste Paradies. Hier gibt es die besten Torten und Kuchen der Stadt und auch die berühmten Schaffhauserzungen in Original-Version. Das Haselnuss-Mandel-Gebäck mit Buttercremefüllung wird hier jeden Tag frisch produziert und an Feinschmecker auf der ganzen Welt versandt. Auch die hausgemachte Schokolade, Trüffel/Truffes und Pralinés eignen sich als Mitbringsel.

Confiserie Reber:
Vordergasse 21, 8200 Schaffhausen,
www.schaffhauserzungen.ch,
Tel. +41 526254171

NOTIZEN